SMED/EHLERS: STEINE AUS DEM NORDEN

SMED/EHLERS: STEINE AUS DEM NORDEN

Per Smed

Steine aus dem Norden

Geschiebe als Zeugen der Eiszeit
in Norddeutschland

Deutsche Übersetzung und Bearbeitung
durch Jürgen Ehlers

Mit 157 Abbildungen auf 34 Farbtafeln
sowie 83 zum Teil farbigen Abbildungen im Text

Gebrüder Borntraeger · Berlin · Stuttgart

Per Smed
Stiholmsvej 1,8
DK-3460 Birkerød

Dr. Jürgen Ehlers
Geologisches Landesamt
Oberstr. 88
20149 Hamburg

Die Deutsche Bibliothek – CIP-Einheitsaufnahme

Smed, Per:
Steine aus dem Norden : Geschiebe als Zeugen der Eiszeit in
Norddeutschland / Per Smed. Dt. Übers. und Bearb. durch
Jürgen Ehlers. – Berlin ; Stuttgart : Borntraeger, 1994
    Einheitssacht.: Sten i det danske landskab <dt.>
    ISBN 3-443-01030-X
NE: Ehlers, Jürgen [Bearb.]

Originalausgabe:
„Sten i det danske landskab", Per Smed
© 1989 by Geografforlaget, DK-5464 Brenderup

© 1994 by Gebrüder Borntraeger, Berlin – Stuttgart
Gestaltung des Umschlages: Wolfgang Frank
Satz: Richarz Publikations-Service GmbH, 53757 Sankt Augustin
Druck: Tutte Druckerei GmbH, 94121 Salzweg/Passau
Printed in Germany
ISBN 3-443-01030-X

Inhaltsverzeichnis

Vorwort

Die Leitgeschiebe sind ein klassisches Untersuchungsgebiet der Eiszeitforschung. Nach Meinung des Verfassers verdienen sie ein eigenes Buch, das die Entwicklung der Forschung in den letzten Jahrzehnten berücksichtigt.

Wenn man Geschiebe bestimmen möchte, reicht es meines Erachtens nicht aus, sich mit den Unterschieden im Aussehen der verschiedenen Gesteine auseinanderzusetzen, sondern man muß diese auch im größeren geologischen Zusammenhang betrachten. Die Kapitel 3, 4 und 6 sollen diesen Zusammenhang soweit aufzeigen, daß der Wunsch nach einem Überblick befriedigt wird. In diesem Sinne verfolgt das Buch einen doppelten Zweck, nämlich einerseits den Umgang mit Leitgeschieben zu vermitteln, und zum anderen das Wissen des Lesers um große Teile des Faches Geologie zu erweitern. Insgesamt gesehen, wird es dadurch zu einem Buch über Steine.

Es war meine Absicht, ein Buch für Laien zu schreiben, die keine Vorkenntnisse in Geologie mitbringen. Deshalb habe ich die Anzahl der Fachausdrücke auf das notwendige Minimum beschränkt; jeder Begriff wird an der Stelle erklärt, an der er zum ersten Mal benutzt wird. Außerdem werden die Begriffe, die bei der Gesteinsbestimmung am häufigsten vorkommen, in einer kurzen Übersicht auf Seite 189-190 wiederholt.

Ein Buch wie das vorliegende kann nicht von einem Einzelnen erarbeitet werden. Einer großen Zahl Freunde und Bekannter danke ich für Auskünften und das Ausleihen von Belegstücken zum Fotografieren. STEEN SJØRRING vom GIKU (Geologisk In-

stitut, Københavns Universitet) war der erste, der mich angeregt hat, dieses Projekt durchzuführen, und der mir Steine aus seiner Sammlung geliehen hat. ASGER BERTHELSEN und BJØRN HAGESKOV (GIKU) haben mich freundlicherweise in die Teile des Faches eingeführt, in denen ich anfangs unsicher war. ERIK SCHOU JENSEN (GIKU) hat mich über die norwegischen Geschiebe unterrichtet; MICHAEL HOUMARK-NIELSEN (GIKU) informierte mich über die paläozoischen Kalksteine und erläuterte mir außerdem manche eiszeitgeologischen Probleme. Eine Reihe weiterer Leute haben mir Steine geliehen – ihre Namen sind in der Liste auf S. 180 aufgeführt.

JOHANNES KRÜGER, Geografisk Institut, KU (Københavns Universitet) zählt zu den Geburtshelfern des Projektes. Seine Unterstützung spielte eine große Rolle; mehr dazu in Kapitel 1. Die Diskussionen mit OLE HUMLUM (Geografisk Institut, KU) über die Gletscherdynamik waren von großer Bedeutung für Kapitel 5.

Wiederholte Besuche in der Universitätsstadt Lund (Schonen) haben zur Qualität des Buches beigetragen. Professor SVEN HJELMQVIST, Lund, stand mir freundlicherweise mit Rat und Auskünften über Dalarna zur Seite. Der Staatsgeologe HUGO WIKMAN, Lund, spielte bezüglich Småland und Schonen eine ähnliche Rolle. Der Adjunkt PETER SKAARUP, Virum, gab mir Auskünfte über Bohuslän und Dalsland, und Lektor PALLE GRAVESEN über die sedimentären Geschiebe (Farbbild 125-147). Lic. Scient. JOHN KORSTGÅRD, Geologisk Institut, Århus, hat die Kapitel 2, 3, 4 und 6 gelesen und Fehler korrigiert. Von den dänischen Amateurgeologen hat der Ingenieur KNUD SKOVGAARD teils durch das Ausleihen von Belegstücken, teils durch Auskünfte zum Gelingen dieses Buches beigetragen, und

MARGIT JOHANSEN war immer mit dabei, wenn es um Ausflüge ins Gelände ging.

OLE BANG BERTHELSEN stellte gut die Hälfte der Farbbilder her.

Birkerød, den 1. November 1992

Per Smed

Die deutsche Ausgabe „Steine aus dem Norden – Geschiebe als Zeugen der Eiszeit in Norddeutschland" basiert auf der 2. Ausgabe von „Sten i det danske landskab" (1989). Der Text, besonders Kapitel 5, wurde im Hinblick auf die deutschen Verhältnisse umgearbeitet. Die Abbildungen sind durch zwei zusätzliche Tafeln ergänzt worden, auf denen weitere Leitgeschiebe dargestellt sind –

vor allem aus weit östlich gelegenen Herkunftsgebieten. Die dänischen Literaturangaben wurden – soweit möglich – gegen entsprechende Hinweise auf deutschsprachige Veröffentlichungen ausgetauscht. Sonst entspricht der deutsche Text nach Möglichkeit der dänischen Ausgabe.

Witzeeze, den 22. April 1993

Jürgen Ehlers

Abb. 1. Wackelstein in den Alpen.

Kapitel 1
Wozu dient dieses Buch?

Lieber Leser! Sie haben ein Buch aufgeschlagen, das von den Steinen in Norddeutschland handelt. Es gibt einige weitere Bücher zum gleichen Thema (siehe Literaturliste, S. 181–182), aber die meisten behandeln Steine im allgemeinen, deren Systematik, die Bildung der verschiedenen Gesteinstypen usw. und gehen nicht näher auf die Geschiebe und ihre Herkunftsgebiete ein. Das will dieses Buch tun.

Man kann die Zusammenhänge nur verstehen, wenn man wenigstens die Grundprobleme des Faches kennt. Daher beinhalten die ersten Abschnitte des Buches eine *geologische Einleitung*.

Das Hauptthema des Buches sind *Steine, deren Herkunft man bestimmen kann, und ihre Bedeutung für die Erforschung der norddeutschen Landschaftsgeschichte*. Alle abgebildeten Gesteinstypen kann man in Norddeutschland finden – in Kiesgruben, auf den Feldern, in Flußbetten oder am Strand.

Neben der Erklärung der Herkunft der Steine gewinnt man einen Einblick in viele Aspekte des Aufbaus der Erdkruste und der Erdgeschichte.

Ich bin Däne. Als Lehrer – besonders wenn ich mit Kindern oder Jugendlichen in Schullandheimen oder auf Exkursionen war – habe ich erfahren, daß es wesentlich mehr Interesse weckt, wenn man die genaue Herkunft eines Steines enträtseln kann, als wenn man einen hypidiomorphen Gneis in Subgranulitfazies mit den Mineralen Hauyn und Haneckit findet – so interessant ein solches Gestein aus rein geologischer Sicht auch sein möge! Daher bedauerte ich, daß ich kein brauchbares Exkursionshandbuch finden konnte, in dem auf die Herkunft der Gesteine besonderes Gewicht gelegt wurde. Kennt man die Herkunft eines Steines, kann man – gewissermaßen als Zugabe – auch etwas aussagen über die Kräfte, die den Stein zu der Stelle gebracht haben, an der wir ihn gefunden haben.

Sie wissen sicher, daß der nördliche Teil Europas – ähnlich wie Grönland heute – früher von einem großen Eisschild bedeckt war. Die gewaltige Eismasse bewegte sich. Das Eis floß von der Mitte zum Eisrand und schleppte dabei an seiner Unterseite feines Material, aber auch Kies und Gesteinsbrocken mit sich. Diese Erkenntnis ist heute etwa 100–125 Jahre alt. Sie setzte sich nur allmählich und nicht ohne Widerstand durch.

In der Wissenschaft kommt es zuweilen vor, daß ein „Außenseiter" mit offenen Augen, der den zeitgenössischen Autoritäten nicht zu viel Glauben schenkt, als erster einen Zusammenhang entdeckt. So schrieb A. Bernhardi 1832: „Wie kamen die aus dem Norden stammenden Felsbruchstücke und Geschiebe, welche man in Norddeutschland und den benachbarten Ländern findet, an ihre gegenwärtigen Fundorte?" – und beantwortete diese Frage selbst mit der Idee eines großen Inlandeises. Zu jener Zeit wurde noch darüber diskutiert, ob die Steine von der Sintflut stammten, oder ob die Heilige Schrift nicht ganz so wörtlich zu nehmen sei. Auf jeden Fall glaubte man, daß diese Schichten durch eine gewaltige Flut aus dem Norden abgelagert worden seien. Später erkannte man, daß diese Flut kalt gewesen sein und Eisberge enthalten haben mußte. Im Jahre 1875 zeigte der Schwede OTTO TORELL, daß es bei Rüdersdorf (östlich von Berlin) Gletscherschrammen gab, wie man sie aus dem Hochgebirge kannte. Das bewies, daß dort ein Inlandeis gewesen sein mußte – nicht nur treibende Eisberge. Jetzt setzte eine wahre „Flut" von Schriften und Abhandlungen ein, die die Inlandeis-Theorie bestätigten: COHEN & DEECKE, GEINITZ, PENCK, PETERSEN; in den Niederlanden KOLK – neben vielen anderen.

Vom Gletscher transportierte Steine werden als *Geschiebe* bezeichnet. Geschiebe, deren Herkunft bekannt ist, werden *Leitgeschiebe* genannt. Mit Hilfe solcher Leitgeschiebe kann der Forscher die Bewegungsrichtungen des Eises rekonstruieren.

Seit langem haben die Geschiebe auch das Interesse von Amateuren hervorgerufen. JOHANNES KORN versuchte 1927 als erster, dieses Interesse zu befriedigen, indem er ein Buch mit Farbbildern herausgab. Bisher ist es nicht gelungen, die Qualität der Bilder dieses schönen Buches in einer deutschen Veröffentlichung über Leitgeschiebe zu übertreffen oder auch nur zu erreichen. JULIUS HESEMANN verfaßte 1936 ein Handbuch, das mehr Geschiebetypen als das Buch von KORN beschrieb, aber ohne Farbbilder. Das HESEMANN-Buch wurde 1975 neu herausgegeben (S. 181).

Das Interesse der Amateure besteht nach wie vor. Gruppen von Steinsammlern gibt es heute in allen größeren Städten; es werden eigene Zeitschriften herausgegeben: „Der Geschiebesammler", Schriftleitung und Verlag: Frank RUDOLPH, Achtern Höven 6, 24601 Wankendorf; „Geschiebekunde aktuell" und „Archiv für Geschiebekunde", c/o Geologisch-Paläontologisches Institut und Museum der Universität Hamburg, Bundesstr. 55, 20146 Hamburg. Sowohl innerhalb dieser Schriften als auch auf Treffen und Exkursionen gibt es einen regen Meinungsaustausch!

In Dänemark werden die alten Methoden der Geschiebeforschung von vielen heutigen Geologen wenig geschätzt. Die Quellen, auf die das Wissen des Verfassers zurückgeht,

Abb. 2. Hammer-Granit mit eiszeitlichen Gletscherschrammen auf Bornholm. Vielleicht stammt ein Stück dieses Gesteins, das der Verfasser 1986 bei Tisvilde (Sjælland) fand, genau von dieser Stelle?

Abb. 3a. JULIUS HESEMANN (1901–1980).

Abb. 3b. GERHARD LÜTTIG, der bekannteste heutige Geschiebeforscher Norddeutschlands (geb. 1926).

sind daher überwiegend in deutscher Sprache – vor allem das Buch von HESEMANN. Es war eine reizvolle Aufgabe, die auch detektivischen Spürsinn erforderte, die von ihm beschriebenen Gesteine in Dänemark zu identifizieren. Dabei haben sich zum Teil überraschende Schwierigkeiten ergeben. Zum Beispiel gilt der Satz: Wenn man ein Gestein nicht kennt, findet man es auch nicht! Lassen Sie mich als Beispiel den Kristinehamn-Granit (Farbbilder 101–104) anführen. Er ist nicht schwer zu erkennen; dennoch bin ich an riesigen Exemplaren dieses Gesteins viele Male vorbeigegangen, bis mich eines Tages JOHANNES KRÜGER (Geographisches Institut der Universität Kopenhagen) auf seine Merkmale aufmerksam gemacht hat. Seitdem habe ich manche Kristinehamn-Granite gefunden – sowie Steine, die verdächtig ähn-

lich aussahen, aber andere Farben aufwiesen. Waren das auch Kristinehamn-Granite? Die Farbangaben in der schwedischen geologischen Literatur sind leider oft ungenau oder fehlen völlig. Erst nach einer Reise nach Värmland (Schweden) kannte ich die Varianten von Kristinehamn-Granit gut genug, um den Text S. 150 schreiben zu können.

Ein Ziel der deutschen Ausgabe dieses Buches ist es, Amateure dazu anzuregen, an der Erforschung der eiszeitlichen Geschichte Norddeutschlands mitzuwirken. Die Geschiebeuntersuchungen sind ein Gebiet, auf dem jeder arbeiten kann, ohne Labormethoden verwenden zu müssen.

Steine anzusehen ist ein herrliches Hobby, auch wenn man nicht den Ehrgeiz hat, wissenschaftliche Ergebnisse zu erzielen. Norddeutschland ist reich an verschiedenartigsten

9

Gesteinen, weil das nordische Inlandeis uns Material aus Gebieten mit sehr unterschiedlichem geologischen Bau gebracht hat.

Man braucht nur die Augen zu öffnen, um die Natur zu beobachten. Hat man erst Interesse auf einem Gebiet der Naturkunde entwickelt, weitet sich oft die Perspektive auf andere Gebiete aus, und danach vielleicht auf das allerwichtigste in der heutigen Zeit: Einen Sinn dafür, die Natur *zu schützen*, die uns noch übriggeblieben ist, und nicht passiv zuzusehen, wie sie durch Umweltsünder und Spekulanten vernichtet wird.

Als Motto für dieses Buch habe ich die Sätze gewählt, die der Holsteiner Dr. KURT HUCKE seinem Geschiebebuch vorangestellt hat. KURT HUCKE war nicht nur Lehrer und Fachgeologe, sondern auch ein großer Stilist, und es ist ein Genuß, sein Buch über die Sedimentärgeschiebe zu lesen. Er schreibt: „Was den Naturforscher besonders reizt, ist das unmittelbare, durch die Sinne vermittelte Verhältnis zum Gegenstand, der ihn geistig beschäftigt, und so treibt es den Geologen immer wieder hinaus ins Gelände, wo ihm jeder Stein, jede Erdschicht die Rätselfragen stellt, die er beantworten will."

Möge dieses Buch im Sinne von Dr. HUCKE wirken!

Skandinavische Ortsnamen

Wir haben bei der Übersetzung die meisten skandinavischen Ortsnamen nicht verändert. Daher kommen in diesen Namen einige ungewöhnliche Buchstaben vor. Das dänische und norwegische ø (= ö) kennt wahrscheinlich jeder von Briefmarken oder vom „øl", dem Bier. Daneben gibt es im Dänischen und Norwegischen noch ein æ (= ä). Die Färöer heißen in diesem Buch also Færøer (übersetzt: Schafinseln). Die schwedische Sprache hat kein ø oder æ; gemeinsam mit der dänischen und norwegischen Sprache ist ihr jedoch das „a mit dem Kringel" (å; gesprochen etwa wie das o in noch). Die finnische Sprache hat kein ø, æ oder å – aber das ist auch so ziemlich das einzige, was hier einfacher ist! Bei der Aussprache sollten Sie beachten, daß das skandinavische v wie ein deutsches w ausgesprochen wird (z.B. *Vänge* und *Vaggeryd* wie Wänge und Waggeryd). – Für einige Ortsnamen haben wir die deutschen Ausdrücke übernommen. Wir sagen also Kopenhagen statt København, Jütland statt Jylland – und Weißes Meer statt Bjeloje Morje.

Kapitel 2
Gesteinsbestimmung

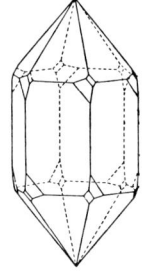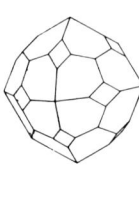

Aller Anfang ist schwer! Chemielehrbüchern wird nachgesagt, man könne die erste Seite erst verstehen, wenn man das ganze Buch gelesen habe. In gewisser Weise gilt das auch für die Geologie. Soll man mit den einzelnen Mineralen anfangen oder mit den großen, allumfassenden Theorien? Das eine ist eine Voraussetzung für das Verstehen des anderen – und umgekehrt!

Ich kenne keine bessere Methode, als beim Ende anzufangen und gleich an den Strand oder in eine Kiesgrube zu gehen und zu versuchen, die Steine, die man dort findet, in Gruppen einzuteilen. Natürlich wäre es von Vorteil, wenn man dabei einen kundigen Geologen als Begleiter hätte. Da diese Möglichkeit leider nicht überall gegeben ist, will ich versuchen zu erklären, wie man selbständig vorgehen kann.

Minerale und Gesteinsarten

Ein *Mineral* ist ein chemisch einheitlicher Stoff – ein Stoff mit einer bestimmten chemischen Formel. Jeder kennt aus dem Alltag Stoffe wie „Salz", „Soda" oder „Rost", die zugleich Minerale sind.

Nicht jeder Stoff ist ein Mineral: Es gibt einige Einschränkungen. Zunächst einmal muß der Stoff in der Natur vorkommen, ohne daß er von Menschenhand dort hingebracht worden ist. Das gilt für Salz, Soda und Rost. Zum anderen darf der Stoff nicht aus dem Stoffwechsel von Lebewesen stammen. *Zucker* ist daher kein Mineral. Zucker

Abb. 4. Quarz- und Granatkristall.

wird aus Rüben oder Zuckerrohr gewonnen; Pflanzen sind – wie Tiere – Lebewesen.

In Steinen treten Minerale in der Regel in Form von *Kristallen* auf, kleinen Körnern oder Stücken („Körpern"), die hübsche geometrische Formen aufweisen können, weil ihre innere Struktur aus einem Gitter („Kristallgitter") mit regelmäßig angeordneten Atomen besteht.

Nur wenige Steine, die man in der Natur findet, bestehen aus einem einzigen Kristall. In den meisten kann man – jedenfalls mit der Lupe – Körner (somit Kristalle) verschiedener Form und Farbe unterscheiden – einige sind schwarz, andere bunt, einige sind lichtreflektierend, andere nicht. Abb. 78, der vergrößerte Ausschnitt eines Granits, ist ein gutes Beispiel. Die einzelnen Körner – rote, gelbe, schwarze usw. – sind Mineralkörner. Geologen verwenden den Begriff *Gestein*, um den Stein als Ganzes zu bezeichnen. Granit ist ein Gestein. Er besteht aus verschiedenen Mineralkörnern in einem gewissen, definierten Mischungsverhältnis, in dem festgelegt ist, wieviele Gewichtsprozent dieses oder jenes Mineral haben darf, damit ein Stein als Granit bezeichnet werden kann.

Ein Gestein ist somit nicht einfach irgendein Stein, sondern ein bestimmter Steintyp. Die Bezeichnung *Stein*typ ist dabei etwas irreführend. „Gestein" nennt man nämlich jede Ansammlung von Mineralkörnern, die in der Natur vorkommt (ohne von Menschen dorthin gebracht zu sein), auch wenn sie nicht verfestigt ist. Sand ist also ein Gestein.

Anhäufungen von Tier- und Pflanzenresten können auch als Gesteine bezeichnet werden, solange es sich um „natürliche", d.h. nicht von Menschen erzeugte Vorkommen handelt. Torf ist ein Gestein, Kohle und Öl sind Gesteine, genau wie Sand und Ton. Auch *Bernstein* ist ein Gestein. Er besteht aus gehärtetem Harz von Bäumen, die vor vielen Millionen Jahren gewachsen sind. Dagegen ist ein Haufen alter Gummistiefel auf einem Müllplatz natürlich kein Gestein – selbst wenn sich die chemische Zusammensetzung der Stiefel kaum von der chemischen Zusammensetzung des Bernsteins unterscheiden würde!

Daß Sand ein Gestein ist, wurde bereits erwähnt. Sandkörner können miteinander verkittet sein; dann ergeben sie ein anderes Gestein, einen *Sandstein*. Ein *Kalkstein* ist ein Gestein, das zum Beispiel aus einer Ansammlung von Schalen oder Skeletten zahlloser Tiere besteht. Alle Schalen bestehen aus demselben Stoff: Kalk. Die Geologen belegen ihn mit dem Mineralnamen *Kalkspat*. Volkstümlich wird die Bezeichnung „Kalk" sowohl für das *Mineral* Kalkspat als auch für das *Gestein* Kalkstein verwendet.

Steine, und somit die *Gesteine*, werden nach ihrem Ursprung in drei Hauptgruppen eingeteilt: Sedimente, magmatische Gesteine und metamorphe Gesteine.

1. Sedimente

Sedimente bestehen aus Einzelkörnern, die an irgendeiner Stelle der Erdoberfläche angehäuft und *abgelagert* worden sind. Die meisten Körner werden vor der Ablagerung eine kürzere oder längere Strecke von einem natürlichen Medium *transportiert* – zum Beispiel von einem Wasserlauf, von der Brandung, vom Wind oder von einem Gletscher. Das Wort „Korn" kann dabei sehr weit gefaßt sein. Ein brausender Gebirgsbach kann kopfgroße Blöcke transportieren; dasselbe gilt für die Brandung. Tonpartikel sind so winzig klein, daß sie selbst in sehr langsam fließendem Wasser in der Schwebe bleiben. Erst wenn das Wasser zum Stillstand kommt, zum Beispiel im bodennahen Bereich eines Sees, sinken die Tonflocken auf den Grund – sie werden abgelagert. Mit an-

Abb. 5. Sedimente. Links Schmelzwassersande, die in der Saale-Eiszeit in Norddeutschland abgelagert worden sind. Die Schrägschichtung (siehe S. 95) ist deutlich zu erkennen. Sie zeigt an, daß das Wasser von rechts nach links geflossen ist. Rechts ungeschichtete Grundmoräne, wie man sie an vielen Stellen innerhalb des Vereisungsgebietes antreffen kann.

deren Worten: Die meisten Sedimente sind nach Korngrößen *sortiert*. Je schneller sich das Wasser bewegt, desto größere Partikel kann es mitführen. Dasselbe gilt für den Wind, aber *nicht* für den Gletscher, der ja selbst aus einem festen Stoff (Eis) besteht. In der Nähe der Gletschersohle findet man große Blöcke, Sand und Tonpartikel, die in buntem Gemisch in das Eis eingefroren sind. Die fertige Ablagerung wird *Moräne* genannt. Diese ist eine Ausnahme unter den Sedimenten, weil sie nicht sortiert ist.

Sowohl der Transport durch Wind, Flüsse, Meereswellen als auch durch Eis nutzt die Körner ab. Je länger sie gegeneinander ge-rollt werden, desto stärker werden sie abge-rundet.

Sedimente kann man also daran erkennen, daß sie eine *Sortierung nach der Korngröße* auf-weisen (mit Ausnahme der Moränen), und daran, daß die meisten einzelnen Körner (oder Blöcke) *abgerundet* sind. Das dritte Merkmal ist die *Schichtung*. Zum Beispiel wird der Sand am Flußbett in Lagen ab-gesetzt, immer eine über der anderen (die älteste Schicht liegt stets zuunterst).

Im Laufe der Zeit kann lockerer Sand oder Ton zu einem festen Gestein verkittet wer-den. In der Regel geschieht dies dadurch, daß durchsickerndes Grundwasser ein Bin-

---

Geräte

Lupe

Man benötigt unbedingt eine Lupe. Diese soll 8-10fach vergrößern, nicht mehr, aber auch nicht weniger.

Viele haben noch nie eine Lupe benutzt und wissen nicht, wie man damit umgeht. Das ist zwar nicht schwer, aber folgende Punkte sollten Sie beachten: 1) *Führen Sie die Lupe an Ihr Auge.* 2) *Nehmen Sie die Brille ab, wenn Sie Brillenträger sind!* Die Lupe kann man leicht so halten, daß man auch ohne Brille scharf sieht. 3) Führen Sie den Stein auf die Lupe zu, in Richtung auf das Auge, bis Sie ihn scharf sehen. *Stellen Sie die Schärfe ein, indem Sie den Stein bewegen, nicht die Lupe.* 4) *Stellen Sie sich so, daß Sie Ihr Gesichtsfeld nicht beschatten.* Das ist schwie-rig, wenn man im geschlossenen Raum nur eine Lichtquelle an der Decke hat. *Halten Sie den Stein unter eine Tischleuchte.*

Messer, Nadel oder Elektro-Schraubenzieher

Mit diesen Geräten kann man die Härte be-stimmter Minerale feststellen (siehe S. 23). Eine Nadel oder ein kleiner Schrauben-zieher sind gut geeignet, um sehr kleine Körner zu untersuchen und brauchen we-niger Platz als ein Taschenmesser.

Hammer

Ein Stein kann angelaufen sein, verwittert oder nur verschmutzt. Wenn man Schwie-rigkeiten hat, an der Oberfläche Kristalle zu erkennen, muß man den Stein in Stücke schlagen. Der Hammer sollte nicht zu klein sein.

Salzsäure

Verdünnte Salzsäure braucht man, um zu prüfen, ob man einen Kalkstein vor sich hat (siehe S. 14). Die Salzsäure muß in einer dickwandigen Flasche transportiert werden mit einem Schraubverschluß mit Gummi auf der Innenseite. Ideal ist ein Deckel mit eingebauter Pipette und Gum-mistopfen, wie sie z.B. für Nasentropfen verwendet werden. Benutzen Sie keine Fla-sche, die kaputtgehen oder lecken kann. Verwahren Sie die Flasche in einem Ex-trafach in der Tasche.

Wasserkanne

oder ähnliches, um Steine anzufeuchten, oder die Oberfläche zu säubern.

Rucksack

um die Steine nach Hause zu tragen!

demittel zwischen den Körnern abgelagert. Der Prozeß der Verfestigung wird *Diagenese* genannt; das ist ein wichtiger Fachausdruck. Ton wird dadurch zu *Tonschiefer* und Sand zu *Sandstein*. Anhäufungen von Blöcken werden *Kies* genannt, wenn sie unverfestigt, und *Konglomerat*, wenn sie verkittet sind. Sandsteine und Konglomerate sind sehr verbreitet unter den Steinen, die man in der Natur findet. In einem Konglomerat kann man die abgerundeten Bruchstücke mit bloßem Auge erkennen; *bei einem Sandstein braucht man dagegen eine Lupe.* Tonschiefer findet man nur selten als einzelne Steine. Auch die Tonpartikel sind zusammengekittet. Der Schiefer ist jedoch sehr zerbrechlich und empfindlich gegen Transport – er wird rasch zu Pulver zermahlen.

Konglomerate sehen Sie auf den Farbbildern 124–127, Sandsteine auf 128–135.

Kalkstein ist, wie wir bereits gesagt haben, auch ein Sediment; er unterscheidet sich von den übrigen Sedimenten dadurch, daß seine Grundmasse nicht transportiert worden ist. Sie besteht oft aus den Skelettresten von Tieren (und gelegentlich Pflanzen), die im Laufe der Jahrhunderte auf dem Meeresgrund angehäuft wurden, entweder weil die Wesen dort gelebt haben, oder weil ihre Schalen nachträglich auf den Grund des Wassers gesunken sind. Kalkstein kann auch in Seen gebildet werden, aber insgesamt fällt das nicht ins Gewicht. *Die Kennzeichen der Sedimente gelten nicht für Kalkstein!* Die Partikel sind nicht abgerundet. Sie sind auch nicht nach der Korngröße sortiert. Selbst die Schichtung fehlt oft. Woran kann man dann die Kalksteine erkennen?

Zunächst einmal kann man häufig Versteinerungen erkennen; diese zeigen uns, daß es sich um ein Sediment handelt. Sowohl Sandsteine als auch Kalksteine können weiß sein – aber während man Kalkstein mit einem Messer leicht ritzen kann, geht das bei einen Sandstein normalerweise nicht. Zum dritten kann man *verdünnte Salzsäure* benutzen; siehe „Gerätehinweise" auf der vorigen Seite. *Kalksteine brausen, wenn sie mit Salzsäure beträufelt werden.* Beachten Sie bitte, daß nicht alle Kalksteine weiß sind – es gibt auch rote, gelbe oder graue (sogar schwarze Kalksteine kommen vor). Ihre Farbe verdanken sie Unreinheiten. Gerade bei farbigen Kalksteinen ist die Säureprobe notwendig.

Die Farbbilder 138–147 zeigen Kalksteine (mit Ausnahme von 146).

2. Magmatische Gesteine

Magmatische Gesteine sind Gesteine, die erstarrt sind, nachdem sie vorher aufgeschmolzen gewesen waren. Die Wärme, die notwendig ist, um Gesteinsmassen aufzuschmelzen, entsteht äußerst selten an der Erdoberfläche (nur durch Blitz- oder Meteoriteneinschlag). Das Aufschmelzen erfolgt in der Regel tief in der Erdkruste – und es ist *Erdwärme*, die dafür verantwortlich ist. Die Wärme stammt von der Spaltung radioaktiver Stoffe im Erdinneren.

Magmatische Gesteine erkennt man daran, daß sie im allgemeinen *keine Streifung oder Schichtung* aufweisen. Die Kristalle sind aus einer Schmelze entstanden. In einer solchen Masse ist – infolge der physikalischen Eigenschaften von Flüssigkeiten – der Druck in alle Richtungen gleich groß. Deshalb orientieren sich die Mineralkörner zufällig. Die Kristalle wachsen, bis sie zusammenstoßen. Einige Minerale können Kristalle mit hübschen geometrischen Formen ausbilden. Andere Kristalle bilden unregelmäßige Formen mit scharfen Zacken, Auswüchsen oder Einbuchtungen, ja sogar mit Löchern, in denen fremde Körner sitzen. Die Körner passen wie die Stücke von einem Puzzlespiel zusammen; siehe Abb. 6 b.

Die Art, in der die Kristalle verteilt sind und aneinander grenzen, nennt man *Textur*. Die Magmagesteine weisen eine „*Puzzlespiel-Textur*" auf, die Konglomerate und Sandsteine sind dagegen durch eine „*Geröll-Textur*" gekennzeichnet (Abb. 6 c).

Viele Magmagesteine sind so feinkörnig, daß man die Textur nur mit Hilfe einer

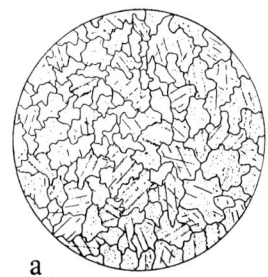 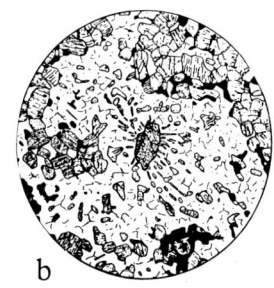 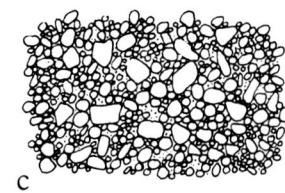

Abb. 6a–c. Links zwei Arten von „Puzzlespiel-Textur" wie man sie in Magmagesteinen finden kann. b) Ein großes Korn, das außen um einige kleinere Körner anderer Minerale herumgewachsen ist (nach LOBERG). c) „Geröll-Textur", wie man sie mit der Lupe in einem Sandstein sehen kann (nach TROELS V. ØSTERGAARD).

Lupe oder eines Mikroskops erkennen kann. Die Korngröße hängt davon ab, wie lange die Kristalle Zeit hatten, sich zu bilden – mit anderen Worten: davon, wie rasch die Abkühlung erfolgt ist. *Lavagesteine* oder *Ergußgesteine* kommen durch einen Vulkanausbruch an die Erdoberfläche. Sie erkalten rasch, daher ist ihre Korngröße in der Regel unter 1 mm. *Tiefengesteine* (Plutonite) bleiben während der Abkühlung in der Tiefe und können daher gröbere Körner ausbilden.

Ein *Porphyr* ist ein Lavagestein (Ergußgestein), das eine *Grundmasse* aus feinem Korn besitzt, in die hier und dort große Kristalle (*Einsprenglinge*) eingestreut sind. Diese sind oft auffällig, entweder weil sie sich farblich von der Grundmasse abheben, oder weil sie hübsche geometrische Formen aufweisen. Die wahrscheinlichste Erklärung für Einsprenglinge ist, daß sie schon vor dem Vulkanausbruch entstanden sind, durch langsame Abkühlung in der Tiefe. Beim Vulkanausbruch wurden sie mit nach oben gerissen; erst danach ist die umgebende Lava rasch zu feinkörniger Grundmasse erstarrt.

Im Laufe der Milliarden von Jahren langen Erdgeschichte Skandinaviens hat es an verschiedenen Stellen des heutigen Norwegen, Schweden und Finnland Vulkangebiete gegeben. Steine von dort sind mit dem Inlandeis nach Norddeutschland transportiert worden.

Porphyre finden Sie in den Farbbildserien als Nr. 1–47.

Unter den Porphyren findet man einige Ausnahmen von der Regel, daß es bei Magmagesteinen keine Streifung gibt! Die Einsprenglinge können – wenn sie eine längliche Form aufweisen – parallel eingeregelt sein, wie Baumstämme, die in einem Fluß treiben. Siehe hierzu Farbbilder 28, 31 und 32. Das kommt vom Fließen der Lava.

Die Farbbilder 13–22 zeigen, daß es auch Streifen *in der Grundmasse* geben kann – die sogenannte *Ignimbrit-Streifung*. Deren dramatische Entstehung wird später erläutert (lesen Sie mehr dazu auf Seite 35). Hier soll nur gesagt werden, daß die *Einsprenglinge* in Farbbild 13–22 *nicht* in Streifen konzentriert und auch nicht parallel ausgerichtet sind.

Magmagesteine kann man nicht nur nach der Korngröße unterscheiden, sondern auch nach der Farbe und der chemischen Zusammensetzung (siehe Kapitel 3, Seite 21!).

3. Metamorphe Gesteine

Metamorphe Gesteine waren ursprünglich Sedimente oder Magmagesteine, die jedoch im Zusammenhang mit der Gebirgsbildung umgewandelt worden sind. Die Umwandlung verdanken sie starkem Druck und hoher Temperatur in der Tiefe. Sie ist in der Regel so stark, daß man nicht mehr sehen kann, um was für ein Gestein es sich ursprünglich gehandelt hat.

Wenn die Temperatur in der Tiefe weiter ansteigt ist, *schmelzen* die Gesteine. Sie werden zu Magma! Der entscheidende Punkt bei der Metamorphose ist, daß die Umwandlung erfolgt, *ohne* daß die Masse aufschmilzt. Dennoch finden sich deutliche Spuren der kombinierten Wirkung von Druck und Wärme, so daß man die metamorphen Gesteine leicht erkennen kann.

Einfache Kennzeichen sind: Durch die Metamorphose entstehen *Streifen*. Die Streifen lassen sich leicht von der Schichtung der Sandsteine unterscheiden, da die metamorphen Gesteine eine *Puzzlespiel-Textur* aufweisen, wie ein Granit: Die einzelnen Mineralkörner sind nicht abgerundet wie in Sandsteinen oder Konglomeraten, sondern scharfkantig und gezackt. Den Unterschied kann man meist mit bloßem Auge sehen. Wo nicht, hilft die Lupe.

Druck kann auf verschiedene Arten wirken. Runde Partikel, z.B. die abgerundeten Bruchstücke in einem Konglomerat, können einfach zu Ellipsen oder Würsten ausgewalzt werden. Große Mineralkörner

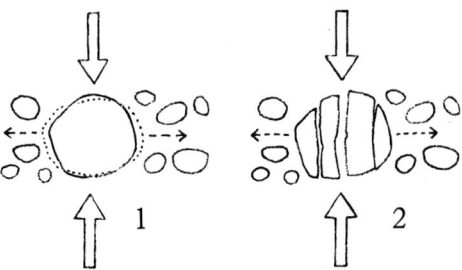

Abb. 7. Große Pfeile: Durch Druck von oben und unten wird ein verformbares Korn flacher und breiter (gestrichelte Pfeile). Wenn das Korn solide gebaut ist und nicht nachgibt, kann es zerbersten. Der Bruch erfolgt im Bild senkrecht; das Korn verbreitert sich durch das Zerbrechen (2).

können zerdrückt werden, so daß man unter der Lupe die Unterteilung in kleine Stücke erkennen kann. Die drei Porphyre auf den Farbbildern 8, 10 und 11 waren einem Gebirgsdruck ausgesetzt, der jedoch für eine vollständige Metamorphose nicht ausreichte, so daß sie immer noch wie Porphyre aussehen. Der Druck hat aber bewirkt, daß die Einsprenglinge zerbrochen sind. Die Bruchflächen verlaufen in der Richtung des Druckes. Die kleine Skizze Abb. 7 verdeutlicht das.

Die Farbbilder 56 und 64 zeigen zwei Granite, die miteinander verwandt sind. Nr. 64 war Gebirgsdruck ausgesetzt (ist daher eigentlich ein metamorphes Gestein), Nr. 56 dagegen nicht. In Nr. 56 sieht man glasklare Körner des Minerals Quarz. Nr. 64 enthält auch Quarz, aber der ist weiß und in Streifen angeordnet. Auf dem Farbbild 147 kann man sehen, daß die Streifen aus einer streuzuckerartigen Masse von Feinkorn bestehen. Aus diesem Grunde sehen sie weiß aus. Sucht man in einem Feldsteinhaufen, dauert es nicht lange, bis man ein entsprechendes Beispiel gefunden hat. Der Gebirgsdruck hat die Quarzkörner zerdrückt und ausgewalzt.

Die vier Steine der Farbbilder 8, 10, 11 und 64 sind *schwach* metamorph; die Temperatur war niedrig. Bei höherer Temperatur findet ein neuer Prozeß statt: Einige Mineralkörner wachsen auf Kosten anderer. Die Atome lösen sich eines nach dem anderen von der Oberfläche der Körner, wandern ein kurzes Stück, in der Regel nur wenige Millimeter, wonach sie sich erneut festsetzen. Diesen Prozeß bezeichnet man als *Umkristallisation*. Die Skizze in Abb. 8 veranschaulicht, daß die Atome von der Stelle mit dem höchsten Druck fortwandern und sich dort anlagern, wo der Druck am niedrigsten ist. Auf diese Weise entstehen nach und nach Streifen, die *rechtwinklig zum Druck* verlaufen.

Diese Erklärung ist vereinfacht, da der Gebirgsdruck oft von mehreren Seiten gleichzeitig erfolgt. Es kommen auch Versetzungen vor (Verschiebungen, *Verscherungen*). Man

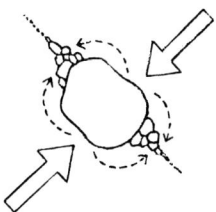

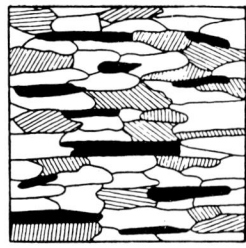

Abb. 9. Schieferung (Foliation; nach LOBERG).

Abb. 8. Unter starkem Druck wandern die Atome eines nach dem anderen von der Seite des Kornes, an der der Druck am stärksten ist, zu der Seite, an der er am geringsten ist. Das Korn bleibt während dieses Vorganges fest. Große Pfeile: Druck. Gestrichelte Pfeile: Wanderung der Atome. Am Ende entsteht ein längliches Korn. Das Gestein wird gestreift (Schieferung, Foliation).

kann das auf einfache Weise veranschaulichen. Legen Sie einen Stapel Papier auf einen Tisch. Drücken Sie mit der Handfläche auf den obersten Bogen und versuchen Sie, auf diese Weise den Stapel über den Tisch zu schieben. Die einzelnen Blätter werden dabei übereinander hinweggleiten. Der oberste Bogen wird sich am weitesten bewegen, der unterste, wenn er nicht völlig auf der Tischplatte festliegt, am wenigsten. *Die Bogen werden gegeneinander versetzt.* Das Resultat sieht man in Abb. 10.

Der Druck bewirkt somit, daß eine Streifung im Gestein entsteht. Dieser Streifung ist es zu verdanken, daß die Körner Platten bilden; dieser Vorgang wird *Foliation* (Schieferung) genannt. Die Körner können auch Stangen (Nadeln) formen. Die Streifen sind also keine „alte Schichtung" aus der Zeit, als der Stein noch ein Sediment war.

Es kommt vor, daß sich in den metamorphen Gesteinen Kristalle neuer Minerale bilden. Dabei ordnen sich die vorhandenen Atome zu einem neuen Kristallgitter an, so daß sie in dem neuen Mineral dichter zusammen liegen als im Ausgangsmineral. *Granat* ist ein typisches Beispiel (siehe S. 88). Wie Granate aussehen, geht aus den Farbbildern 119–120 hervor. Ein Gestein, das Granat enthält, ist (in der Regel) metamorph.

Im großen und ganzen enthält ein Kubikmeter Gestein vor und nach der Metamorphose dieselben Atome – es werden nur wenig neue zugeführt. Daher ist leicht einzusehen, daß ein Kalkstein auch weiterhin ein Kalkstein bleiben wird. Das einzige was geschieht ist, daß die Kristalle in ihm wachsen. Ein Kalkstein, der durch und durch aus Kristallen besteht, deren glänzende Flächen man mit bloßem Auge oder mit der Lupe erkennen kann, ist metamorph und wird als *Marmor* bezeichnet.

Sandsteine bestehen aus abgerundeten Körnern, in der Regel aus dem Mineral *Quarz*. Bei der Metamorphose verwachsen die Körner miteinander – die Zwischenräume verschwinden. Anstelle der runden Körner finden wir kantige Kristalle, die im Licht glitzern. Das Mineral ist noch immer dasselbe (Quarz). Die umgebildete Gesteinsart heißt *Quarzit*.

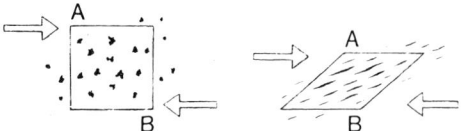

Abb. 10. Diese Skizze verdeutlicht, was bei der Verbiegung (Scherung) eines Gesteins geschieht. Oben ist der größte Druck nach rechts, unten nach links gerichtet. Das Quadrat wird zu einem Rhombus verschoben. Die Streifung darin steht rechtwinklig zu A – B und damit rechtwinklig zur stärksten Verkürzung.

17

Abb. 11. Oben sieht man eine Sammlung von Gneisen, unten eine Sammlung von Graniten, wie man sie am Strand finden kann. Die Unterschiede sind einfach genug zu erklären – aber es gibt alle Übergänge zwischen Steinen mit und Steinen ohne Streifen. Wo man die Grenze für „Gneis" ansetzt, bleibt dem eigenen Urteil überlassen. Wie sich die Gneise untereinander unterscheiden, ist auf S. 89 dargestellt.

Es gibt viele Sedimente, z.B. verschiedene Arten von Tonen, die nicht so einheitlich chemisch zusammengesetzt sind wie Kalksteine oder Sandsteine. Die Metamorphose bewirkt oft, daß sie zu gestreiften Gesteinsarten umgewandelt werden, die wir als *Gneise* bezeichnen. Diese weisen häufig graue oder hellrote Farben auf Viele vulkanische Gesteine (Tuff, Lava) können auch eine Metamorphose zu Gneis durchmachen; dasselbe gilt für Granite. Daher ist es nicht überraschend, daß Gneis die häufigste metamorphe Gesteinsart darstellt.

Wenn schwarze Farben in einem gestreiften (oder geschieferten) nordischen Gestein überwiegen, handelt es sich in der Regel um einen *Amphibolit* (Farbbild 119). Ein Amphibolit kann z.B. durch Metamorphose aus dunkler Lava entstehen (Basalt).

Mit dieser sehr kurz gefaßten Beschreibung haben wir die wichtigsten Hauptgruppen der Gesteine kennengelernt. Damit ist es möglich, die gefundenen Steine in drei Gruppen zu unterteilen: *Sedimente, Magmagesteine* und *metamorphe Gesteine*.

Allerdings gibt es ein Gestein, das in keine dieser drei Gruppen gehört und das doch so häufig vorkommt, daß wir etwas darüber sagen wollen: den *Feuerstein* (Flint).

Flint ist eine sogenannte *Konkretion*, das heißt ein Klumpen, der sich in einer anderen Gesteinsart gebildet hat, in diesem Fall in Kalkstein. Der Klumpen hat sich Atom um Atom vergrößert. Es gab nicht etwa einen Hohlraum, in dem er sich gebildet hat. Flint besteht aus dem hier sehr feinkörnigen Mineral *Quarz*, von dem wir bereits gehört haben, und das in der Regel den Hauptteil des Sandes ausmacht. Es mag verwundern, daß Flint aus demselben chemischen Stoff besteht wie Sand oder Sandstein! Sandstein, Quarzit und Flint sind verblüffend verschieden. Man kann sich nicht auf das Merkmal verlassen, daß Quarzit und Sandstein weiß sind, Flint dagegen schwarz oder grau. Denn zum einen *ist* Sandstein nicht immer weiß; er kann auch rot, grün, gelb oder grau

sein. Zum anderen *kann* Flint auch weiß oder gelb sein. Dennoch kann man die beiden Gesteinsarten nicht verwechseln! Sollten Zweifel auftauchen, gibt es eine *Flintprobe*: Werfen Sie den Stein kräftig auf einen anderen. Splittert er mit einem klingenden Laut, war es ein Flint. Sandstein und Quarzit splittern nicht.

Flint entsteht dadurch, daß Quarz unter gewissen Umständen leicht in Wasser aufgelöst werden kann. Durchsickerndes Wasser hat die Flintknollen in den Kalksteinen erzeugt. Lesen Sie mehr dazu in Kapitel 6.

In der Praxis gibt es leider eine fünfte Gruppe von Gesteinen: *die Unbestimmbaren*. Man sollte sie jedoch nicht einfach ärgerlich verwerfen. Eine gute Regel ist, daß man versuchen sollte, *alle* Steine zu berücksichtigen, die man z.B. innerhalb einer Fläche von einem Quadratmeter am Strand findet. Tut man das nicht, neigt man dazu, vor allem die auffallendsten Steine zu bestimmen, z.B. die kräftig rot gefärbten. Das ist kein gutes Verfahren!

Tatsächlich haben wir bereits die Voraussetzung, noch weitere *Unter-Gruppen* aufzustellen – so z.B.:

I. SEDIMENTE: Konglomerate – Sandsteine – Kalksteine.
II. MAGMAGESTEINE: Tiefengesteine – Ergußgesteine (darunter die Porphyre).
III. METAMORPHITE: Marmor – Quarzit – Gneis – Amphibolit.
IV. FLINT.
V. UNBESTIMMBARE.

Das ist nicht schlecht für den Anfang! Wenn Sie das Kapitel 3 gelesen haben, werden Sie in der Lage sein, eine Reihe von weiteren Untergruppen der Magmagesteine zu unterscheiden – unter anderem durch die Bestimmung der darin vorkommenden Minerale und durch Abschätzen ihres gegenseitigen Mengenverhältnisses. Selbst wenn die Farbbilder nicht genau das gefundene Gestein wiedergeben, können sie – mit den erläuternden Texten – weitere Hinweise geben.

Die Herkunft der metamorphen Gesteine und Sedimentgesteine ist oft schwer zu bestimmen. Daher werden auf den meisten Bildern Magmagesteine vorgestellt. Dennoch kann man z.B. an Gneisen eine Menge interessanter Beobachtungen machen. In Kapitel 6 finden Sie einen Abschnitt mit den entsprechenden Tips – sowie mehr Informationen über Sedimentgesteine und Flint.

Abb. 12. Basalt in nahezu waagerechten Lagen auf den Færøern; auf diesen Inseln im Nordatlantik kommt kein Granit vor (siehe hierzu den Text auf S. 21 f.).

Kapitel 3
Magmen, Laven und die darin enthaltenen Minerale

Historische Betrachtung

Basalt und *Granit* sind die verbreitetsten Erstarrungsgesteine (Magmagesteine, Magmatite) der Erde. Basalt ist aus Lava entstanden, die an der Erdoberfläche ausgeflossen ist; Granit ist dagegen in der Tiefe erstarrt, was man an den viel größeren Kristallen erkennen kann (vgl. Kapitel 2). Basalt und Granit sind jedoch auch *unterschiedlich gefärbt*, wie man sich leicht anhand der Farbbilder in diesem Buch überzeugen kann (die Farbbilder 44–52 sind Basalte, 53–107 Granite). Die einzelnen Granite sehen zwar sehr verschieden aus, aber insgesamt kann kein Zweifel daran bestehen, daß die meisten Granite eher hell sind, die Basalte dagegen dunkel, fast schwarz. Das ist auf die unterschiedliche chemische Zusammensetzung zurückzuführen.

Sobald man mit der Kartierung der Gesteine der Erde begonnen hatte, stellte man fest, daß Basalt und Granit in ganz verschiedenen Gebieten auftreten. In den Alpen findet man zum Beispiel viele Granite, aber nur wenig Basalte. In Island ist das umgekehrt – hier gibt es keine Granite, nur Basalte. Dasselbe gilt für andere ozeanische Inseln, wie z.B. die Færøer und Hawaii.

Warum sind die zwei Gesteinsarten verschieden und warum treten sie so selten zusammen auf?

Ab dem 18. Jahrhundert wurden in den europäischen Staaten berufsmäßige Geologen beschäftigt. Diese vertraten zwei verschiedene Lehrmeinungen, den *Neptunismus* und den *Plutonismus*. Der führende Neptunist war ABRAHAM GOTTLOB WERNER, der Leiter der Bergakademie Freiberg in Sachsen. Er meinte, daß der Granit „das älteste aller Gesteine" sei, entstanden aus „dem ersten Bodensatz im Ur-Ozean". WERNER hielt auch den Basalt für ein im Meer abgelagertes Sediment und erkannte kaum die Existenz vulkanischer Gesteine an. Dagegen opponierten die Plutonisten, angeführt durch JAMES HUTTON in Edinburgh. 1789 untersuchte HUTTON den Glen-Tilt-Granit im Schottischen Hochland. Er entdeckte, daß die Sedimentgesteine eine Art Beule über dem Granit bildeten, *als ob* sie vor diesem abgelagert worden seien und nach oben gepreßt worden waren, als der Granit *unter* ihnen eindrang. Des weiteren fand er „Adern", die vom Granit nach oben zwischen die Sedimentgesteine gedrungen waren. Dies war der Beweis, daß der Granit *jünger,* nicht älter als die überlagernden Sedimentgesteine war. Endlich sah HUTTON, daß die Sedimente umgewandelt („gebacken") worden waren, wo sie in Kontakt mit dem Granit getreten waren. Dieses Phänomen bezeichnen wir heute als *Kontaktmetamorphose* – man kann HUTTONs Entdeckung nachempfinden, wenn man sich die Farbbilder 116–117 („Hornfels") ansieht. Beim Granit handelte es sich also um eine Schmelze, die aus der Tiefe aufgedrungen, und die danach in einem Hohlraum im Erdinneren erstarrt war.

HUTTONs Vorstellung von der Entstehung des Glen-Tilt-Granites gilt noch heute. Die Neptunisten mußten sich daher bezüglich der Granit-Entstehung geschlagen geben. Sie verloren schließlich auch den Kampf um den Basalt: In der Auvergne in Frankreich fand man Basaltlagen, die man vom Flachland bis geradewegs zum Krater eines Vulkans verfolgen konnte. Hier war der Basalt offenbar aus dem Erdinneren aufgedrungen. Basalt ist erkaltete Lava – und nicht der Absatz eines Meeres.

Die Chemie der Gesteine

Granit und Basalt bestehen zwar weitgehend aus denselben Mineralen – aber in unterschiedlichem Mischungsverhältnis. An vielen Stellen findet man jedoch Magmagesteine, die weder eine granitische noch eine basaltische chemische Zusammensetzung haben, sondern eine Mittelstellung einnehmen. Um diese Unterschiede zu erklären, muß man auf die Chemie der Gesteine zurückgreifen.

Im „Kasten" oben rechts finden Sie eine kurze Erklärung mit einer Aufstellung der chemischen Kürzel, die in diesem Buch vorkommen. Zu dieser Liste kann man im Zweifelsfall zurückblättern. Man kann natürlich die Erklärungen überspringen, in denen Formeln vorkommen – aber das macht sich nicht bezahlt! Die Formeln erleichtern das Verständnis der Zusammenhänge!

Alle bekannten Magmagesteine kann man nach ihrem Gehalt an Silizium (chemisches Symbol Si) in eine Reihe einordnen. Seit alters her haben die Geologen Si-reiche Magmatite als „saure" und Si-arme als „basische" Gesteine bezeichnet. Jedem Geologe sind diese Begriffe geläufig.

Der Hauptanteil an der Zusammensetzung der Magmagesteine hat nicht der Quarz, sondern eine Vielzahl chemischer Verbindungen, die Silizium (Si), Sauerstoff (O) und verschiedene Metalle enthalten. Diese chemischen Verbindungen (Minerale) werden Sili-

Chemische Kürzel

Die Natur ist aus Atomen von „Grundstoffen" (Elementen) aufgebaut, von denen es ca. 90 verschiedene gibt (ohne Berücksichtigung einiger zusätzlicher, die die Atomphysiker künstlich herstellen können). Jedes Element hat ein chemisches Kürzel, entweder aus einem oder aus zwei Buchstaben. Man pflegt die Elemente in *Metalle* und *Nichtmetalle* (= *Metalloide*) zu untergliedern. Die wichtigsten Elemente in der Erdkruste sind:

Metalle:	Nichtmetalle:
K, Kalium	O, Sauerstoff
Na, Natrium	Si, Silizium
Ca, Calcium	H, Wasserstoff
Mg, Magnesium	C, Kohlenstoff
Fe, Eisen	S, Schwefel
Mn, Mangan	P, Phosphor
Al, Aluminium	Cl, Chlor
Ti, Titan	F, Fluor

Die einzelnen Atome der Elemente können sich zu größeren Einheiten verbinden, den sogenannten *Molekülen*. Ein gewöhnlicher chemischer Stoff (eine chemische Verbindung) besteht aus vielen Molekülen, die in der Regel den gleichen Aufbau haben. Ein einfaches Beispiel: NaCl = „Natriumchlorid", d.h. gewöhnliches Kochsalz, besteht aus vielen solchen Einheiten, die jeweils aus einem Atom Natrium und einem Atom Chlor bestehen – daher: NaCl. Die tiefgestellte Zahl 2 z.B. bei der Verbindung SiO_2 (Quarz) bedeutet, daß man für den Aufbau eines Moleküls Quarz 2 *Sauerstoffatome* und nur *ein* Siliziumatom benötigt. Die Zahl wird rechts unten an das Kürzel des entsprechenden Atoms angefügt.

kate genannt. Die Silikate, die üblicherweise im Basalt vorkommen, enthalten prozentual weniger Si als diejenigen, die wir gewöhnlich im Granit finden. Granit ist daher „sauer" und Basalt „basisch".

Warum ist die Einteilung in saure und basische Gesteine so wichtig, daß wir uns in einem Buch zum Bestimmen von Steinen damit beschäftigen müssen? Die Antwort lautet, daß der Siliziumgehalt der Gesteine eine große Bedeutung für ihre natürlichen Eigenschaften hat, z.B. für ihren Schmelzpunkt, für ihr Vorkommen in dick- oder dünnflüssiger Lava, für ihre Farbe, ihre Verwitterung usw. usw.

Einer der wichtigsten Unterschiede ist: *Saure Gesteine schmelzen bei niedrigerer Temperatur als basische*. Granit schmilzt z.B. bei ca. 750°-800°C, Basalt erst bei ca. 1100°C.

Die Gesteine haben verschiedene Schmelzpunkte, weil die *Minerale* verschiedene Schmelzpunkte haben. Den Schmelzpunkt eines Gesteins kann man nur ungefähr angeben, da es aus einer Mischung von Mineralen besteht. Erhitzt man z.B. einen Basalt, schmelzen einige Minerale schneller als andere.

Minerale in Geschieben

Man findet etwa 2000 verschiedene Minerale in der Erdkruste. Hier will ich mich auf diejenigen beschränken, die man kennen sollte, um die Gesteine (Geschiebe) zu bestimmen, die man in Norddeutschland findet. Deshalb wird nur von ganz wenigen, eigentlich nur von vier Mineralen, die Rede sein.

Von diesen 4 sind 3 keine Einzelminerale, sondern *Mineralfamilien* – d.h. Gruppen von Mineralen, die einander so ähnlich sind, daß sie unter einer gemeinsamen Bezeichnung geführt werden.

Verschiedene weitere Minerale werden im Farbbildteil des Buches genannt, jeweils unter der Beschreibung des Gesteins, in dem sie vorkommen.

Die vier, mit denen man sich ein wenig näher beschäftigen muß, sind: *Quarz, Feldspat, Glimmer* und *„dunkle Minerale"*. Die „dunklen" sind eine Mineralgruppe, deren einzelne Minerale wir nicht zu unterscheiden brauchen.

Wichtige Merkmale für die Bestimmung der Minerale sind *Härte, Kristallform, Spaltbarkeit* und *Farbe*.

Am Strand oder im Gelände bestimmt man üblicherweise die Härte der Minerale mit Hilfe einer Skala von 1 – 10, die der Geologe FRIEDRICH MOHS im Jahre 1812 aufgestellt hat. Es gibt moderne, wissenschaftlich korrektere Methoden, bei denen eine Diamantenspitze mit einem bekannten Druck in das Mineral gepreßt wird, dessen Härte man bestimmen will – aber das bedeutet, daß man

Härteskala mit praktischen Hinweisen		
Härte	Mineral	Hinweis
1	Talk	etwa so hart wie eine kalte Stearinkerze
2	Gips	wenig weicher als ein Fingernagel
3	Kalkspat	härter als ein Fingernagel, aber (Marmor) *viel* weicher als ein Messer
4	Flußspat	
5	Apatit	wie Zahnschmelz (Zahnschmelz *ist* Apatit)
6	Feldspat	so hart wie eine Fensterscheibe oder ein gewöhnliches Messer
7	Quarz	kann Glas und Messer ritzen
8	Topas	
9	Korund	wie Schmirgel; Korund ist dasselbe wie Saphir oder Rubin
10	Diamant	härtester Stoff der Welt

Tatsächlich ist der Diamant (chemisch reiner Kohlenstoff in Kristallform) 140mal härter als Korund. Es gibt keinen weiteren natürlichen Stoff zwischen Härte 9 und 10 – Korund ist also das zweithärteste Mineral; lediglich einige Kunststoffe sind härter als Korund. Man kann aus der Skala auch sehen, daß es nicht ratsam ist, auf Quarz oder Feldspat zu beißen – das geht auf die Zähne. Man sollte auch nicht sein Brot direkt auf einem Marmortisch schneiden – Kratzer wären das unvermeidliche Resultat.

die Gesteinsprobe ins Labor bringen muß. Da man aber nicht all die Steine mit nach Hause schleppen kann, die man sich draußen ansieht, ist die altertümliche, handliche Härteskala nicht aus der Mode gekommen, und es kann keine Rede davon sein, daß sie etwa „amateurhaft" sei. Jeder professionelle Geologe benutzt sie. Die Härteskala finden Sie im „Kasten" auf S. 23, zusammen mit verschiedenen praktischen Hinweisen, die mindestens so wichtig sind wie die Skala selbst, weil man nicht oft Proben aller zehn genannten Stoffe mit sich herumträgt. Damit man die Skala bei Bedarf schnell finden kann, ist sie am Ende des Buches noch einmal abgedruckt.

Die *Kristallform* ist die äußere Form, die der Kristall eines Stoffes aufweist, sofern er frei wachsen konnte. In der Natur kommt dieser Fall nicht sehr häufig vor. Als Beispiel kann man jedoch anführen, daß Feldspäte in Laven und Graniten oft vierkantig ausgebildet sind. Wenn die Ecken gerundet sind, wie die Ecken einer Fernsehröhre, bedeutet das, daß etwas von ihnen wieder abgeschmolzen wurde, *nachdem* der Kristall gebildet worden war. Oft fehlt den einzelnen Körnern innerhalb eines Steins jedoch eine deutlich ausgebildete Kristallform – sie sind *xenomorph*, siehe Abb. 78. Ein Korn, das dagegen eine deutliche Kristallform *hat*, nennt man *ideomorph*.

Spaltbarkeit: Wenn man einen Kristall eines bestimmten Stoffes zerschlägt, springt er vielfach in bestimmten Richtungen (Spaltflächen) entzwei. Feldspat hat solche Spaltflächen, Quarz nicht – das ist ein einfaches und untrügliches Unterscheidungsmerkmal.

Auf die *Farbe* kann man nicht immer bauen. Gewisse Minerale können alle möglichen Farben haben. Die Eigenfärbung der „dunklen Minerale" ist schwarz. Dagegen sind die Farben von Feldspat und Quarz „geliehen" – das heißt, nicht das Mineral selbst ist gefärbt, sondern darin enthaltene kleine Partikel diverser Verunreinigungen.

Quarz mit der Formel SiO_2 war das erste in diesem Buch erwähnte Mineral. Es ist wichtig, daß man Quarz erkennen kann, selbst wenn er in kleinen Körnern innerhalb eines Steins vorkommt, damit man zwischen sauren Gesteinen (die Quarz enthalten) und weniger sauren (ohne Quarz) unterscheiden kann. Man erkennt ihn daran, daß die Körner wie Glas aussehen. Er ist durchsichtig (in der Regel) und klar, wenn der Stoff ganz rein auftritt. Er ist hart, kann nicht mit einem Messer geritzt werden (Härte 7) und hat keine Spaltflächen. Stattdessen zerspringt er zu Stücken, die wie „Glasscherben" aussehen, so wie in Abb. 13, mit einer Art gebogener Rillen auf den Bruchflächen. Der Fachausdruck hierfür ist *muscheliger Bruch*. Quarz hat manchmal „geliehene" Farben (siehe oben), doch normalerweise innerhalb eines begrenzten Repertoires: weiß, grau, rauchbraun oder blau.

Quarz kann sechsseitige Kristalle ausbilden, aber das sieht man selten. Weit häufiger sind die Körner rund.

Quarz besteht nur aus Silizium und Sauerstoff und enthält keine Metallatome. Pflanzen müssen Metalle aus dem Boden aufnehmen (vor allem Kalium und Magnesium, aber auch andere), um treiben zu können. Es versteht sich daher von selbst, daß Quarz einen unfruchtbaren Boden ergibt. Wenn Granit verwittert, werden fast alle Minerale zu *Tonmineralen* umgewandelt; lediglich der Quarz wird nicht zerstört; er bleibt stets Quarz! Quarzkörner werden zu *Sand*. Ein

Abb. 13. Muscheliger Bruch.

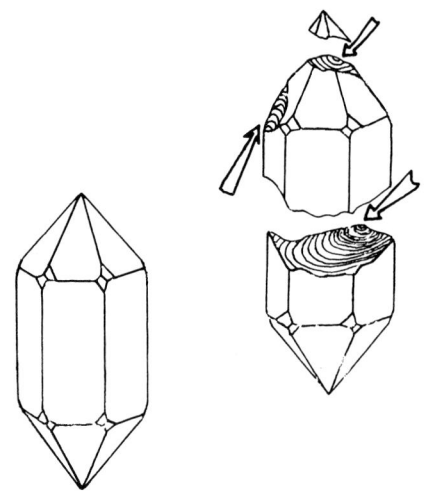

Abb. 14. Quarzkristall. Die rechte Abbildung zeigt, wie ein Quarzkorn zerbricht. Die Pfeile deuten die Schlagrichtung an. Wo der Schlag auftrifft, bilden sich konzentrische, gebogene Linien aus (ein „Schlagkegel").

sandiger Boden ist schlecht für das Pflanzenwachstum, nicht nur weil die Sandkörner aus Quarz bestehen, sondern weil diesen Körnern auch die Fähigkeit fehlt, Wasser oder gelöste Metallverbindungen zu binden (das kann jedoch Ton). Es ist daher nicht verwunderlich, daß die Mark Brandenburg jahrhundertelang weitgehend von Heide bedeckt war – sie besteht zu großen Teilen aus Sand. Die Geschichte Norddeutschlands hätte wahrscheinlich einen anderen Verlauf genommen, wenn nicht das Mineral Quarz den Boden so unfruchtbar gemacht hätte.

Feldspat. Quarz ist ein Mineral, Feldspat aber eine *Mineralfamilie*. Silizium und Sauerstoff sind in der chemischen Formel der Feldspäte jeweils mit Aluminium und einem anderen Metall verbunden. Die Formeln sind deshalb nicht ganz so einfach wie beim Quarz. Das andere Metall in der Feldspatformel kann entweder *Kalium, Natrium* oder *Calcium* sein. Es entstehen daher drei verschiedene Arten von Feldspäten: Kalifeldspat, Natriumfeldspat und Calciumfeldspat. Der geologische Name von Na-Feldspat ist

Albit; Ca-Feldspat nennt man Anorthit. Mit dieser Unterscheidung kann man aber wenig anfangen, da man mit bloßem Auge oder mit der Lupe einen Albit nicht von einem Anorthit unterscheiden kann. Obendrein können die beiden Stoffe in ein und demselben Kristall vermischt sein, trotz der unterschiedlichen chemischen Formeln – aber die Mischkristalle sind ohne Mikroskop auch nicht zu erkennen. Daher werden sie zusammen mit dem reinen Albit und Anorthit unter dem Gattungsnamen *Plagioklas* zusammengefaßt.

Kalifeldspat $KAlSi_3O_8$	
Albit $NaAlSi_3O_8$	$\left.\right\}$ Plagioklas
Anorthit $CaAl_2Si_2O_8$	

Vereinfacht kann man somit sagen, daß es zwei Arten von Feldspat gibt: *Plagioklas* und *Kalifeldspat*.

Feldspatkristalle finden sich auf zahlreichen Bildern in diesem Buch. Selbst wenn sie unterschiedliche Farben, Größen und Formen aufweisen, sind das nur Variationen des gleichen Themas. Zwei vergrößerte Bilder sind besonders gut geeignet, um uns einiges über Feldspäte zu lehren: Abbildung 78, das einen vergrößerten Granit und Farbbild 26a, das einen Ausschnitt aus einem Kåtilla-Porphyr zeigt.

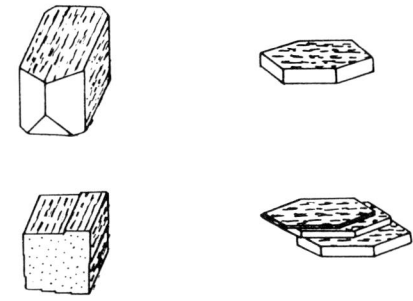

Abb. 15. Feldspatkristalle (links) und Glimmer (rechts). Die schraffierten Flächen zeigen die Spaltbarkeiten. Die gespaltenen Stücke sind im unteren Teil der Abbildung dargestellt (nach MONA HANSEN in „Varv").

25

Die Gemeinsamkeiten der beiden Feldspatarten bestehen in der Härte (6; sie sind schwer mit dem Messer zu ritzen), der vierkantigen Kristallform (nicht immer zu sehen), den *zwei Spaltflächen, die rechtwinklig aufeinander stehen* und den meist hellen, „geliehenen" Farben.

Wo beide Feldspäte im selben Gestein vorkommen, kann man sie oft leicht unterscheiden. Wenn man nur den einen Typ findet, gibt es verschiedene Hinweise, die man nutzen kann, um zu entscheiden, welchen der beiden man vor sich hat.

Die wichtigsten Unterscheidungsmerkmale: 1) Kalifeldspat hat „warme", Plagioklas „kalte" Farben. Zum Beispiel kann der Kalifeldspat rot, rosa, braun oder violett sein. Der Plagioklas ist in der Regel weiß, gelb oder grün. In ein und demselben Stein kann man z.B. rote Kalifeldspäte und gelben Plagioklas finden (siehe Farbbild 85–88) oder braune Kalifeldspäte und gelben Plagioklas (Farbbild 100–103). 2) Kalifeldspat bildet oft große Kristalle, „Augen", und der Plagioklas bildet entweder Ringe um die Augen herum oder eine „Zwischenmasse" aus kleinen Kristallen. Siehe z.B. Farbbild 9–10, 58–60, 67 und 92–103. 3) Plagioklas bildet oft längliche oder linealartige Körner; Kalifeldspat kurze, viereckige oder quadratische Körner. Die Verteilung klein/groß sehen Sie bei Farbbild 92–93 oder 59–60. Die linealartigen Plagioklaskörner treten häufig in basischen Gesteinen auf (Farbbild 43–45).

Es gibt Ausnahmen von diesen Regeln, aber selten ist keine der drei Regeln anwendbar. Die Farbe kann irreführend sein: Kalifeldspat ist manchmal weißgrau (siehe Farbbild 82–83). Andererseits bildet der Kalifeldspat auch in diesen Gesteinen „Augen". In Farbbild 114 ist es dagegen der Plagioklas, der „Augen" bildet – aber die Farbverteilung ist „so, wie sie sein sollte".

Im Stockholm-Granit (Farbbild 77) sind die Feldspäte grau und weiß. Im Varberg-Charnockit (Farbbild 118) sind sie gelb und grün. In beiden Fällen können Sie jedoch mit Sicherheit entscheiden, welchen Feldspat Sie vor sich haben, wenn Sie sich den Stein näher ansehen, denn der Plagioklas hat *Zwillingslamellen*.

Das bedarf einer näheren Erklärung. Ein Zwillingskristall sind zwei Kristalle, die entlang einer Ebene zusammengewachsen sind, so daß sie symmetrisch aufeinander sitzen. Wenn man ein Radiergummi mit schrägen Enden gegen einen Spiegel hält, versteht man, was gemeint ist. Im Rhombenporphyr (Farbbild 39) sieht man einen hübschen Feldspat-Zwillingskristall. Die großen Kalifeldspat-„Augen" im Filipstad-Granit (Farbbild 96, 99) sind oft Zwillinge. Das kann man daran erkennen, daß die eine Hälfte des „Auges" im Licht reflektiert, wenn man den Stein dreht, die andere Hälfte aber nicht – *selbst wenn ihre Oberfläche in derselben Ebene liegt*. Die Spaltflächen verlaufen offenbar in den beiden „Augen"-Hälften verschieden, auch wenn das „Auge" auf den ersten Blick wie ein großer Kristall aussieht. Der Photograph hat – glücklicherweise – dieses Phänomen in Abbildung 78 eingefangen.

Im Plagioklas sieht man *vielfache Zwillingsbildung* – wie in keinem anderen Mineral, so daß ganz schmale Kristalle (in der Form mehr oder weniger wie Brotscheiben) zusammengewachsen sind, der erste mit dem nächsten, der nächste mit dem übernächsten, und so fort, so daß das Ganze wie ein Stapel Spielkarten aussieht. Die Abbildung 16 zeigt das Prinzip. Mit einer Lupe – hin und wieder

Abb. 16. Skizze von Zwillingsbildungen in Plagioklas. Links ist das Prinzip zeichnerisch verdeutlicht; die Abbildung rechts zeigt, wie es in Wirklichkeit aussieht (links nach AAGE JENSEN, rechts nach TORGEIR GARMO). Siehe auch Abb. 80.

auch mit dem bloßen Auge – kann man auf der Kornoberfläche feine, parallele Streifen erkennen, die streng geradlinig verlaufen, wie mit einem Lineal gezogen. Wir haben wieder Glück: Abbildung 80 und das blauschimmernde Korn des Larvikits (Farbbild 113a) zeigen beide dieses Phänomen.

Merken Sie sich bitte, daß die *Zwillingslamellen keine Farbstreifen sind*. Während Zwillingslamellen ein Kennzeichen des Plagioklas sind, sind Farbstreifen ein Kennzeichen für Kalifeldspat (siehe Abb. 80 und die Steine der Farbbilder 26 a und 99). Die Farbstreifen entstehen durch kleine Mengen Eisenverbindungen (Farbbild 26a) oder Plagioklas (Farbbild 99) entlang der Spaltflächen.

Wenn Feldspat zu Kaolin verwittert, werden Natrium- und Kaliumverbindungen in Wasser aufgelöst. Das Kalium wird von Pflanzen aufgenommen, die einen großen Bedarf an diesem Grundstoff haben. Feldspat ergibt daher einen fruchtbareren Boden als Quarz. Natrium brauchen die Pflanzen nicht. Daher wird es mit dem Regen ausgewaschen und endet zuletzt im Meer. Weil es enorme Mengen von Feldspat in der Erdkruste gibt und dieser Prozeß seit vielen Millionen Jahren abläuft, ist dies eine Erklärung dafür, daß das Meer salzig ist. Das Meersalz enthält also große Mengen Natrium und nur geringe Mengen Kalium.

Plagioklas findet sich vorwiegend in basischen, in geringerer Menge auch in sauren Gesteinen. Kalifeldspat überwiegt dagegen in sauren Gesteinen, z.B. im Granit.

Glimmer sind eine „Familie" ganz weicher Silikatminerale, deren Kristalle eine Spaltrichtung aufweisen. Diese ist so stark ausgeprägt, daß die Glimmerkörner selbst bei schwachem Stoß auseinanderfallen, wie die Blätter eines schlecht gehefteten Buches. Ihre Härte ist 2, d.h. man kann die Körner mit dem Fingernagel ritzen oder herausklauben.

Die chemischen Formeln sind kompliziert. Die Familie der Glimmer hat zwei weit verbreitete Mitglieder, den hellen Glimmer = *Muskovit* (er ist durchsichtig oder beigefarben) und den dunklen Glimmer = *Biotit* (er ist schwarz, eventuell mit einem bronzefarbenen Schimmer). Beide finden sich in Granit, Biotit auch in basischeren Gesteinen.

Der Biotit wird – unlogischerweise – zu zwei „Familien" gerechnet. Bei der Berechnung des Anteils der dunklen Minerale in einem Stein bestimmt zählt man ihn zu den „dunklen Mineralen".

Dunkle Minerale. Mit Ausnahme des Biotit – von dem bereits die Rede war – haben die meisten der dunklen Mineralkörner, die wir in Magmagesteinen finden, die Härte 5– 6. Man kann sie daher gerade noch mit dem Messer ritzen. Mit einer Nadel können wir also rasch überprüfen, ob ein dunkles Korn Biotit ist oder nicht.

Wir haben schon darauf hingewiesen, daß es zum Bestimmen der Steine nicht notwendig ist, die übrigen schwarzen Minerale voneinander zu *unterscheiden*. Das trifft sich gut, da dies ohne ein Mikroskop sehr schwer wäre. Wenn wir sie auch nicht unterscheiden können, sollten wir doch von den wichtigsten beiden Untergruppen *gehört* haben. Es sind die *Pyroxene*, deren wichtigster Vertreter der *Augit* ist, und die *Amphibole*, mit der *Hornblende* als wichtigstem Vertreter. Sowohl der Augit als auch die Hornblende haben jeweils zwei Spaltbarkeiten, so daß ihre Bruchflächen im Licht stark glänzen – aber die Minerale sind zäh und hart und lassen sich nicht in Blättchen aufspalten.

Augit hat oft breite und kurze Kristalle, Hornblende hat stärker längliche, recht-

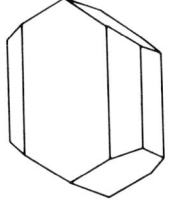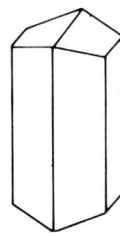

Abb. 17. Kristalle von Augit (links) und Hornblende (rechts).

eckige. Dies ist jedoch nur eine Faustregel (vgl. Abb. 17 und die Farbbilder 46 und 102).

Man kann manchmal indirekt darauf schließen, ob ein Gestein Augit oder Hornblende enthält. Die Formel der Hornblende enthält eingebaute Wassermoleküle, die der Augit nicht hat. Hornblende kann daher keinen hohen Druck und keine hohen Temperaturen aushalten. Die Wassermoleküle würden sich abspalten und durch die Erdkruste nach oben wandern. Dabei würde Hornblende in Augit umgewandelt.

Daher kann man sich ausrechnen, daß man Augit besonders in Magmagesteinen findet, die bei hoher Temperatur erstarrt sind (1100°C), das heißt Basalte oder entsprechende Tiefengesteine (*Gabbro*). Hornblende findet sich dagegen in Graniten, da der Granit bei niedrigeren Temperaturen erstarrt (650°-800°C). Außerdem findet man Hornblende in metamorphen Gesteinen, die ja gar nicht geschmolzen waren. Erst bei *sehr* hohem Druck wird das Wasser aus den metamorphen Gesteinen verdrängt.

Das Farbbild 46 („Pyroxenbasalt") zeigt ein typisches Gestein mit Augitkristallen – und Farbbild 119 („Granatamphibolit") ist ein typisches hornblendereiches metamorphes Gestein. Aus den Namen geht bereits hervor, worum es sich handelt: *Pyroxen* ist die Mineralfamilie, zu der der Augit gehört, und *Amphibol* die Familie, der die Hornblende angehört.

Die chemischen Formeln der schwarzen Minerale sind kompliziert. Sie enthalten immer *verschiedene* Metalle, wovon einige „schwer" sind, z.B. Eisen (Fe) oder Mangan (Mn).

Die dunklen Minerale verwittern leicht. Da sie obendrein Metalle enthalten, die beim Zerfall freigesetzt werden, ergeben sie einen guten Boden für Pflanzen – im Gegensatz zu Quarz. Siehe Seite 24.

Die grauschwarze Farbe des Basalts rührt daher, daß das Gestein hauptsächlich aus Augit und grauem Plagioklas besteht, der farbmäßig nicht in Erscheinung tritt. Der Augit ist also bestimmend für das Aussehen dieses Gesteins.

Ein fünftes Mineral, von dem man gehört haben sollte, auch wenn es dazu neigt, „für sich allein vorzukommen", ist der *Kalkspat*, $CaCO_3$. Kalkspat bildet den Kalkstein, findet sich aber fast niemals in magmatischen Gesteinen, so daß hier nicht mehr darüber gesagt werden soll. Siehe Seite 92.

Historische Betrachtung – Fortsetzung

Zu Beginn des 20. Jahrhunderts entwickelte man eine neue geologische Untersuchungsmethode: Man versuchte, Granit- oder Basalt im Labor zu schmelzen und auf diese Weise die Prozesse der Natur nachzuvollziehen. Der erste „Schmelzofengeologe" war N.L. BOWEN aus Washington, USA.

Bei den Versuchen ging man so vor, daß z.B. ein Basaltklotz auf 1000°C erhitzt wurde. Sobald diese Temperatur erreicht war, wurde der Block in ein Wasserbecken geworfen, damit er rasch abkühlte. Bei 1000°C war der Klotz zwar noch nicht ganz verflüssigt, aber in seinem Inneren war *ein Teil* der Mineralkörner geschmolzen. Eine Schmelze, die wie bei diesem Versuch blitzschnell abkühlt, bildet überhaupt keine Kristalle aus, sondern erstarrt zu einer formlosen (amorphen) Masse: einem *Glas*. Die Bezeichnung „Glas" ist sehr angebracht, denn die Art von Glas, die wir alle von Fenstern und Flaschen kennen, ist nichts anderes als eine Silikatschmelze, die rasch abgekühlt ist.

Nach der Abkühlung zerschlug man den Basaltklotz, klaubte die glasartigen Partien heraus und analysierte sie im Labor. Das Resultat zeigte, daß *die chemische Zusammensetzung des Glases der eines Granites entsprach.* Die „hellen" Minerale, zum Beispiel Feldspat, die im Granit dominieren, haben nämlich einen niedrigeren Schmelzpunkt als die „dunklen" (Augit). Der Basalt war in dem Versuch in zwei „Fraktionen" aufgeteilt worden, einen hellen (= „sauren") Teil, der aufgeschmolzen und danach zu Glas erstarrt war, und einen dunklen (= „basischen") Teil, der nicht aufgeschmolzen war.

Man kann sich vorstellen, daß ähnliche Vorgänge auch in der Natur ablaufen. Wenn Basalt auf ca. 1000°C erhitzt wird, schmelzen die hellen Minerale. Die kleinen, aufgeschmolzenen Teile können z.B. entlang von Spalten nach oben dringen und sich dort zu einem saureren Magma ansammeln. Auf diese Weise entsteht aus einem Basalt ein Granit.

Eine solche Trennung ist auch auf eine zweite Art möglich: Wenn das basaltische Magma in einiger Tiefe in der Erde zu erkalten beginnt, erstarren die dunklen Minerale zuerst. Die hellen, noch immer geschmolzenen Teile können sich oben sammeln, so daß auf diese Weise ein saures Magma entsteht.

Solche Prozesse werden von den Chemikern als Fraktionierung bezeichnet. Die Geologen benutzen stattdessen den Fachausdruck *Differentiation*. Dies ist einer der wichtigsten Fachausdrücke der Magma-Geologie überhaupt.

BOWEN begnügte sich nicht mit einem einzigen Experiment. Er erhitzte den Basalt nach und nach auf verschiedene Temperaturen. und erzeugte auf diese Weise Schmelzen, die allen in der Natur vorkommenden Magma-Gesteinen entsprachen – und die demnach alle aus Basalt entstanden waren. Daher glaubte er verständlicherweise, daß der Basalt eine Art „Urmagma" sei, aus dem sich die anderen Gesteine gebildet hatten.

Im nördlichen Dänemark, aber auch im westlichen Norddeutschland findet man Geschiebe aus einem bekannten Gebiet, in dem Magmagesteine mit fast jeder denkbaren chemischen Zusammensetzung vorkommen, von super-basischen (ultrabasischen) Gabbros und Basalten bis hin zu kräftig sauren Graniten. Ich meine das *Oslo-Gebiet*, das vor ca. 350 Millionen Jahren ein aktiver Grabenbruch war, etwa wie das ostafrikanische „Rift Valley" heute. Entlang der Grabenränder lag eine Vielzahl von Vulkanen. Hier taten sich Spalten auf, die tief in die Erdkruste hinein reichten, und entlang dieser Spalten drang Lava auf.

Man kann Magma-Geologie im nördlichen Jütland fast so gut studieren wie auf Island – ja, in bestimmter Hinsicht sogar besser, denn auf Island findet man keine Granite. Man nimmt an, daß alle Magmagesteine des Oslo-Gebietes durch Differentiation aus Basalt entstanden sind. An diesem Beispiel lassen sich daher BOWENs Vorstellungen gut erläutern.

Die Gesteine, deren Chemismus zwischen Granit und Basalt liegt, werden als *intermediäre Gesteine* bezeichnet. Sie werden von den Geologen mit einer Reihe verschiedener Namen belegt, je nach ihrer Zusammensetzung. Wir wollen uns hier damit begnügen, sie nach ihrem Feldspatgehalt zu untergliedern: Ein intermediäres Ergußgestein wird *Andesit* genannt, wenn es mehr Plagioklas als Kalifeldspat enthält. Wenn dagegen der Kalifeldspat dominiert, spricht man von einem *Trachyt*. Das intermediäre Tiefengestein, worin der Plagioklas überwiegt, heißt *Diorit*; dominiert dagegen der Kalifeldspat, spricht man von einem *Syenit*. Die Begriffe nach denen die Gesteine auf den Farbbildern geordnet sind, lassen sich demnach wie folgt zusammenfassen:

	sauer	intermediär	basisch
feinkörnige Gesteine (Laven, Vulkanite)	Rhyolith	Trachyt (k), Andesit (p)	Basalt
grobkörnige Gesteine (Tiefengesteine, Plutonite)	Granit	Syenit (k), Diorit (p)	Gabbro

(p bedeutet: Übergewicht von Plagioklas, k: Übergewicht von Kalifeldspat)

Abb. 18. Gabbro (links), Diorit (rechts).

Diorit und Gabbro bilden zusammen eine „Familie", weil sich in beiden Gesteinen Plagioklas in größeren Mengen findet als Kalifeldspat. Die beiden Gesteine sind schwarzweiß-fleckig und ähneln sich im großen und ganzen so sehr, daß sie schwer zu unterscheiden sein können. *Syenit und Granit* ähneln sich auch, weil in beiden die Kalifeldspäte eine große Rolle spielen. Beide Gesteinstypen sind hell, und man muß sie zuweilen genau betrachten, wenn man sie unterscheiden will. Nur die Gesteinstypen links im Schema (Granit, Rhyolith) enthalten in der Regel Quarz. Die Regel hat jedoch Ausnahmen; siehe Nordmarkit, Farbbild 108–109.

Für die Lavagesteine gilt eine entsprechende Faustregel: Andesit und Basalt sind grau oder schwarz, während Trachyt und Rhyolith heller oder rötlicher erscheinen.

BOWEN ist zwar noch immer ein Klassiker – aber das bedeutet nicht, daß seine Theorien alles erklären. Zu seinen Kritikern gehörte ARTHUR HOLMES, der 1936 bemerkte, wenn der Basalt das Urmagma für allen Granit auf der Erde geliefert haben solle, müsse der Anteil des Granits unter den Gesteinen relativ gering sein – höchstens 10–20 % des Basaltes. Das ist jedoch nicht der Fall. – Wie aber verhält es sich mit der Tatsache, daß es auf dem Festland wesentlich mehr Granit gibt als Basalt?

Viele Geologen – darunter auch HOLMES – hielten an der Idee fest, daß Granit aus dem Aufschmelzen von Sedimenten und Gneis tief unter einer Gebirgskette entstehen könne. Die durchschnittliche chemische Zusammensetzung von Granit und Gneis ist im großen und ganzen gleich.

Man mußte also versuchen zu beweisen, daß Sedimente oder Gneis zu Granit werden können; dies sollte in einem Schmelzofen nachgewiesen werden, wie ihn BOWEN für seine Versuche verwendet hatte. Hier ergaben sich Schwierigkeiten. Gneis und Sedimente schmelzen erst, wenn sie auf etwa 1000°C erhitzt werden. Die Temperatur steigt zwar zum Erdinneren hin, aber man muß über 50 km in die Tiefe gehen, ehe man auf 1000°C stößt.

Hinzu kommt, daß bei allen gewöhnlichen Stoffen – mit Ausnahme von Wasser – *der Schmelzpunkt steigt, wenn der Druck steigt.* Daher kommt es, daß Gestein in 50 km Tiefe *noch immer nicht* schmilzt. Der Druck ist zu groß. Die Tatsache, daß der Schmelzpunkt mit dem Druck steigt, ist eine Voraussetzung dafür, daß der Erdmantel bis in 2900 km Tiefe fest ist.

Angesichts dieser Verhältnisse liegt die Frage nahe: Wie kann es überhaupt Vulkane auf der Erde geben? Es gibt drei Möglichkeiten: Einige Gesteine schmelzen, weil *Extrawärme* von unten zugeführt wird, oder weil die Wärme *an Ort und Stelle* durch Reibung entsteht, oder weil die Gesteinsmassen in der Umgebung tiefreichender Spalten sitzen, an denen der Druck geringer ist. Die Gesteine an Klüften erwärmen sich nicht stärker als ihre Umgebung; sie schmelzen aber früher entsprechend dem Gesetz, daß der Schmelzpunkt sinkt, wenn der *Druck fällt.* Das ist eine einfache Erklärung dafür, daß entlang von Spaltensystemen, wie entlang des Oslo-Grabens, Vulkane entstehen können.

In jedem dieser Fälle handelt es sich darum, daß kleine, lokale „Taschen" ausgeschmolzen werden (Magmenkammern), die allseitig von festem Gestein umgeben sind. Die Vulkane haben nichts mit „dem glutflüssigen Inneren der Erde" zu tun, wie man ursprünglich glaubte.

Die Diskussion um die Entstehung des Granits ging hin und her. Als eine Art „Notlösung" wurde vorgeschlagen, der Granit könne aus Gneis entstehen, ohne überhaupt zu schmelzen. Diese Vorstellung wurde rasch wieder aufgegeben, weil Untersuchungen des Gefüges und der Grenzen der Granite gezeigt hatten, daß sie falsch sein mußte. Die Beweise dafür, daß HUTTONs schottischer Granit geschmolzen war (S. 21), gelten noch immer.

Licht in das Dunkel brachten erst die Versuche, die der Deutsche WINKLER 1957 und die Franzosen WYART und SABATIER 1959 durchführten. Wie so oft, war die Lösung ganz einfach: *Sie gaben Wasser dazu* und erhitzten Ton unter hohem Dampfdruck. Es zeigte sich, daß bereits bei Temperaturen unter 750°C in der festen Masse Kristalle wuchsen – wie man das von metamorphen Gesteinen kennt. So entstand also aus dem Ton eine Art „Labor-Gneis". Bei ca. 750°C begann die Masse zu schmelzen und bei der Abkühlung erstarrte sie dann zu Quarz- und Feldspatkristallen, genau wie ein Granit. Wenn man geringe Mengen Salz hinzufügte – zum Beispiel Natriumchlorid, gewöhnliches Kochsalz – konnte man auch dunkle Minerale erzeugen.

Das Rätsel war gelöst: Gneis und Sedimente können unter Druck und Temperaturbedingungen schmelzen und zu Granit umgewandelt werden, wie sie bereits in 20 –30 km Tiefe unter einem Gebirge erreicht werden.

Die Geologen des Oslo-Gebietes erhoben dagegen allerdings Einspruch: Ihr Granit (Drammen-Granit, Farbbild 89) sei ganz sicher aus dem „Oslo-Gebiets-Urmagma" entstanden, d.h. aus Basalt.

Es muß zugegeben werden, daß Granit durch mindestens zwei verschiedene Prozesse entstehen kann.

Die Verteilung saurer und basischer Vulkane

Die Verteilung saurer und basischer Vulkane wird durch Vorgänge in der Erdkruste und im Erdmantel gesteuert, die man unter dem Begriff „Plattentektonik" zusammenfaßt. Diese neue, umfassende Theorie hat das Verständnis der tektonischen Vorgänge grundlegend gewandelt. Es ist nicht übertrieben, in diesem Zusammenhang von einer Revolution zu sprechen. Derartige „Umwälzungen" geschehen zwar nicht an einem Tag, aber man kann in diesem Fall zumindest von einem Geburtsjahr sprechen, nämlich 1963.

Viele von Ihnen wissen wahrscheinlich, daß Afrika und Südamerika sich mit einer Geschwindigkeit von einigen Zentimetern im Jahr voneinander entfernen. Das ist eine der Auswirkungen der Plattentektonik.

Leider bietet dieses kleine Buch nicht genug Raum, um einen Überblick über die gesamte Theorie zu geben. Wir müssen uns damit begnügen, in Abb. 19 eine vereinfachte Darstellung der Zusammenhänge zu zeigen.

Der *Erdmantel*, der zuunterst in der Abbildung zu sehen ist, besteht aus dem Gestein *Peridotit*. Die dominierenden Minerale in diesem Gestein sind Pyroxen und *Olivin*. Siehe Kasten (S. 32) und die Erläuterung zu Farbbild 52. Oberhalb des Mantels befindet sich die *Erdkruste*, die in eine Anzahl von Platten aufgeteilt ist, die sich gegeneinander verschieben. Entlang der *mittelozeanischen Rücken* gleiten die Platten der Erdkruste mit einer Geschwindigkeit von 2–12 cm im Jahr auseinander. Dabei entstehen Spalten, die bis tief in den Erdmantel hineinreichen. Der Peridotit wird teilweise aufgeschmolzen. Einige der Minerale, vorzugsweise der Olivin, verbleiben in der Tiefe. Die übrige Schmelze dringt nach oben und erstarrt in den Spalten als *Basalt*.

Nach einer gewissen Zeit wiederholt sich dieser Vorgang: Es entsteht eine neue Spalte, die durch den jetzt erstarrten Basalt bis in

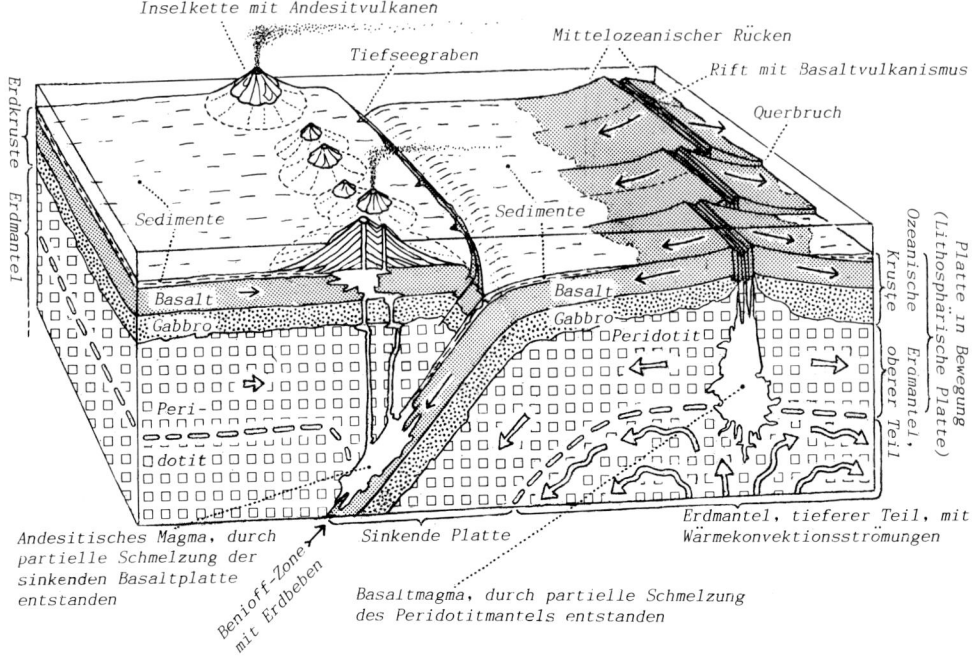

Abb. 19. Vereinfachte Darstellung der Grundzüge der Plattentektonik. Siehe Erläuterung im Text.

große Tiefen reicht, und erneut quillt Lava hervor. Der *gesamte* Meeresboden besteht aus solchem Basalt, der entlang der mittelozeanischen Rücken aufgedrungen ist und allmählich mit nach außen gezogen wird, wenn die Platten zu den Seiten hin auseinandergleiten. Der Ozean wird ständig breiter – vgl. Abb. 21! Dadurch muß jedoch an anderer Stelle eine Verkürzung (Zusammenschiebung) der Erdkruste stattfinden. In der Mitte der Abb. 19 sieht man, wie das geschieht. Hier findet sich eine sogenannte BENIOFF-Zone, benannt nach dem Erdbebenforscher HUGO BENIOFF, der 1954 auf folgendes Phänomen hingewiesen hatte: Entlang der *Tiefseegräben*, wie man sie von beiden Rändern des Pazifik kennt, wird basaltischer Meeresboden schräg nach unten gedrückt (links). Durch die gewaltige Reibung zwischen den Platten entstehen Erdbeben, die eine sehr große Stärke erreichen können.

Darüber hinaus bewirkt die Reibungswärme, daß der Fels unten ein Stück weit schmilzt. Die Schmelze dringt nach oben, und so entsteht in einiger Entfernung vom Tiefseegraben eine *Kette von Vulkanen*.

Das ist zum Beispiel der Fall bei den Aleuten, den Philippinen oder Indonesien (Java), sowie – im Atlantik – in Westindien. Sowohl

Olivin ist eine Mischung aus zwei Stoffen mit den chemischen Formeln Mg_2SiO_4 und Fe_2SiO_4. Härte 7, muscheliger Bruch. In beiden Punkten erinnert der Olivin an Quarz; aber Quarz findet sich selten in Basalt und ist fast nie grün. Ab und zu ist der Olivin rauchgelb (Farbbild 51), aber die olivgrüne Farbe ist typisch. Die Verwitterung von Olivin erfolgt rasch; sie hinterläßt eine rostfarbene Masse (Farbbild 52a).

im Tiefseegraben als auch in den benachbarten Gebieten kommt es durch das Zusammenschieben der Platten zu einer kräftigen Faltung der Sedimente, die dort im Laufe der Zeit abgelagert wurden.

Abb. 20 zeigt eine Serie von Schemazeichnungen, die drei Stadien einer Gebirgsbildung verdeutlichen. Im obersten Bild erkennt man rechts den Tiefseegraben und in einiger Entfernung davon die Kette der Vulkaninseln. Links von der Vulkankette sieht man ein Meer, dessen Boden mit Sedimenten bedeckt ist, und ganz links ein altes Festland. Diese Verhältnisse entsprechen etwa der Situation an der Ostküste Asiens.

Das mittlere Bild zeigt einen späteren Zustand. Die Vulkane erlöschen nacheinander, während gleichzeitig die Sedimente verfaltet werden und Teile des alten Festlandes (Quadratsignatur) in Stücke brechen und als Blöcke gehoben werden. In der Tiefe des Gebirges schmelzen Teile der Gesteinsmassen, und es entsteht Granit (kleine Kreise).

Das untere Bild zeigt das fertige Gebirge. Man sieht jetzt, daß eine Landschaft mit Tiefseegraben, Inselkette und Randmeer hinter der Inselkette, so wie man sie aus Ostasien kennt, das *Vorstadium eines Gebirges* darstellt. Die Rocky Mountains und Anden sind dagegen *fertige Gebirge* (oder fast fertige – sie heben sich noch heute).

Um den Himalaya oder die Alpen zu erklären, müßte der Zeichner ein paar Veränderungen vornehmen, so müßte er zum Beispiel altes Festland sowohl rechts als auch links anbringen. Die genannten Gebirge liegen mitten zwischen zwei Festländern. Indien und Sibirien haben sich gegeneinander geschoben und dabei den Himalaya gebildet.

Es gibt zwei Haupttypen von Vulkanen: Basaltvulkane entlang der mittelozeanischen Rücken und Vulkane innerhalb der Inselketten.

Bei letzteren gibt es keine Basaltlava. Die Basaltplatten, die nach unten gleiten, werden nur teilweise aufgeschmolzen. Was nach oben dringt, ist saurer als Basalt: Es ist *Andesit*, ein graues Gestein, das nach den Anden benannt worden ist.

Die Zusammensetzung der Lava ist von größter Bedeutung für die Tätigkeit eines Vulkans. Basaltvulkane sind „still und ruhig" (jedenfalls relativ), da ihre Lava dünnflüssig ist. Alle Lava enthält Gas; aber da der Basalt leicht fließt, kann das Gas in Form von Blasen entweichen.

Andesit ist dickflüssiger als Basalt, und die Gase können schwerer entweichen. So kann sich ein großer Gasdruck aufbauen, der sich schließlich in einer Explosion entlädt, bei der große Mengen „Asche" und Gesteinsbrocken in die Luft geschleudert und Teile des Vulkans weggesprengt werden können. Die Explosionen erzeugen heftige Erdbeben und können viele Menschenleben kosten.

Die Geologen bezeichnen daher einen Basaltausbruch als „weichen", einen Andesitausbruch dagegen als „harten" Vulkanismus.

Rhyolith ist noch gefährlicher als Andesit. Glücklicherweise ist er relativ selten. Saure (rhyolithische) Magmen sind so dickflüssig, daß sie in der Regel nicht bis an die Erdoberfläche vordringen können!

Wenn dies doch geschieht, kann das unglaublich dramatische Folgen haben. Die zähe Rhyolithlava bildet einen Pfropfen im Schlund des Kraters, so daß der innere Druck sehr groß werden kann. Plötzlich bricht das Gas nach oben durch. Als ob man eine Bierflasche öffnet, die vorher geschüttelt worden ist, bläst sich die Lava auf und bildet „Schaum". Wenn dieser Schaum erstarrt ist, wird er *Bimsstein* genannt. Er kann von der Explosion in Klumpen und Stücke gerissen werden, und es entsteht eine Wolke aus giftigem Gas, freischwebenden Lavatröpfchen, halberstarrten Bimsbrocken, mitgerissenen Einsprenglingen und Klumpen alter, erstarrter Lava – das Ganze zwischen 800° und 1000°C heiß. Das Verheerende ist, daß die Wolke nicht in die Höhe steigt, sondern sich auf Grund der vielen Par-

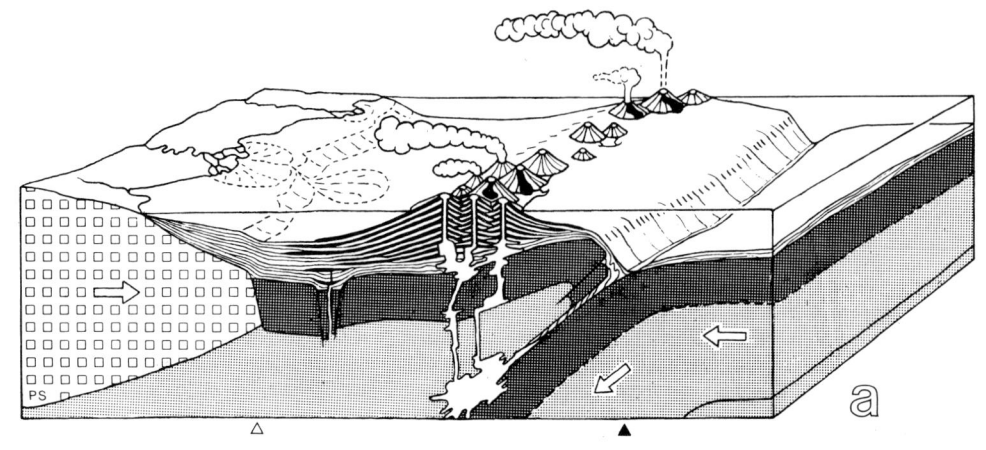

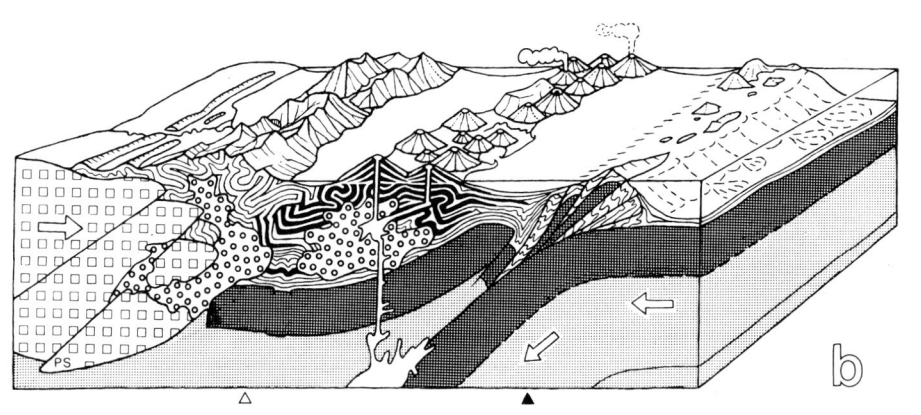

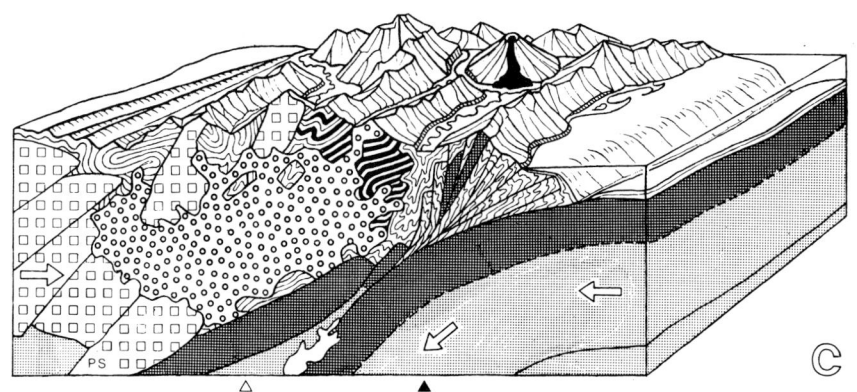

tikel, die sie enthält, mit einer Geschwindigkeit von etwa 500 km/h wie ein Strom den Berghang hinunterwälzt, der alles mit sich reißt: Gebäude, Pflanzen, Tiere und Menschen, zusammen mit großen und kleinen

---

Abb. 20a–c. Blockdiagramme, die zeigen, wie man sich die Entstehung eines Gebirges nach heutiger Kenntnis vorstellen muß. Schwarz: Lava. Weiß, mit Schichtsignatur: Sedimente. Quadrate: alte kontinentale Kruste. Kreise: neu entstandene Granitmassive. Der Basalt des Meeresbodens ist mit einem dunklen Raster versehen. Die weißen Flecken in der Tiefe sind geschmolzene Gesteinsmassen (Magma). Die Dreiecke unter den Zeichnungen markieren zwei bestimmte Punkte: Das schwarze Dreieck zeigt die Lage des Tiefseegrabens in a; in b und c sieht man, was davon übriggeblieben ist. Das weiße Dreieck zeigt den Rand des alten Kontinents in Abb. a. In b und c markiert es die Stelle, an der ursprünglich der Kontinentalrand gelegen hat. Dieser ist inzwischen durch den kräftigen Seitendruck in einzelne Schollen zerbrochen worden. Die Grundzüge der Entwicklung sind im Text auf S. 31–33 erläutert.

Die Gebirgsketten sind kompliziert aufgebaut. Man kann sowohl zerbrochene und verfaltete Lavabänke finden, als auch Sedimente und aufgeschobene Blöcke der alten Kontinentalkruste. Diese Blöcke bilden oft die höchsten Berge. Das gilt z.B. in den Alpen (Mont Blanc) – aber auch in Norwegen (Jotunheimen). Auf der Karte auf S. 43 hat Jotunheimen zwei Alterszahlen. Die eine Zahl gibt an, daß das Gebiet Teil einer alten Gebirgskette ist, die vor etwa 1100 Millionen Jahren gefaltet wurde. Die andere Zahl bedeutet, daß der alte Block vor etwa 400 Millionen Jahren im Zuge einer neuen Gebirgsbildung nach oben gedrückt worden ist, auf den Platz, auf dem er heute liegt. – Recycling könnte man das nennen!

Die meisten Granite sind geschmolzene Sedimente oder wiedergeschmolzene Laven oder alte Festlandsblöcke. Das Granitmassiv ist weder in b noch in c in seiner Gesamtheit aufgeschmolzen; es werden jeweils nur kleine Partien neu gebildet. In c ist das meiste wieder erstarrt. Die Granitmassen sind in der Regel zu dickflüssig, um als Lava an die Oberfläche zu dringen.

Ein großer Teil der Gesteine durchläuft währenddessen eine Metamorphose. Das ist in den Zeichnungen nicht dargestellt.

Die drei Diagramme sind von PER SMED gezeichnet, nach Vorlagen in BRIAN WINDLEY: The Evolving Continents. Fachliche Beratung: Lic. scient. JOHN KORSTGÅRD, Århus.

Blöcken „fremden" Gesteins. Das Phänomen wird als *nuée-ardente*-Ausbruch bezeichnet. Bei einem solchen Ausbruch wurde im Jahre 1902 innerhalb einer Minute der Ort St. Pierre auf Martinique in Westindien ausgelöscht; 26 000 Menschen kamen ums Leben.

Allmählich entweicht das Gas aus der Glutwolke, und die Lavatropfen und anderen Partikel verkitten zu einem Gestein, das als *Ignimbrit* bezeichnet wird (von ignis = Feuer, nimbus = Wolke). Den Ignimbrit erkennt man an der chaotischen Mischung von Einsprenglingen, Klumpen von Nachbargestein, die mitgerissen worden sind, und flachgedrückten Bimssteinflatschen, alle umgeben von einer besonders feinkörnigen Grundmasse (die einzelnen Körner sind unter der Lupe nicht zu erkennen). Wenn das Gestein gestreift wirkt, so rührt das von den flachgedrückten Bimssteinflatschen her, nicht etwa vom Fließen einer Lava.

Die Abhandlung, in der der Ignimbrit seinen Namen erhielt, erschien im Jahre 1932. Berichte über die „Feuerwolke" auf Martinique 1902 haben mitgeholfen, das Phänomen zu erklären.

Wenn man glaubt, der Ignimbrit sei etwas Exotisches, das nur in fremden Erdteilen vorkommt, ist man im Irrtum! Nach dem Zweiten Weltkrieg sind verschiedene Abhandlungen erschienen, die bewiesen haben, daß alte porphyrische Laven in Skandinavien in Wirklichkeit Ignimbrite sind. Zuerst wurden diese Gesteine im Oslo-Gebiet nachgewiesen, dann in Dalarna und schließlich in Småland. Die Farbbilder 13–22 zeigen Ignimbrite.

Rifts und Hot Spots

Vulkane können – außer in mittelozeanischen Rücken und in Inselketten – noch auf zwei weitere Arten entstehen.

Ein Festland kann regelrecht zerreißen; dabei entsteht ein *Grabenbruch*, d.h. ein schmales Stück Land, das im Verhältnis zu seiner Umgebung absinkt. Nach der

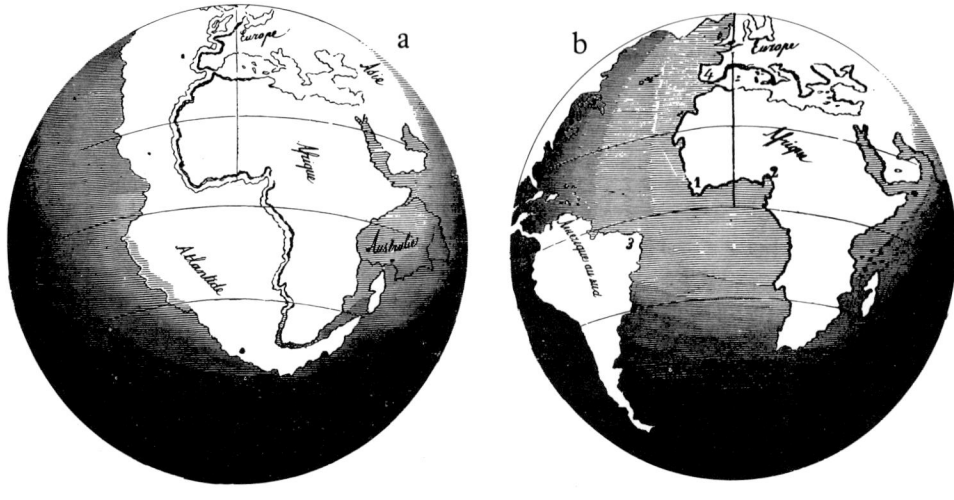

Abb. 21. ANTONIO SNIDER zeichnete 1858 diese beiden Skizzen, die seiner Meinung nach „die Erde vor der Sintflut" (links) und „die Erde nach der Sintflut" (rechts) darstellten. Daß Afrikas West- und Südamerikas Ostküste zusammenpassen wie zwei Steine eines Puzzlespiels, hatte zuerst FRANCIS BACON im 17. Jahrhundert bemerkt. Erst die Plattentektonik konte eine plausible Erklärung hierfür liefern; siehe S. 31–33 (nach MARVIN).

Plattentektonik-Theorie kann dadurch ein Festland mitten durchgeteilt werden. Im Laufe der Zeit kann sich ein neuer Ozean bilden und die beiden Seiten des Grabens voneinander trennen. Das beste Beispiel hierfür ist das *Rote Meer*.

Das große *Rift Valley* von Äthiopien bis Tansania ist ein Seitenast des Roten Meeres. Hier sind die Prozesse jüngeren Ursprungs, und Ostafrika hängt bis jetzt zusammen. Entlang solcher Grabenbrüche liegen immer Vulkane. Das gilt auch für Ostafrika.

Grabenbrüche derselben Art, aber weniger imponierend, finden sich auch in Europa – man denke nur an den Rheingraben. Die Benennung *Rifts* haben die Geologen von den Grabenbrüchen in Ostafrika übernommen. Das Oslo-Gebiet war eine Riftzone – mit Vulkanen – während des Perm. Aus irgendeinem Grunde kam der Prozeß zum Stillstand. Das Land riß nicht ganz auseinander. Der Grabenbruch endet blind in der Gegend des Mjøsa-Sees.

Hot Spots sind Vulkane, die – scheinbar unmotiviert – mitten auf einer Platte liegen, entweder im Meer oder auf dem Festland. Ein berühmtes Beispiel für ersteres ist Hawaii – für letzteres der Kamerunberg in Westafrika.

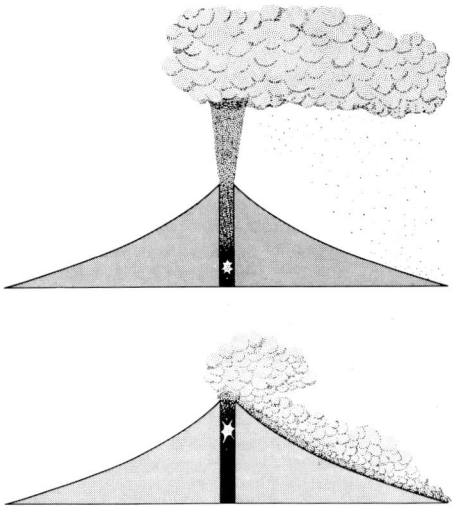

Abb. 22. Oben: ein „traditioneller" Vulkanausbruch, wie man ihn z.B. vom Vesuv kennt. Unten: eine „Feuerwolke", die den Berghang niederrollt und zur Entstehung eines Ignimbrits führt (nach NOE-NYGAARD).

Man hat bisher nur vage Vorstellungen davon, wie es zur Entstehung solcher Hot Spots kommt.

Verwitterung und BOWEN-Reihen

N.L. BOWEN ordnete alle wichtigen Silikatminerale nach ihrem Schmelzpunkt zu zwei Reihen.

Die Reihenfolgen sehen Sie im Kästchen. Sie spielen eine große Rolle, nicht nur dafür, welche Minerale zuerst und welche zuletzt erstarren, sondern auch für eine Menge anderer Eigenschaften.

BOWEN billigte den Feldspäten eine eigene Reihe zu.

Wichtiger für uns ist, daß die Minerale im linken Teil der oberen Reihe hell und leicht sind, die rechten dagegen dunkel und schwer (bezüglich der Farbe ist der Olivin eine Ausnahme). Quarz hat ein spezifisches Gewicht von 2,65, Olivin von 3,5.

Je stärker die Zusammensetzung eines Gesteins nach links verschoben ist, desto saurer ist es. Granit und Rhyolith bestehen überwiegend aus Quarz, Kalifeldspat und Glimmer, Basalt überwiegend aus Ca-Plagioklas, Olivin und Augit, die intermediären Gesteine (wie der Syenit) überwiegend aus den mittleren Mineralen.

Je weiter links in den beiden Reihen der Mineralinhalt eines Gesteins steht, desto dickflüssiger ist es in geschmolzenem Zustand.

Ein Mineral verwittert leichter, je weiter rechts es in den Reihen zu finden ist. Olivin verwittert am allerleichtesten, und von der Oberfläche der Strandgerölle und Geschiebe ist er oft völlig verschwunden. Wo ein Olivinkorn gesessen hat, findet man nur noch einen Hohlraum (siehe Farbbild 52a!). Wie wir bereits gehört haben, ist der Quarz im Gegensatz hierzu nahezu unzerstörbar.

Die dunklen Minerale (Hornblende, Augit) verhalten sich auf gewisse Weise ähnlich wie der Olivin. Vertiefungen in der Oberfläche eines Steins sind fast immer Stellen, an denen vorher ein dunkles Korn eingeschlossen war. Von den *Feldspäten* sind die Kalifeldspäte am widerstandsfähigsten. Sie können vorstehende Knoten an der Oberfläche eines Gesteins bilden, das gleichzeitig vierkantige Vertiefungen aufweist, in denen ursprünglich Plagioklas gesessen hat. Helle Glimmer sind chemisch nicht leicht angreifbar, aber sie sind weich. Wird der Stein in der Brandung gerollt, zerbrechen die Glimmerkörner und werden vom Wasser als dünne Blättchen herausgespült.

Nach Betrachten der Verwitterungs-Reihenfolge ist leicht zu verstehen, warum der Sand am Ende fast ausschließlich aus kleinen Quarzkörnern besteht. Diese werden von den Wellen und von der Strömung rundgeschliffen, aber sie verwittern nicht. Wenn andere Körner außer Quarz im Sand erhalten blieben, so sind das in der Regel helle Glimmer oder Kalifeldspäte.

Durch die Verwitterung von dunklen *Lavagesteinen* entsteht ein fruchtbarer Boden, der Metalle enthält, die die Pflanzen für ihr Wachstum benötigen.

Je saurer ein Gestein, desto unfruchtbarer der Boden. Reiner Quarzsand ist am unfruchtbarsten. Der Landwirt ist daher gezwungen, die Nachteile durch Kunstdünger auszugleichen. Allerdings bedeutet das auch, daß er ständig Geld ausgeben muß, um die Fruchtbarkeit der Sandböden zu erhalten. Ohne den Einsatz von Kunstdünger wären

---

Niedriger Schmelzpunkt .... **Hoher Schmelzpunkt**
Quarz   –   Muskovit   –   Biotit   –   Amphibol   –   Pyroxen   –   Olivin
(heller Glimmer) (dunkler Glimmer) (z. B. Hornblende) (z. B. Augit)
Kalifeldspat .... Na-Plagioklas .... Ca-Plagioklas

Abb. 23. Mount Meru, einer der großen Vulkane entlang des ostafrikanischen Rift Valley. Landwirtschaftliche Nutzflächen im Vordergrund.

große Teile der Altmoränen, Sanderflächen und Urstromtäler Norddeutschlands nicht landwirtschaftlich nutzbar.

In Ländern, in denen die Bevölkerung nicht über die wirtschaftlichen Mittel verfügt, um die Ungunst der Natur zu überwinden, sind derartige Unterschiede allein entscheidend für die mögliche Nutzung. Blühende Landstriche mit dichter Bevölkerung findet man am Fuße der großen Basaltvulkane Ostafrikas, z.B. des Kilimandscharo. Die umgebenden Ebenen sind dünn bevölkert und werden von den Massai-Nomaden als Weideland genutzt. Sie bestehen aus ungeheuer alten granitischen Gesteinen, aus denen fast alle Pflanzennährstoffe im Laufe der Zeit durch die heftigen Regenfälle ausgewaschen worden sind.

Wie man sieht, können die BOWEN-Reihen uns nicht nur helfen zu verstehen, was wir an unseren norddeutschen Steinen sehen. Der Blickwinkel reicht über die Kulturgeographie und Wirtschaft bis hin zur Weltordnung.

Es ist noch hinzuzufügen, daß die obige Beschreibung nicht alles umfaßt, was für die Qualität eines Bodens von Bedeutung ist. Wir sind nicht auf den *Ton* eingegangen, der für die Fruchtbarkeit eine wesentliche Rolle spielt. Ton ist ein feinkörniges Material, das aus der chemischen Verwitterung von Mineralen wie Feldspat oder Glimmer entsteht. Ton kann auf Grund der „Kapillarwirkung" Wasser gegen die Schwerkraft halten, u.a. weil die Zwischenräume zwischen den Partikeln so klein sind. Mit dem Wasser werden gleichzeitig auch gelöste Stoffe zurückgehalten. Tonböden sind meist gute Böden, weil die Pflanzen den Nährstoffgehalt dieser Stoffe ausnutzen können, und weil die Böden schwer austrocknen, selbst in längeren Trockenperioden. Über die Sedimente erfahren Sie mehr in Kapitel 6 (Seite 92).

Kapitel 4

Skandinavien ist ein altes Festland

Die Berge Norwegens sind nicht so hoch wie die Alpen, aber sie befinden sich noch in einem natürlicheren Zustand. Die Abstände zwischen den Hotels und Skilifts sind größer. 70 % des Landes liegen oberhalb der Waldgrenze und können nur von Bergwanderern oder von Rentieren genutzt werden.

Viele Touristen sind fasziniert von der Existenz dieser unberührten Natur und ziehen hinaus mit Stiefeln und Zelten. Man muß nicht lange durch Norwegen reisen, um festzustellen, daß die Berge anders aussehen als die Alpen. Die Formen sind sehr verschieden von den schweizerischen. Man findet zwar Gebiete mit steilen, spitzen Gipfeln (Jotunheimen, Rondane) – aber an den meisten Stellen kommt man, wenn man sich über Serpentinen auf einem Weg an der Flanke

Abb. 24. Die alte Peneplain, die heute als Hardangervidda bezeichnet wird. Im Hintergrund sieht man einige abgerundete, sanft ansteigende Berge, bei denen es sich vermutlich um sehr alte Zeugenberge handelt. Die Peneplain ist niemals ganz eben. Im Vordergrund sieht man das steil eingeschnittene Måbø-Tal, das zum Hardangerfjord hinunter führt. Das muß ausgeschürft worden sein, *nachdem* die Landhebung im Tertiär stattgefunden hatte.

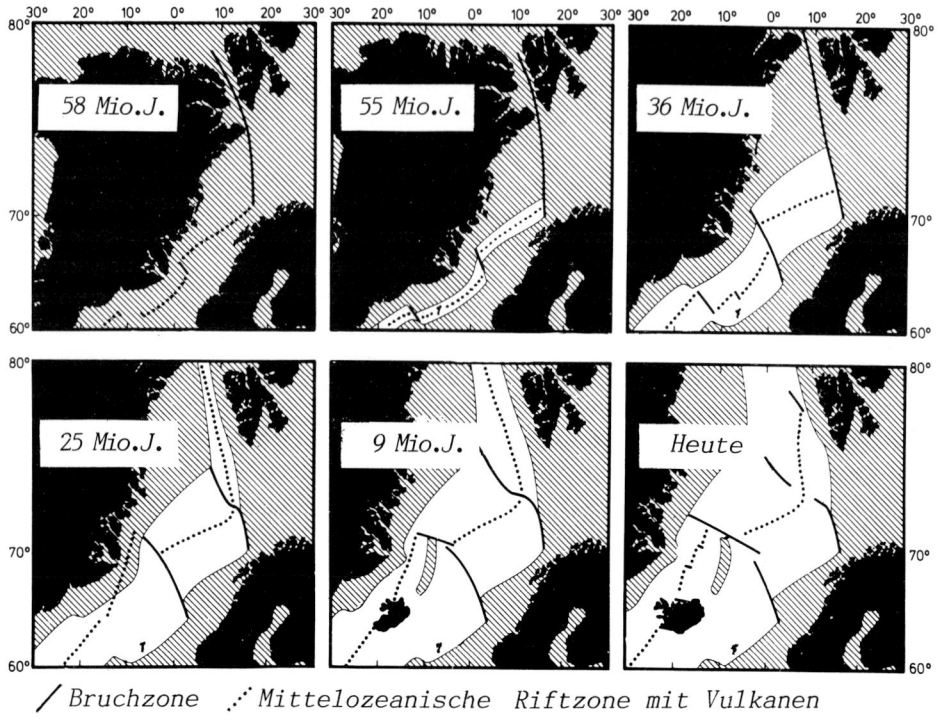

/ Bruchzone ..·˙ Mittelozeanische Riftzone mit Vulkanen

Mio.J.= Millionen Jahre vor heute   Nach Eldholm

Abb. 25. Die Öffnung des Nordatlantik im Laufe des Tertiärs.

eines Tales allmählich nach oben gearbeitet hat, auf ein ziemlich ebenes Plateau, das Landschaftsnamen wie „flya" (Bergheide), „vidda" (weite Ebene) oder „lia" (Bergweide) trägt. Man erlebt Norwegen nicht als ein Gebirge, sondern als eine weitgespannte Hochfläche mit Tälern. „Fjell" (Berg) ist die skandinavische Bezeichnung für die Landschaft, die oberhalb der Waldgrenze liegt, ganz gleich, ob sie steil oder eben ist.

Aus geologischer Sicht *ist* der größte Teil Norwegens ein Faltengebirge, wie auch die Alpen. Der Unterschied liegt im Alter. Die Alpen entstanden im Tertiär, d.h. vor höchstens 50 Millionen Jahren, als Afrika mit Europa zusammenstieß und dabei das Gestein vor sich gefaltet hat. Ein ähnliches Ereignis war in Norwegen im Silur zu verzeichnen, etwa 400 Millionen Jahre vor heute – beim Zusammenstoß von Grönland und Nordeuropa. Das Gebirge, das dabei entstand, wird das *Kaledonische Gebirge* genannt – nach Schottland (auf Lateinisch: Caledonia), das auch in die Faltung mit einbezogen war.

Man schätzt, daß äußere Kräfte (Verwitterung, fließendes Wasser usw.) innerhalb von etwa 100 Millionen Jahren ein Gebirge soweit abtragen können, daß nur noch ein Flachland übrigbleibt. Eine derartige Ebene wird als *Peneplain* bezeichnet.

Später kann dieser abgeschliffene Gebirgsrumpf wieder gehoben werden. Dabei entsteht erneut ein Gebirge, knapp so hoch wie das erste Mal, aber mit einer Peneplain auf der Oberseite. Dies geschah in Norwegen im Tertiär. Die Hochebenen, „flya", sind Reste der alten Peneplain.

40

Wenn man allerdings glaubt, daß nur die alten Faltengebirge sich wieder gehoben hätten, so ist man im Irrtum. *Ganz* Skandinavien war von der Hebung betroffen, auch die Landstriche östlich und südlich der alten Faltengebirge. Die Hebung war am stärksten am Atlantik; weiter östlich, in Schweden, war sie geringer. Deshalb finden wir heute die hochgelegenen Plateaus vor allem im Westen, und alle großen Flüsse fließen nach Südosten.

Wir können heute diese Prozesse in einen größeren Gesamtzusammenhang einordnen. In Norwegen finden wir die östliche Hälfte des Kaledonischen Gebirges; die westliche Hälfte liegt in Ost-Grönland. In den letzten 60 Millionen Jahren (seit dem Tertiär) hat die Plattenbewegung die beiden Landflächen voneinander getrennt. Abb. 25 zeigt, daß es heute möglich ist, den Ablauf der Ereignisse verblüffend genau mit Jahreszahlen zu belegen. 58 Millionen Jahre vor heute war der Zwischenraum zwischen Grönland und Norwegen noch so schmal wie das Rote Meer heute. Der Riß begann jedoch, sich auszuweiten. Vor gut 9 Millionen Jahren entstand Island durch einen Lavaausbruch mitten im Meer.

Während gleichzeitig der Atlantik sich verbreiterte, wurden die Ränder der Kontinente gehoben. Grönland weist an der Ostküste, Norwegen an der Westküste die größten Geländehöhen auf, und beide fallen zum Binnenland hin ab. Die Ursache der randlichen Hebung ist nicht ganz klar, aber man kann entsprechende Phänomene an anderen Stellen der Erde beobachten. Afrika und Arabien haben gehobene Ränder an der Küste des Roten Meeres. Deshalb kann der Nil nicht auf kurzem Wege ins Rote Meer münden, sondern fließt nach Norden ins Mittelmeer.

Geologen haben herausgefunden, daß die Südgrenze der kaledonischen Faltung quer durch Norwegen verläuft, von der Küste bei Stavanger bis nach Särna an der schwedischen Grenze (dieser Ort liegt dort, wo auf der großen Karte auf S. 77 die Bezeichnungen Särna-Porphyre und Särna-Diabas eingetragen sind). Wenn man die beiden Karten zusammen betrachtet, sieht man, daß nur wenige Steine aus den Ketten der kaledonischen Faltung mit dem Inlandeis nach Dänemark oder Norddeutschland gekommen sein können. Nordwestlich der Linie, die die „Eisscheide" bezeichnet, die über Rondane und Jotunheimen verlief, floß das Eis nach Westen, hinaus in den Atlantik.

Von den Ereignissen im Silur zeugen gewaltige Felspartien, unter anderem in Jotunheimen und Rondane, die viele Kilometer weit von Nordwesten nach Südosten verschoben worden sind. Diese Überschiebungsdecken überlagern eine ältere, eingeebnete Landschaft. Siehe Abb. 26! Man kann die Ränder der überschobenen Felsmassen bis auf den heutigen Tag im Gelände erkennen, weil sie über einige weiche Schieferlagen aus dem Kambrium geglitten sind. Mit diesen Schieferlagen hatte die Erosion leichtes Spiel. Man kann sich gut vorstellen, wie die Flanken des Berges Hallingskarvet untergraben worden sind. Die überlagernden Schichten stürzten in Blöcken nach. Dadurch ist die Kante des Berges steil geblieben, unabhängig davon, wie lange die Abtragung gewirkt hat. Eine Steilkante dieser Art kann man entlang der Ostgrenze der Überschiebungsdecke vom Hallingskarvet bis nach Lappland verfolgen.

Die Abbildung zeigt uns auch gleich, wie die Landoberfläche beschaffen war, auf die die Felsmassen geschoben wurden. An der Oberfläche liegen Schichten aus dem Kam-

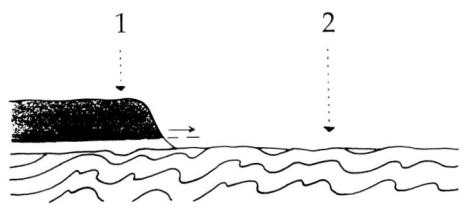

Abb. 26. Hallingskarvet (1) und Hardangervidda (2) (nach „Norge blir til").

brium; das heißt, daß die Fläche älter als das Kambrium sein muß. Die Landschaft war zu einer Peneplain eingeebnet worden. Wir blicken weit bis in die Urzeit zurück. Bereits lange vor dem Silur und der kaledonischen Gebirgsbildung hatte offenbar eine weitere Gebirgsbildung stattgefunden. Danach stand soviel Zeit zur Verfügung, daß die Berge völlig eingeebnet werden konnten, lange bevor sich die Felsmassen des Hallingskarvet über die Landschaft geschoben haben. Es sei hinzugefügt, daß *auch die jüngere* Gebirgskette danach bis auf eine Peneplain abgetragen worden und wieder gehoben worden ist. Die menschliche Vorstellungskraft hat Mühe, die gesamte Erdgeschichte zu erfassen.

Das Grundgebirge

Die abgetragenen Bergketten aus der Urzeit (d.h. aus der Zeit vor dem Kambrium, dem *Präkambrium*) werden als *Grundgebirge* bezeichnet. Südnorwegen (südlich des Hallingskarvet) sowie der größte Teil Schwedens, Bornholms und ganz Finnland bestehen aus Grundgebirge, meistens Gneis oder Granit. Hier und dort findet man auch Sedimente wie Sandstein oder Kalkstein, sowie Reste von Vulkanen.

Die Gesteine des Grundgebirges haben gemeinsam, daß Versteinerungen in ihnen äußerst selten sind. Deshalb konnten die Geologen bis vor kurzer Zeit diesen Abschnitt der Erdgeschichte nur schwer enträtseln. Moderne Methoden der Altersbestimmung haben gezeigt, daß das Präkambrium 4000 Millionen Jahre gedauert hat – das sind neun Zehntel der Zeit, die die Erde überhaupt existiert.

Die alte Peneplain auf Abb. 26 wird als *subkambrische* Peneplain bezeichnet, weil sie von Schiefern aus dem Kambrium überlagert wird. In dem Teil Norwegens, der in der Skizze gezeigt ist, entspricht dieser Peneplain heute die *Hardangervidda;* sie liegt etwa 1000 m über dem Meeresspiegel, d.h. oberhalb der Baumgrenze. Die Hardangervidda besteht aus Grundgebirge. Dieselbe

Peneplain, hier und dort mit Resten von Schiefer überlagert, kann man nach Südosten durch Schweden bis nach Småland verfolgen, in immer geringerer Höhe, und schließlich bis nach Bornholm. Hier liegt sie in einer Höhe von weniger als 100 m über dem Meer, mit Resten von Sandstein und Schiefer an Stellen, wo diese vor der Erosion geschützt waren.

Beachten Sie bitte, daß die meisten Schichten des Kambrium im Meer abgelagert worden sind! Daraus geht hervor, daß die Hardangervidda um etwa 1000 Meter gehoben worden sein muß – wenn nicht der Wasserstand des Meeres seither um diesen Betrag gesunken ist.

Der Spiegel des Weltmeeres ist im Laufe der Erdgeschichte mehrfach um mehrere hundert Meter gestiegen und gefallen. Die Schwankungen werden als *Eustasie* bezeichnet. Die Gesamtmenge Wasser auf der Erde blieb wahrscheinlich immer ziemlich konstant. Wenn der Meeresspiegel dennoch gestiegen und gefallen ist, so ist dies auf das Abschmelzen oder die Bildung von Inlandeis, auf die Ablagerung von Sedimenten im Meer (die den Wasserspiegel nach oben gedrückt haben) oder z.B. auf die Entstehung neuer Ozeane zurückzuführen.

Nach kurzem Nachdenken erkennen wir jedoch, daß *Landhebung* die wahrscheinlichste Erklärung für die heutige Hochlage der Hardangervidda ist. Eine Peneplain liegt ursprünglich im großen und ganzen waagerecht. Aber die Hardangervidda befindet sich heute 1000 m über dem Meer, während andere Teile derselben Peneplain (Bornholm) relativ tief liegen. Das deutet darauf hin, daß eine lokale Hebung stattgefunden hat, von der Bornholm nicht mit betroffen wurde.

Plattformen

Auf der Kartenskizze Abb. 27 sind West-Dänemark und die Gebiete südlich der Ostsee mit der Signatur „jüngere Sedimente" versehen. Die Schicht dieser Ablagerungen

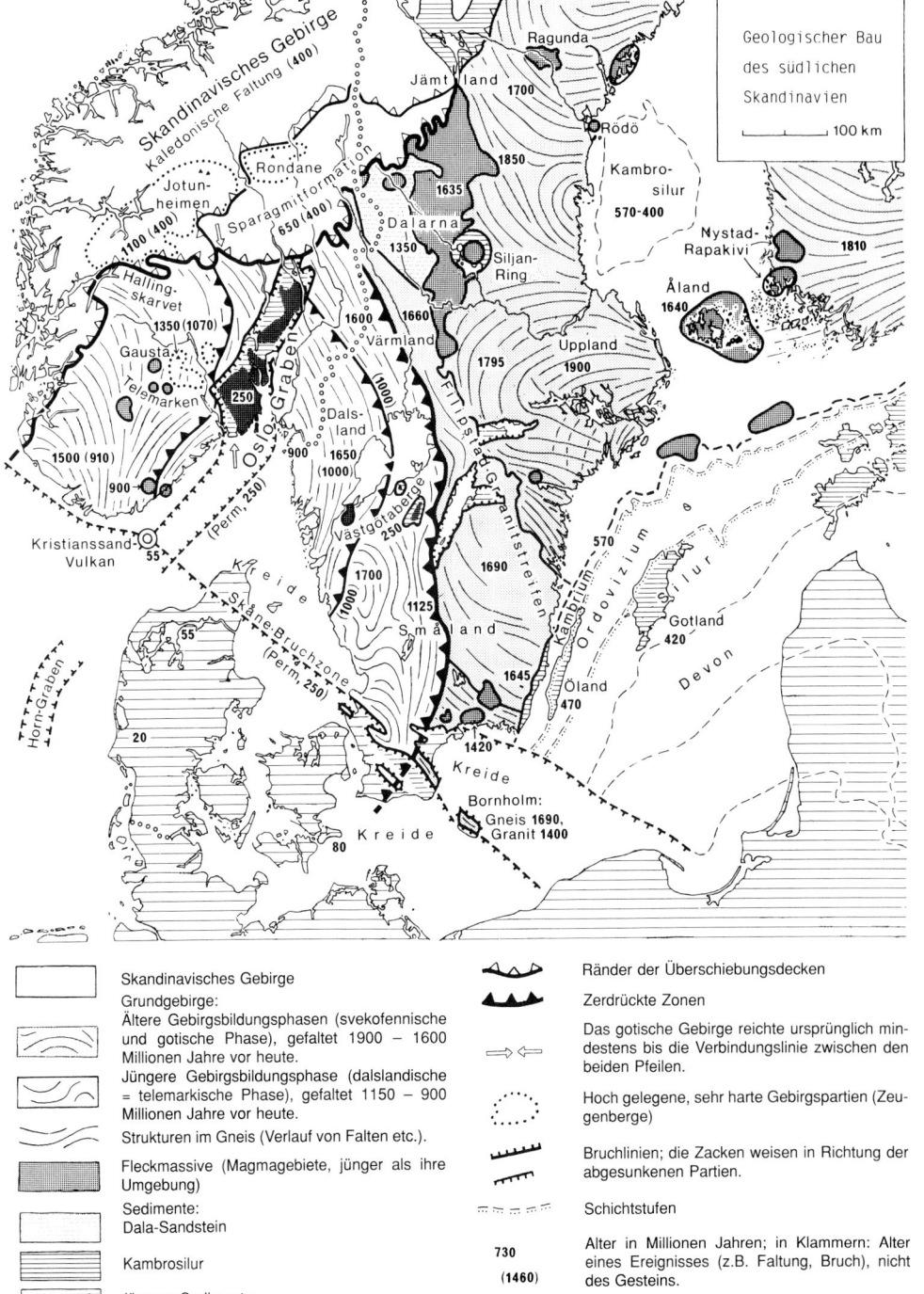

Legende:

Skandinavisches Gebirge

Grundgebirge:
Ältere Gebirgsbildungsphasen (svekofennische und gotische Phase), gefaltet 1900 – 1600 Millionen Jahre vor heute.

Jüngere Gebirgsbildungsphase (dalslandische = telemarkische Phase), gefaltet 1150 – 900 Millionen Jahre vor heute.

Strukturen im Gneis (Verlauf von Falten etc.).

Fleckmassive (Magmagebiete, jünger als ihre Umgebung)

Sedimente:
Dala-Sandstein

Kambrosilur

jüngere Sedimente

Vulkanite und Tiefengesteine des Perm

Ränder der Überschiebungsdecken

Zerdrückte Zonen

Das gotische Gebirge reichte ursprünglich mindestens bis die Verbindungslinie zwischen den beiden Pfeilen.

Hoch gelegene, sehr harte Gebirgspartien (Zeugenberge)

Bruchlinien; die Zacken weisen in Richtung der abgesunkenen Partien.

Schichtstufen

730
(1460)
Alter in Millionen Jahren; in Klammern: Alter eines Ereignisses (z.B. Faltung, Bruch), nicht des Gesteins.

Gestrichelte Linien: Strukturen, die unter Wasser liegen oder von jüngeren Sedimenten bedeckt sind.

Abb. 27. Geologische Karte von Südskandinavien.

ist gewöhnlich etwa 1–9 km dick. Die meisten Schichten wurden in einem flachen Meer abgelagert – das zeigen die darin enthaltenen Versteinerungen. Man weiß heute, daß die Sedimente ein altes Grundgebirge überlagern. Das sind die alten Granite und Gneise Schwedens und Norwegens, die sich bis unter Norddeutschland fortsetzen.

Eine Landschaft, in der eine alte Peneplain in diesem Maße unter einer Sedimentlage versteckt ist, wird als *Plattform* bezeichnet. Auch der Ostseeboden und ganz Rußland bis hin zum Ural sind eine solche Plattform.

Wenn die Sedimente in einem flachen Meer abgelagert wurden, wie kommt es dann, daß die untersten Schichten in 5–9 km Tiefe liegen? Die Antwort ist: Sie sind abgesunken. Je mehr Sedimente an einer Stelle aufgeschichtet werden, desto stärker wird die Erdkruste nach unten gedrückt. Gegenteilig reagieren Berge, die von Flüssen oder Gletschern abgetragen werden, indem sie sich allmählich heben. Dieses Prinzip wird als *Isostasie* bezeichnet.

Die Gebiete der heutigen Ostsee und Nordsee bestehen aus Sedimenten über einem alten Grundgebirge, die aber zur Zeit vom Meer bedeckt sind; sie werden als *Schelf* bezeichnet, die Meere als *Schelfmeere*. Im Gegensatz zur Tiefsee gehören sie zu den Randbereichen der Kontinente.

Jeder Kontinent besteht entweder aus *jungen Gebirgen*, aus *alten Gebirgsrümpfen* oder aus *von Sedimenten bedeckten alten Gebirgsrümpfen*. Das gilt auch für den Schelf. Wo dieses Buch geschrieben wurde (in Kopenhagen), stand vor einer Milliarde Jahren ein Gebirge, dessen Gneiswurzel in nicht allzu großer Entfernung zutage tritt – im Kullen in Südschweden. Der Gneis unter Kopenhagen ist nachträglich abgesunken und findet sich heute in ca. 5 km Tiefe.

Die Zersplitterung des alten Festlandes

Südschweden (Småland) ist eine Peneplain aus Grundgebirge, wenig mehr als 200 m über dem Meer. Sowohl in südöstlicher als auch in südwestlicher Richtung verschwindet die Peneplain unter jüngeren Sedimenten – aber in höchst unterschiedlicher Weise. Das zeigt die Skizze in Abb. 30. Nach Südosten ist die Oberfläche des Grundgebirges einfach geneigt und taucht geradewegs ab unter Lagen aus dem Erdaltertum (Kambrium bis Devon). Anders dagegen im Südwesten: Quer durch Schonen zieht sich eine Zone mit tiefen Bruchlinien, die eine Reihe *Horste* (aufragende Gneisblöcke) von tief liegenden Gräben trennt. Die Einwohner von Schonen bezeichnen die Horste als „Ås" (Höhenrücken); die bekanntesten sind Söderåsen, Hallandsåsen, Romeleåsen und Kullen. Sie sind alle etwa 200 m hoch; das heißt, daß ihre Oberfläche mit dem Inneren Smålands etwa auf einer Ebene liegt. Die Gräben dazwischen sind abgesunken, genau wie Südwestschonen (mit Malmö) und das westliche Dänemark. Die Bruchzone kann man nach Nordwesten unter dem Kattegat und dem nördlichen Jütland weiter verfolgen, bis in den Bereich südlich der norwegischen Küste in der Nähe von Kristianssand. In der entgegengesetzten Richtung liegen draußen in der Ostsee zwei Fortsetzungen der Horste, die Inseln Bornholm und Christiansø.

Man hat herausgefunden, daß diese Brüche sämtlich im Perm entstanden sind, gleichzeitig mit Skandinaviens berühmtester Bruchzone, dem *Oslo-Graben*. Die beiden Bruchzonen kreuzen sich in rechten Winkel.

Warum ist das lokale Grundgebirge kreuz und quer zerbrochen? Die Antwort ist, daß in geringer Entfernung eine große Festlandskollision mit Gebirgsbildung stattgefunden hat. In Mitteldeutschland entstand zu dieser Zeit das sogenannte *herzynische* Gebirge, so genannt nach dem lateinischen Namen für den Harz.

Faltengebirge sind also nicht die einzige Auswirkung der Plattentektonik. Das Fest-

Abb. 28. Diese typische Moränenlandschaft *aus der Weichsel-Eiszeit* ist Teil einer Plattform. Wenn das Inlandeis der Eiszeiten nicht Hügel geformt hätte, wäre das Gelände völlig eben. Der Gneis im Untergrund liegt in 3000 m Tiefe. Im Hintergrund der Øresund mit der Insel Ven. Glumslövs Hügel südlich von Helsingborg, Schonen.

land, das von einer Plattenkollision betroffen wird, bricht in Stücke – wie eine Mauer unter dem Stoß eines Rammbocks.

Wir haben gehört, daß die Bruchbildung den gewaltigen Vulkanismus im Oslo-Gebiet ausgelöst hat (siehe Karte des Oslo-Gebietes auf S. 83). Gleichzeitig entstanden auch Vulkane in einem Gebiet in einiger Entfernung von der Bruchzone, nämlich in Västergötland in Schweden.

Große Teile der Grundgebirgs-Peneplain in Skandinavien waren von Sedimenten aus dem Kambrium, Ordovizium und Silur bedeckt. Abb. 29 zeigt, daß diese Ablagerungen an den meisten Stellen später abgetragen worden sind. In Västergötland (südlich des Väner-Sees) blieben diese Schichten jedoch hier und dort erhalten, weil sie von Lava bedeckt wurden. Die widerstandsfähige Lava hielt die Erosion zurück. Als Resultat entstanden „Schichttortenberge", wie man sie auf der Zeichnung sehen kann. Die oberste,

schwarze, Schicht ist die Lava. Nach ihrer Zusammensetzung ist sie ein Basalt, aber sie wird traditionell als „Diabas" bezeichnet (d.h. Basalt, der gewöhnlich so grobkörnig ist, daß man alle Körner unter der Lupe sehen kann).

Vom Gipfel des Kinnekulle hat man einen schönen Ausblick über den Väner-See, der am Fuß des Berges liegt, etwa 300 m tiefer. Diese Stelle zählt zu den berühmtesten geologischen Lokalitäten in Schweden, weil man hier bei einer bequemen Wanderung sämtliche Schichten vom Grundgebirge bis zum Silur sehen kann.

Die meisten derartigen Berge Västergötlands sind von einem Lavatyp bedeckt, der *Kinnediabas* genannt wird. Dieser ergibt ein vorzügliches Leitgeschiebe (Farbbilder 48– 49).

Wenn die Erdkruste im Bereich eines Festlandes erst einmal zerborsten ist, kann es an solchem Riß auch in späterer Zeit wieder zu

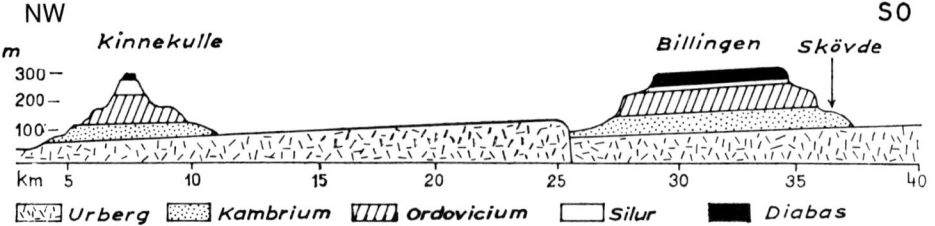

Abb. 29. Profilschnitt durch die „Schichttortenberge" Kinnekulle und Billingen südlich des Väner-Sees. „Urberg" bedeutet Grundgebirge. Die ebene Oberfläche des Grundgebirges *muß* bereits im Kambrium bestanden haben. Wir wissen das, weil die fast waagerecht liegenden, ungestörten Meeresablagerungen des Kambriums die Fläche überdecken. Die gepunktete Schicht besteht überwiegend aus Sandstein; die Schrägschraffur bezeichnet den Orthocerenkalk – dieselbe Schicht, die auch auf Öland zu finden ist! Sie ist auf Seite 47 beschrieben. Es kann keinen Zweifel daran geben, daß diese Schicht ursprünglich den ganzen Bereich des Profils abdeckte und über das gesamte Südschweden hinaus bis hin nach Bornholm gereicht hat – und daß sie inzwischen der Erosion zum Opfer gefallen ist, mit Ausnahme der „Schichttorten" (nach MAGNUSSON).

Bewegungen kommen. Entlang der Bruchzone in Schonen – und auch auf Bornholm – haben in der Kreidezeit und im Tertiär weitere Verschiebungen stattgefunden.

Von Zeit zu Zeit hat sich an den skandinavischen Bruchzonen auch der Vulkanismus geregt. Mitten in Schonen findet man ca. 80 kleine Basaltschlote aus der Jurazeit. Wenn es hier früher Lavadecken gegeben haben sollte, so sind diese nachträglich der Erosion zum Opfer gefallen – vielleicht erst durch die Gletscher der Eiszeit. Der *Schonen-Basalt* ist ein leicht zu erkennendes Leitgeschiebe (Farbbild 52). Verblüffend viele Exemplare davon sind mit dem Eis nach Dänemark, Deutschland und in die Niederlande verfrachtet worden.

Etwas südlich von Kristanssand, da, wo die Bruchzone sich Norwegen nähert, hat man auf dem Grunde des Skagerrak die Spuren eines großen Vulkans aus dem Tertiär gefunden. Asche aus diesem Vulkan hat sich über den größten Teil Dänemarks verteilt; sie findet sich heute in zentimeterdicken Lagen im Moler auf den Inseln Mors und Fur im Limfjord (Farbbild 136). Diese Asche ist das jüngste vulkanische Gestein Skandinaviens. Wenn man heutige Laven sehen will, muß man dagegen nach Island gehen – oder nach Italien.

Der Boden der Ostsee

Es wurde bereits mehrfach erwähnt, daß Skandinaviens Grundgebirge am Ende der Urzeit der Erdgeschichte (am Ende des Präkambrium) bis zu einer ebenen Fläche abgetragen worden war (einer Peneplain), die anschließend vom Meer überflutet wurde. Das ganze – oder zumindest fast das ganze – Festland wurde dabei von einer Serie von Schelfablagerungen bedeckt. Man kann die Abfolge dieser Schichten von Ort zu Ort weiterverfolgen, wenn auch lokale Variationen auftreten. Reste dieser Ablagerungen finden sich an verschiedenen Stellen, wo sie vor nachträglicher Abtragung geschützt waren. Solche Gebiete liegen z.B. im Oslo-Gebiet, in Jämtland, beim Siljan-See, östlich des Vätter-Sees, in Südost-Schonen und auf dem Südteil von Bornholm. Die Berge von Västergötland haben wir bereits erwähnt.

Anmerkung: „Paläozoikum" ist ein Fachausdruck für das „Erdaltertum", d.h. die Zeit vom Kambrium bis zum Perm. „Kambrosilur" ist eine kurze, handliche Bezeichnung für die Ablagerungen, die aus den Zeiten Kambrium, Ordovizium und Silur stammen.

Sämtliche genannten Vorkommen wirken klein im Vergleich zur flächenhaften Verbreitung dieser Schichten am Boden der Ostsee

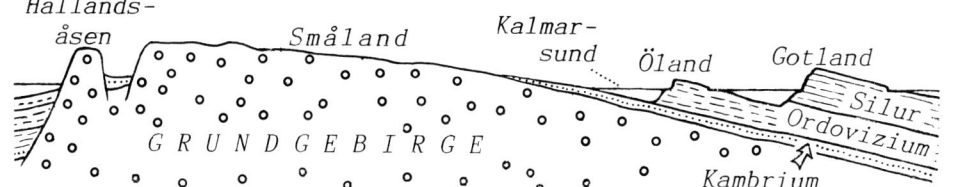

Abb. 30. Profilschnitt durch Südschweden, von Gotland bis Halland. Die Oberfläche des Grundgebirges ist dieselbe „Peneplain", die man auf den Abbildungen 24, 26 und 29 sehen kann. Die Darstellung verdeutlicht, daß die Peneplain und die darüber liegenden Schichten schräg unter die Ostsee einfallen. Das war die Voraussetzung dafür, daß die Erosion im Laufe der Jahrmillionen eine Schichtstufenlandschaft erzeugen konnte, wie im Text auf S. 48 beschrieben ist.

(siehe Karten auf S. 43 und S. 77, sowie Abb. 30).

Die Schichten unter der Ostsee liegen etwas schräg – sie fallen mit einer Neigung von etwa 2° nach Südosten ein, da sie nach ihrer Ablagerung gekippt worden sind. Hiervon abgesehen sind sie ungestört – ohne Brüche, Faltung usw.

Unmittelbar auf dem Grundgebirge liegt ein in einem Flußsystem abgelagerter *Sandstein*, der oft grobkörnig ausgebildet ist und Feldspäte enthält (Farbbild 128). Die auf Bornholm vorkommende Variante wird als *Neksø-Sandstein* bezeichnet. Die *Sparagmit-Formation* im südlichen Norwegen ist eine Ablagerung desselben Alters von gewaltiger Mächtigkeit (siehe Farbbild 125). In der Ostsee kommen die Sandsteine im Kalmarsund vor (siehe Farbbilder 128–130). Diese Sandsteine führen keine Versteinerungen; sie werden zum Kambrium gerechnet.

Die nächste Lage darüber ist auch ein Sandstein, der aber im Meer abgelagert wurde. Er enthält „Wurmröhren" und Kriechspuren von Tieren (siehe Farbbilder 131–135). Auch dieser Sandstein kommt im Kalmarsund vor; man findet ihn außerdem beim Kinnekulle, in Ost-Schonen und auf Bornholm. Er wird als *Scolithus-Sandstein* bezeichnet.

Danach wurden im Kambrium über den Sandsteinen verschiedene Schichten abgelagert, deren bekannteste der schwarze, ölhaltige *Alaunschiefer* ist. Aussehen und chemische Zusammensetzung deuten darauf hin, daß bei seiner Ablagerung im Meer wenig Sauerstoff vorhanden war.

Die bekanntesten Schichten aus dem nächsten Erdzeitalter, dem Ordovizium, sind der *Orthocerenkalk* (oder Orthoceratitenkalk; Farbbilder 140–141) und ein grauschwarzer Schiefer, der *Graptolithenschiefer*, dessen Ablagerung sich bis ins Silur fortsetzte. Die Schiefer findet man in kleineren Gebieten in Skandinavien, am Boden der Ostsee dominieren jedoch die *Kalksteine* in vielen Formen und Farben. Die Kalksteine weisen auf günstige Lebensbedingungen am Meeresboden hin. Die Unzahl verschiedener Tiere aus jener Zeit bietet ein reiches Betätigungsfeld für die Paläontologie (Erforschung der Versteinerungen; siehe Farbbilder 138–143). Kalksteine vom Boden der Ostsee sind mit dem Eis über Norddeutschland und Dänemark verbreitet worden. Besonders in Norddeutschland haben sich viele Sammler auf Fossilien aus dieser Periode spezialisiert – sowohl Amateure als auch Berufsgeologen. Ein Teil der Kalksteine und viele der Tierarten sind zum ersten Mal von Geschiebesammlern entdeckt und beschrieben worden. Das liegt daran, daß das Herkunftsgebiet dieser Steine heute vom Meer bedeckt ist.

Das Relief des Ostseebodens ist ein Ergebnis der Abtragung. Weiche Schichten werden rascher abgetragen als harte, was dazu

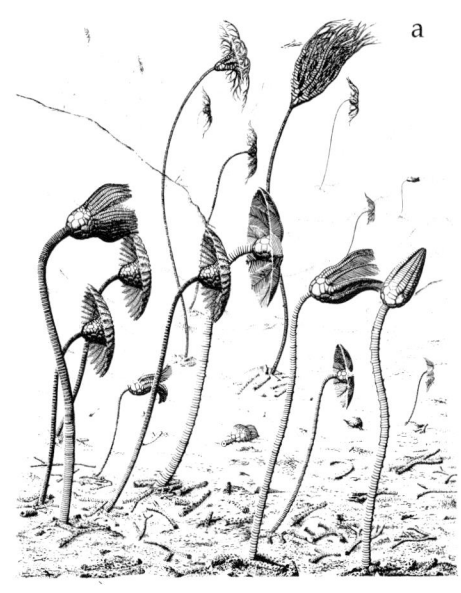

geführt hat, daß fast überall die härtesten Kalklagen an der Geländeoberfläche liegen (Abb. 30). Diese Oberfläche fällt (wie die Schichten) in einem Winkel von 2° nach Südosten ein. Im Nordwesten haben sich Steilkanten gebildet, weil die weicheren Schichten unter den harten Lagen jeweils rasch abgetragen worden sind; deshalb sind die Kanten immer steil geblieben – ähnlich wie im Falle des Hallingskarvet (Abb. 26). Ein derartiges Gebiet wird als *Schichtstufenlandschaft* bezeichnet (siehe Abb. 30).

Die Inseln Öland und Gotland haben darum steile, nach Nordwesten gerichtete Kanten, aber fallen sanft nach Südosten ein. Die beiden Inseln sind nicht aus demselben Kalk aufgebaut. Öland besteht aus Ablagerungen des Ordoviziums, vor allem dem bekannten Orthocerenkalk (Farbbilder 140– 141), Gotland dagegen aus Kalksteinen des

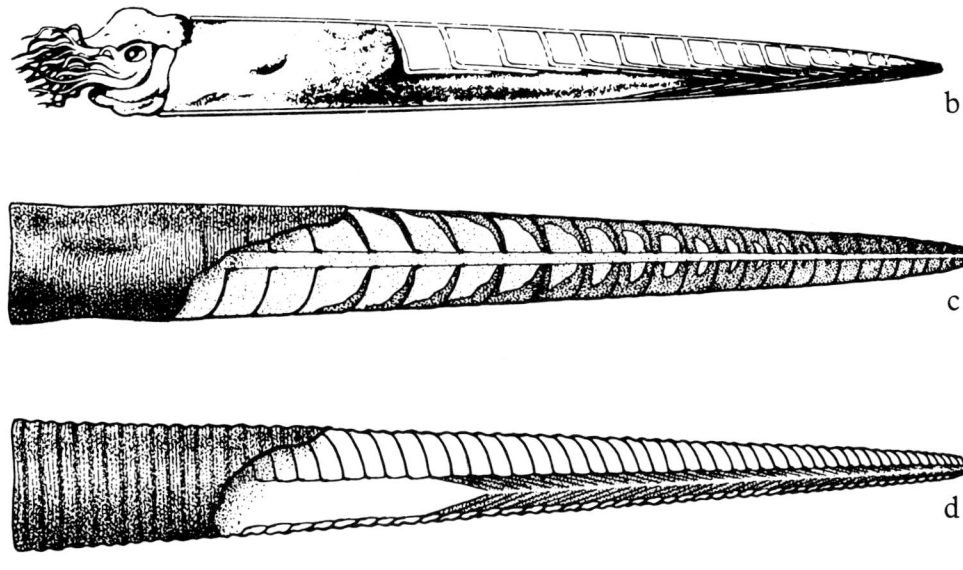

Abb. 31 a (oben) und b–d (unten) zeigt einige der bekanntesten Tiere, die während des Erdaltertums im Ostseeraum gelebt haben. a) zeigt die Rekonstruktion eines „Waldes" von Seelilien. Dabei handelt es sich nicht etwa um Pflanzen, sondern um Meerestiere. Die Rekonstruktion erfolgte auf der Grundlage reicher Fossilfunde auf Gotland (nach „Norstedts stora stenbok"). Mehr über Seelilien auf S. 164. b) ist die Rekonstruktion eines Tintenfisches, eines „Orthoceratiten". Das Wort kann man mit „Geradhorn" übersetzen. c) und d) sind die Schalen zweier Arten von „Geradhörnern". c) heißt Orthoceras, d) Endoceras (nach WIENBERG RASMUSSEN).

Silur, u.a. Seelilienkalk (Farbbild 139) oder Korallenkalk.

Am Ende des Silur fiel der Spiegel des Weltmeeres. Seit jener Zeit sind das heutige Norwegen und Finnland, sowie der größte Teil Schwedens, Festland. Das Meer hat niemals wieder das ganze Grundgebirge bedeckt.

Dänemark und der größte Teil Norddeutschlands blieben dagegen während des Perm, der Trias, des Jura und der Kreidezeit vom Meer bedeckt. In der Kreidezeit erreichte das Meer seine größte Ausdehnung. Die Küste des Kreidemeeres findet man in Schonen nördlich von Kristianstad. 5/6 von Bornholm lagen als eine Insel im kreidezeitlichen Meer.

Die Kalkschichten aus der Kreidezeit und vom Beginn der Tertiärzeit findet man in der südwestlichen Ostsee (zu sehen z.B. auf Møn und Rügen), unter Kattegat und Skagerrak, sowie unter großen Teilen von Schonen, Jütland und Sjælland. Es ist verständlich, daß die Moränen in Norddeutschland daher meist große Mengen an Kalkstein enthalten, die das Eis aus dem Untergrund mitgeführt hat (siehe Farbbilder 144–147).

Weitere Einzelheiten über das alte Grundgebirge

Nachdem wir durch den vorigen Abschnitt einen gewissen Überblick gewonnen haben, wollen wir uns etwas näher mit den weit zurückliegenden und nur unvollständig bekannten Begebenheiten der Urzeit befassen.

Das Grundgebirge besteht aus den Wurzeln alter Gebirgsketten. Kann aber der gesamte breite Block mit Südnorwegen, Schweden und Finnland aus einer einzigen Faltungsperiode stammen?

Das schien nicht sehr wahrscheinlich. Den Beweis hierfür konnte man aber erst in den letzten Jahrzehnten mit modernen Methoden der Altersbestimmung erbringen. Diese beruhen auf der Tatsache, daß radioaktive Stoffe im Laufe der Zeit zerfallen und die-

ser Zerfall mit einer gewissen Geschwindigkeit abläuft. Daher kann man aus dem Mischungsverhältnis des Ausgangsstoffes mit dem Zerfallsprodukt errechnen, wann dieser Prozeß begonnen hat (d.h. wann das Gestein entstanden ist).

Das Alter verschiedener Teile des Grundgebirges ist auf der Übersichtskarte Abb. 27 angegeben. Auf den ersten Blick wirkt das Bild chaotisch. In Südnorwegen und Westschweden findet man Gesteine von höchst verschiedenem Alter. Einige sind sehr alt (1500–1700 Millionen Jahre), andere sind wesentlich jünger (z.B. 1350, 1270, 900 Millionen Jahre). Das grau getönte Gebiet östlich der kräftigen, gezackten Linie, die von Ostnorwegen über den Vätter-See nach Schonen verläuft, weist dagegen nur sehr hohe Alter auf.

Die Altersabfolge ist nur schwer festzustellen. Bis in jüngste Zeit herrschte unter den Geologen Uneinigkeit bezüglich der Frage, wieviele Gebirgsbildungsphasen man unterscheiden müsse. Die folgende Aufstellung stammt aus dem Jahre 1988 (vgl. Abb. 27):

Am ältesten: Mehrere Faltungsperioden, Alter ca. 3–2,5 Milliarden Jahre (ganz im Norden, in der Umgebung des Weißen Meeres).

Etwas jünger: *„Svekofennische" Faltung*, Alter knapp 2 Milliarden Jahre, siehe Karte S. 43.

Noch jünger: *„Gotische" Faltung*, Alter 1800–1600 Millionen Jahre.

Jüngste Gebirgsbildung: *„Dalslandische" Faltung*, Alter ca. 1 Milliarde Jahre, siehe Karte S. 43.

Zur Erläuterung der Begriffe: Die Bezeichnung „Svekofennisch" ist zusammengesetzt aus den lateinischen Worten für Schweden (Svecia) und Finnland (Fennia). Dalsland ist das Gebiet westlich des Väner-Sees, nicht zu verwechseln mit Dalarna. Die „dalslandische" Faltung wird von den Norwegern als „telemarkische" Faltung bezeichnet.

Man kann – vereinfacht – sagen, daß sich das Grundgebirge Südskandinaviens in zwei

Gebiete untergliedert: ein älteres Gebiet östlich des Granitstreifens von Värmland nach Småland und ein jüngeres westlich davon. Der Granitstreifen selbst nimmt altersmäßig eine Mittelstellung ein.

Ich schlage vor, den Streifen von Värmland nach Småland als „Filipstad-Granitstreifen" zu bezeichnen und ihn damit nach einem Gestein zu benennen, das viele hübsche und bunte Varianten aufweist (Farbbilder 96–99 und 148–149), das leicht zu erkennen ist und das verbreitet in Norddeutschland vorkommt.

Langgestreckte Granitmassive dieser Art können nach den Erkenntnissen der Plattentektonik nur in Verbindung mit einer Gebirgskette entstanden sein. Es war lange Zeit ein Rätsel, wo die übrigen Reste dieses Gebirges geblieben sind. Der Granit sollte eigentlich von einem breiten Gürtel von Gneis und anderen metamorphen Gesteinen umgeben sein, die gleichzeitig mit dem Granit gebildet wurden. Westlich des Granitstreifens sollten auch alte Meeresablagerungen nachweisbar sein. Die Spuren sind jedoch fast vollständig bei einer weiteren Gebirgsbildung eine gute halbe Milliarde Jahre später vernichtet worden („dalslandische" Faltung, siehe unten). Nur ganz im Süden findet man einen Rest des „fehlenden" Gneisgürtels – nämlich in Blekinge und auf Bornholm.

Das älteste Faltungssystem auf der Karte S. 43 ist das *svekofennische* (Alter: 1900–1800 Millionen Jahre). Es erstreckt sich über den größten Teil Ostschwedens und Südfinnlands. In Uppland entstand bei dieser Gebirgsbildung eine Reihe von leicht erkennbaren Graniten (siehe Farbbilder 71–72 und 78–82).

Das *dalslandische* oder *telemarkische* Faltengebirge entstand in Westschweden und Südnorwegen gut eine halbe Milliarde Jahre nach dem gotischen. Die dalslandische Faltung war die jüngste Faltungsphase des Grundgebirges. Sie hat in hohem Maße ältere Gesteine „wiederverwendet". Viele Gneise, die bereits in der „gotischen" Periode gebildet worden waren, wurden nun zum zweiten Male starkem Druck und erneuter Metamorphose ausgesetzt. Das macht die Arbeit für die Geologen nicht gerade leichter. Auf der Karte kommt dies dadurch zum Ausdruck, daß zwei Gruppen von Altersangaben auftreten, die stark voneinander abweichen. Die Zahlen *ohne Klammern* geben die Alter der ursprünglichen Entstehung der jeweiligen Gesteine an, die Zahlen *in Klammern* das Alter der erneuten Überprägung.

Die Ostgrenze der „dalslandischen" Deformation ist die „zerdrückte Zone", die auf der Karte mit einer kräftigen, gezackten Signatur bezeichnet ist. Die Grenze verläuft durch Ostnorwegen, Värmland, Småland und Schonen. Die Signatur deutet an, daß Westschweden sich wie ein Bulldozer gegen Ostschweden geschoben hat. Dabei ist es nicht so, daß die Auswirkungen dieses Vorganges genau an dieser Linie enden. Der Kristinehamn-Granit, der östlich der Linie liegt, ist z.B. an einigen Stellen auf Grund des Druckes gestreift worden, und die Schichten des Dalasandsteins (siehe Karte) wurden stellenweise senkrecht aufgerichtet.

Mitten in den Dalsland-Gebirgsketten bildete sich ein großes Granitmassiv, das jüngste des Grundgebirges, der *Bohuslän-Granit* (Abb. 51). Auf der anderen Seite des Oslograbens setzt sich dieses Massiv im Hedal-Granit fort (Karte Abb. 51; Beschreibung S. 138).

Gausta, Blefjell und Lifjell in Telemark in Südnorwegen bestehen aus Quarzit – d.h. metamorph umgebildetem Sandstein. Der Sandstein ist ursprünglich gleichzeitig mit dem Dalasandstein abgelagert worden (siehe Altersangaben auf der Karte). Seine Berggipfel ragen über ihre heutige Umgebung hinaus, weil der Quarzit das widerstandsfähigste Gestein in dieser Gegend darstellt.

Dalarna und andere Vulkangebiete aus der Urzeit

Dalarna ist gleich nach dem Oslo-Gebiet Skandinaviens berühmtestes Gebiet mit vulkanischen Gesteinen. Der Vulkanismus war im großen und ganzen gleichaltrig mit der Entstehung des Filipstad-Granitstreifens (vor 1650–1600 Millionen Jahren; siehe Karte und Text Seite 78–79).

Die Gesteine Dalarnas wurden durch Faltungen nicht gestört, und auf der Karte bilden sie im Gegensatz zum Filipstad-Granit keinen langen Streifen, sondern rundliche Flecken oder Kleckse. Dalarna ist das größte derartige Gebiet in Schweden, aber interessanterweise nicht das einzige. Bei näherem Hinsehen entdeckt man in Ostschweden und Finnland verschiedene kleine und große Magmamassive, die gleichaltrig mit dem von Dalarna sind und ebenfalls einen klecksartigen Umriß aufweisen. Im folgenden sollen Massive dieser Art als „Fleckmassive" bezeichnet werden. Die wichtigsten sind auf Abb. 27 mit einer dunkelgrauen Signatur dargestellt. Nach Dalarna ist das größte Gebiet das der *Åland-Inseln*. Andere liegen z.B. bei Nystad, Ragunda und Graversfors.

Die gemeinsame Ursache für die Entstehung dieser gleichaltrigen Magmen kann die „Fernwirkung" der gotischen Gebirgsbildung gewesen sein. Die Benioff-Zone (Subduktionszone, siehe Erläuterung auf Seite 32) tauchte seinerzeit offenbar schräg unter das alte „svekofennische" Festland ab, das zu dieser Zeit bereits seit langem fertig ausgebildet war. Dabei stieg hier und da durch die alte festländische Kruste aus der Tiefe Magma auf.

Die meisten Fleckmassive weisen eine saure chemische Zusammensetzung auf; vor allem enthalten sie viel Kalium. Welche interessanten Schlüsse man daraus ziehen kann, wird auf S. 95 erläutert.

Es finden sich auch Fleckmassive, die jünger als die gotische Gebirgsbildung sind, z.B. in Südnorwegen (Grimstad- und Vrådal-Granit, Farbbilder 88–89), in Blekinge (Karlshamn- und Spinkamåla-Granit, Farbbilder 91 und 77) und auf Bornholm (Farbbilder 105–106).

Fast alle mit der Gebirgsbildung zusammenhängenden Granite treten auch in gestreiften Abarten auf, während Streifung bei den Fleckmassiv-Graniten selten ist. Es ist klar, daß das mit den Faltungsvorgängen im Zuge der Gebirgsbildung zusammenhängt. Der gesamte Granit innerhalb des Gebirgssockels ist nicht auf einen Schlag erstarrt. Große Partien müssen jedoch fest gewesen sein, bevor die plattentektonischen Bewegungen aufhörten. Diese Partien waren erheblichem Druck ausgesetzt, der die Streifung erzeugt hat. Die Uppland-Granite (Farbbilder 71–72 und 78–82) sind gute Beispiele hierfür. Viele Granite sind auf diese Weise so kräftig gestreift worden, daß man sie eigentlich als Gneise bezeichnen müßte.

Ein Granit kann also durch Metamorphose zu Gneis umgewandelt werden. Wo man – beim Sammeln von Strandgeröllen oder Geschieben – die Grenze zwischen den beiden Gesteinsarten ziehen soll, bleibt Gefühlssache. Bedenken Sie, daß ein Granit auch aus dem Aufschmelzen von Gneis entstehen kann – die Umbildung kann also in beide Richtungen erfolgen.

Viele Granite, die leichtem Druck ausgesetzt waren, enthalten blauen Quarz. Die blaue Farbe ist auf die Lichtbrechung an winzigen Deformationen innerhalb der Kristalle zurückzuführen. Blaue Quarze sind in den Fleckmassiven nur selten anzutreffen. Die Regel gilt jedoch nicht ohne Ausnahme – siehe z.B. Graversfors-Granit (Farbbild 73).

Kapitel 5
Wie kamen die Steine nach Norddeutschland?

Mit dem Inlandeis. Es gibt keine andere Erklärungsmöglichkeit. Man *könnte* sich vielleicht vorstellen, daß reißende Flüsse von Norwegen und Schweden her die Blöcke bis in unser Tiefland gebracht haben – wenn es die Ostsee damals nicht gegeben hätte. Ablagerungen derartiger Flüsse sind aber nicht gefunden worden. Viele Steine sind auch sehr groß. Welcher Fluß könnte z.B. den

Hesselager-Stein mit seinem Gewicht von 1 Million kg von Schweden nach Fyn (Dänemark) transportiert haben? Das Eis kann diesen Transport bewältigen, weil es ein fester Stoff ist. Norddeutschland und Dänemark sind von einer dicken Lage Lehm mit Steinen bedeckt, die genau den Ablagerungen entspricht, wie man sie im Vorfeld heutiger Gletscher findet, auf Island und an-

Abb. 32. Gebirgslandschaft in Jotunheimen, fotografiert Ende Juli 1962, d.h. zu einem Zeitpunkt, zu dem fast aller Schnee, der im Laufe des Sommers abtaut, geschmolzen war. Das Bild zeigt daher die Schneegrenze. Man sieht, daß steile Felshänge bis in große Höhe schneefrei sind; hier schmilzt der Schnee nicht, sondern er wird vom Wind fortgeblasen. Viel tiefer sieht man an den Berghängen einzelne Schneeflecken, die in geschützter Lage im Schatten überdauert haben. Je tiefer man kommt, desto weniger derartige Schneeflecken gibt es. Wenn man eine waagerechte Linie durch die Landschaft zieht und diese als „Schneegrenze" bezeichnet, so ist dies notwendigerweise eine Vereinfachung. Der höchste Berg des Bildes – und Skandinaviens – ist der Galdhøppigen im Hintergrund.

derswo. Es ist kein Zweifel möglich – wir müssen davon ausgehen, daß es sich hier um Moränen handelt, die vom Eis abgelagert worden sind.

Dieses Buch ist unter anderem als ein praktisches Handbuch gedacht, mit dem man arbeiten kann, wenn man sich mit der Geschichte des Eiszeitalters beschäftigen will. Dabei muß man im voraus einige Dinge über die Gletscher wissen.

Die *Schneegrenze* ist die Gebirgshöhe, oberhalb welcher der Schnee im Sommer nicht völlig abschmelzen kann. In Jotunheimen (Norwegen) liegt sie ca. 2000 m über dem Meer. Hier herrscht eine durchschnittliche Julitemperatur von +3°C. In einem solchen Klima wird der Schnee Jahr für Jahr aufgehäuft und die untersten Lagen werden allmählich zu festem Eis zusammengedrückt. Eine wichtige Eigenschaft des Eises ist, daß es unter dem Druck seines eigenen Gewichtes zusammensinkt und die Berghänge hinuntergleitet. Gletscherzungen, die sich auf diese Weise nach unten bewegen, gelangen in Bereiche mit einem zunehmend wärmeren Klima. Hier schmilzt das Eis von der Oberfläche her ab. Gletscherzungen gleiten also hinab bis *unter* die Schneegrenze. Während *oberhalb* der Schneegrenze, im sogenannten *Nährgebiet*, die Anhäufung überwiegt, dominiert hier das Abschmelzen.

Jeder Gletscher hat somit ein *Zehrgebiet*, in dem das Eis abschmilzt, ohne daß die Verluste durch den Niederschlag wettgemacht werden könnten.

Wenn die Sommer kühler werden oder wenn mehr Schnee fällt, dehnen sich die Gletscher aus. Würde die Schneegrenze in Skandinavien auf etwa 800 m Höhe absinken, würde sich das Eis sich über die angrenzenden Tiefländer ausbreiten, bis schließlich ein Inlandeis entstünde.

Man hat die durchschnittliche Sommertemperatur außerhalb des Eisrandes in Norddeutschland während des Höhepunktes der letzten Eiszeit auf etwa +6 bis +8°C geschätzt. Das ist heute die Temperatur im

März. Es war also nicht so kalt, wie man vielleicht denken könnte. Man muß jedoch im Auge behalten, daß Norddeutschland das *Zehrgebiet* des Inlandeises war. Hier schmolz das überschüssige Eis ab, das aus Norwegen und Schweden stammte. Das Eis konnte nicht in Norddeutschland gebildet werden, sondern es *entstand* in Norwegen und Schweden und *glitt* von dort bis an den Rand der deutschen Mittelgebirge.

Niemand konnte direkt beobachten, wie das Eis Sand, Steine und Ton aufgenommen und schließlich wieder abgelagert hat. Mutige Forscher, unter ihnen der Engländer GEOFFREY S. BOULTON, krochen in den 60er Jahren in eine Höhle unter Gletschereis auf Spitzbergen und versuchten, dort näheres herauszufinden. Die Vorgänge sind jedoch bis heute nicht völlig aufgeklärt. Früher versuchte man, das Problem der Moränenablagerung durch *Nachdenken* zu lösen. Selbst in neueren Schulbüchern trifft man die Erklärung, daß die Moränen „niedersinken und sich ablagern, wenn das Eis schmilzt". Man kann auch lesen, daß die Moränen „von Norwegen und Schweden nach Norddeutschland gebracht worden sind". Lassen Sie uns gleich feststellen, daß *diese beiden Aussagen falsch sind*, oder, um es genauer zu sagen: zu 80 % falsch.

Man nimmt heute an, daß viel Moränenmaterial vom Eis aufgenommen wird, wenn es über Unebenheiten im Gelände hinweggleitet. Die meisten Gletscher haben an ihrer Basis eine Temperatur von ca. 0°C. Wenn der Druck größer wird, z.B. auf der Vorderseite

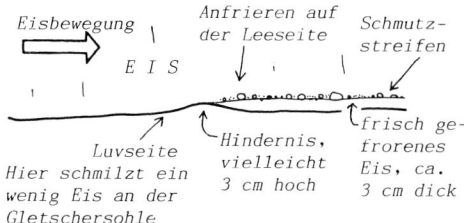

Abb. 33. Aufnahme von Moränenmaterial in das Eis (siehe Text).

eines Hindernisses, schmilzt ein wenig Eis. Das Schmelzwasser fließt über das Hindernis hinweg, und auf der Rückseite – unter geringerem Druck – gefriert das Wasser wieder. Sand, Steine, Ton usw. frieren dabei im Eis fest und werden mit fortbewegt (siehe Abb. 33).

Bei der Ablagerung der Moränen ist der Vorgang umgekehrt: An der Unterseite des Gletschers schmilzt ein wenig Eis ab, und Sand, Steine usw. „setzen sich fest" und bleiben liegen. Der Transport kann sich, je nach den örtlichen Druck- und Temperaturverhältnissen des Eises, über wenige Kilometer oder über 1000 Kilometer erstrecken. Der überwiegende Teil der Moränen in Norddeutschland und Dänemark ist Material aus dem örtlichen Untergrund. In Dänemark stammen weniger als 20 % des Moränenmaterials aus Schweden und Norwegen – vor allem die Steine! Ton, Sand, Kreide und Flint sind dagegen überwiegend lokalen Ursprungs oder kommen vom Boden der Ostsee.

Diese Beobachtungen erhellen einige wesentliche Tatsachen. Zum einen erklären sie logisch und einleuchtend, warum die Steine in einer Moräne „eingeregelt" sind; damit ist gemeint, daß die meisten von ihnen mit ihrer Längsachse in der Bewegungsrichtung des Eises liegen (Abb. 48). In der Tat werden alle Steine spätestens in dem Augenblick eingeregelt, in dem sie abgelagert werden, d.h. in dem sie über sich das voranschreitende Eis und unter sich den festen Untergrund haben. Eine Grundmoräne wird *sukzessive abgelagert, Korn für Korn, während das Eis ständig weiter über sie hinweggleitet.* Das unterste Material wird zuerst abgelagert, das oberste zuletzt. Alle Steine in einer Moräne befanden sich einmal an der Unterseite des Eises.

Zum anderen können wir sehen, daß die lokalen Verhältnisse unter dem Eis darüber entscheiden, ob eine Moräne abgelagert wird oder nicht! Das bedeutet, daß die Moräne eines bestimmten Eisvorstoßes in großen Gebieten fehlen kann. Sie ist einfach niemals ab-

gelagert worden. Die *Existenz* einer Moräne beweist, daß das entsprechende Eis dagewesen ist. Das *Fehlen* einer Moräne beweist dagegen gar nichts. Es gibt große Lücken in der Verbreitung der Moränen.

Zum dritten wird dadurch erklärt, warum die lokalen Gesteine vorherrschen können. Lassen Sie uns z.B. eine Zählung von Geschieben auf Bornholm durchführen. Das Eis, das die Insel überfahren hat, ist aus dem Gebirge in Jämtland (Schweden) gekommen und hat auf seinem Weg Ostschweden oder die Åland-Inseln passiert. Dennoch kann der Bornholm-Gneis der häufigste Gesteinstyp in der Moräne sein, während die schwedischen Gesteine in der Minderzahl, weil die meisten von ihnen unterwegs wieder abgelagert worden sind. Zum Ausgleich hat das Eis neue, lokale Gesteine in sich aufgenommen.

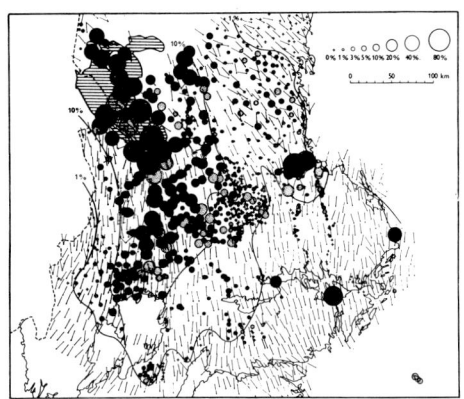

Abb. 34. Die Umlagerung von Dala-Sandsteinen durch das Eis in Mittelschweden. Waagerechte Schraffur: Herkunftsgebiet der Dala-Sandsteine. Je größer die Kreise, desto höher der Prozentanteil der Dala-Sandsteine am Geschiebeinhalt der Moränen. Beachten Sie bitte, daß die Kreise nicht die *Größe* der Steine angeben, sondern nur deren *Anzahl*. Je weiter man sich vom Herkunftsgebiet fortbewegt, desto weniger Dala-Sandsteine kommen vor. Stattdessen findet man immer mehr lokale Gesteine. Es wird immer ein Teil der Steine abgelagert und durch frisch aufgenommene Steine ersetzt! Das Verteilungsmuster geht also nicht darauf zurück, daß die Steine so rasch *zerrieben* werden. Wenn das der Fall wäre, würden in Deutschland keine Dala-Sandsteine gefunden.

Abb. 34 zeigt, wohin die Blöcke des schwedischen „Dala-Sandsteins" vom Eis transportiert wurden. Man kann mehrere Gesetzmäßigkeiten erkennen: Erstens nimmt ihr Anteil ab, je weiter man sich vom Herkunftsgebiet entfernt, zweitens haben sie sich fächerförmig ausgebreitet, und drittens werden sie kleiner und kleiner, je weiter sie transportiert werden. Daß ihr Mengenanteil abnimmt, erklärt sich durch den Mechanismus der Moränenentstehung: Sie werden nach und nach abgelagert.

Untersuchungen – z.B. durch den Dänen OLE HUMLUM auf Island – haben gezeigt, daß die Durchschnittsgröße der Geschiebe auf den ersten Kilometern bereits stark abnimmt; danach verlangsamt sich die Abnahme. Es gibt geradezu „typische Endgrößen" für bestimmte Gesteine. Abb. 35 zeigt, daß die Bredvad-Porphyre aus

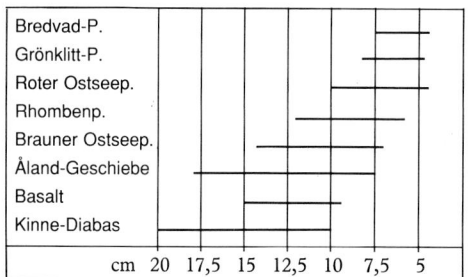

Abb. 35. Die Durchschnittsgröße einiger Gesteinstypen in den dänischen eiszeitlichen Ablagerungen (nach HELGE GRY).

Dalarna (Farbbild 23) im Mittel bedeutend kleiner sind als z.B. die Kinne-Diabase. Besucht man das Herkunftsgebiet dieser Gesteine, stellt man fest, daß das Bredvad-Porphyrmassiv wesentlich dichter liegende Klüfte aufweist als die Kinne-Diabas. Der Bredvad-Porphyr zerbricht entsprechend diesen Klüften, bis die meisten Stücke nur noch 5–7 cm groß sind. Danach geschieht wenig mehr, als daß die Geschiebe durch Gletscherschliff abgerundet werden.

Abb. 36. Basaltsäulen, Juskushall, Schonen. Es ist klar, daß bei einer solchen Aufspaltung des Gesteins keine Blöcke von Schonen-Basalt vorkommen können, die mehr als kopfgroß sind.

FLINTs Karte (Abb. 37) zeigt die Ausbreitung einiger klassischer Leitgeschiebe, mit denen die Forscher seit vielen Jahren gearbeitet haben; sie bietet uns wertvolle Informationen und gibt z.B. Antwort auf die Frage: Warum finden wir in Dänemark fast keine Geschiebe vom finnischen Festland? Die Karte zeigt, daß die finnischen Geschiebe meistens nach Südosten, in Richtung Rußland transportiert worden sind. Einige Exemplare sind jedoch mit „baltischen Gletscherzungen" nach Südwesten gelangt und haben Deutschland erreicht; siehe S. 60.

Das Eiszeitalter

Bereits vor dem Jahre 1900 hatte man herausgefunden, daß es mehr als nur eine Eiszeit gegeben haben mußte. Zwischen Moränen und Schmelzwassersandschichten fand man Sedimente mit Fossilien, die belegten, daß diese Schichten in einem warmen Meer abgelagert worden waren. Derartige warme Zeitabschnitte werden als *Warmzeiten* oder *Interglaziale* bezeichnet, die kalten Abschnitte als *Kaltzeiten*. Kaltzeiten, in denen es zu ausgedehnten Vergletscherungen gekommen ist, werden *Eiszeiten* genannt. Der gesamte Zeitabschnitt, in dem es zu einem ständigen Wechsel von Warm- und Kaltzeiten gekommen ist, ist das Eiszeitalter oder *Quartär*. Offiziell geht man davon aus,

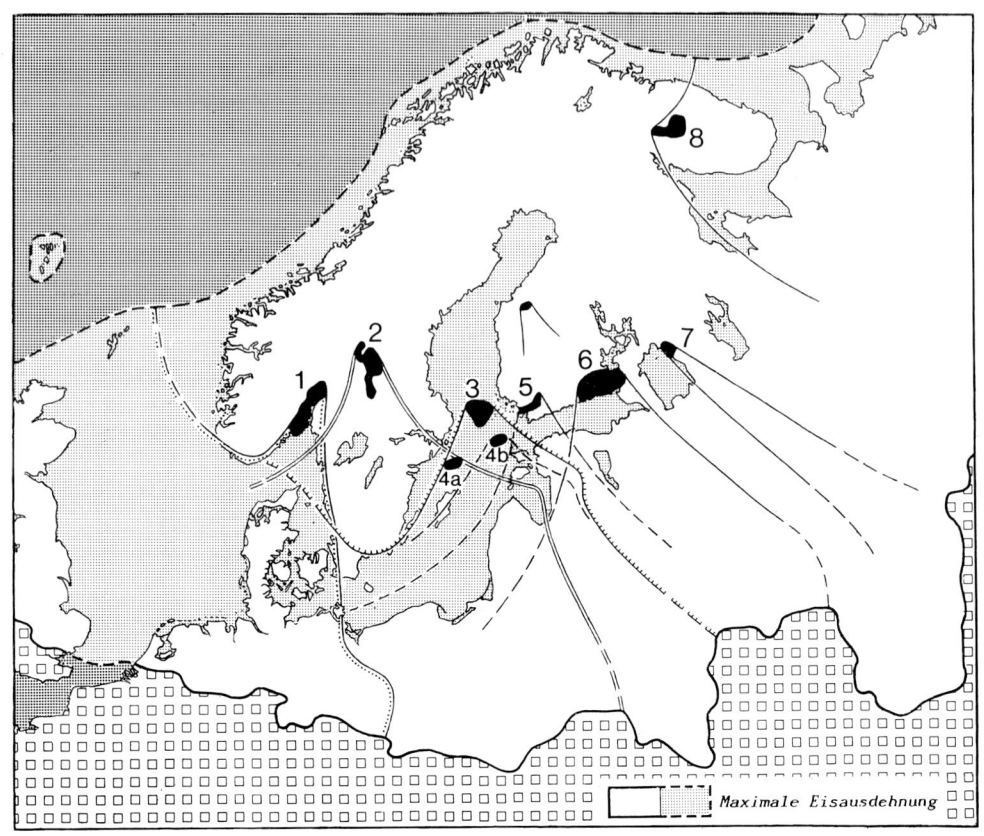

Abb. 37. Einige der klassischen Leitgeschiebe sind inzwischen so gut erforscht, daß man einen guten Überblick darüber gewonnen hat, in welchen Gebieten sie zu finden sind. Diese Karte zeigt die zugehörigen „Streufächer". Man muß bedenken, daß die Fächer nicht einen bestimmten Eisvorstoß repräsentieren, sondern das Endresultat sämtlicher Eisvorstöße des Eiszeitalters darstellen. 1 = Rhombenporphyr; 2 = Dala-Porphyre; 3 = Åland-Geschiebe; 4 a = Brauner Ostseequarzporphyr; 4 b = Roter Ostseequarzporphyr; 5 = Perniö-Granit; 6 = Wiborg-Rapakivi; 7 = Ladoga-Rapakivi; 8 = Nephelinsyenit von Umptek, Kola-Halbinsel (verändert nach FLINT).

daß es 1,6 Millionen Jahre gedauert hat. In manchen Gebieten (z.B. in den Niederlanden) gibt es jedoch Hinweise darauf, daß die ersten echten Kaltzeiten bis in die Zeit vor 2,4 Millionen Jahren zurückreichen. Bis heute ist ungeklärt, wieviele Kaltzeiten es gegeben hat (die höchste Schätzung liegt bei 25). In Norddeutschland sind nur die letzten drei Kaltzeiten gut bekannt; aus den älteren Abschnitte des Quartärs dagegen sind nur lokal lückenhafte Ablagerungen erhalten. Eine relativ vollständige Abfolge mit sieben älteren Kaltzeiten hat man z.B.

bei Lieth (bei Elmshorn, Schleswig-Holstein) gefunden. Wir geben eine Übersicht über die Namen der Kalt- und Warmzeiten, die bisher in Norddeutschland und den Niederlanden nachgewiesen wurden (*Kursiv*: Kaltzeiten. Normale Schrift: Warmzeiten).

am ältesten: *Menap*
                  Cromer
                  Elster
                  Holstein
                  Saale
                  Eem
am jüngsten: *Weichsel*

Elster- und Saale-Eiszeit

Die erste Eiszeit, deren Ablagerungen wir in Norddeutschland flächenhaft nachweisen können, ist die Elster-Eiszeit. Ihr Eis ist bis an den Rand der Mittelgebirge vorgedrungen (Abb. 41). Leider sind ihre Ablagerungen fast überall von jüngeren Schichten bedeckt, so daß man sie nur selten näher untersuchen kann. Gute Aufschlüsse gibt es z.B. im Elbe-Weser-Dreieck, wo HANS-CHRISTOPH HÖFLE zwei Elster-Moränen gefunden hat, deren jüngere so wenig Ton und Schluff enthält, daß man sie beim ersten Hinsehen für einen etwas kiesigen Sand halten könnte. Die besten Einblicke in die Ablagerungen der Elster-Eiszeit bieten jedoch die großen Braunkohle-Tagebaue in Sachsen, die durch LOTHAR EISSMANN und seine Schüler erforscht worden sind.

Die Altmoränenlandschaft, die große Teile Norddeutschlands bedeckt, stammt – mit Ausnahme eines kleinen Gebietes bei Leipzig – aus der vorletzten Eiszeit, der *Saale-Eiszeit* (Abb. 41). Das Gelände ist weitgehend eingeebnet; steile Hügel fehlen, die Oberfläche ist ausgewaschen und verwittert. Früher fanden sich hier ausgedehnte Heidegebiete (z.B. in der Lüneburger Heide); diese sind heute durch Äcker und Nadelwälder ersetzt worden. Vielfach finden sich Knicks oder Waldstreifen, die die Flugsandbildung verhindern sollen. An der Erdoberfläche kann man zahlreiche vom Wind geschliffene Steine finden, sogenannte *Windkanter* (Abb. 40). Alle genannten Merkmale sind Folgen der Landschaftsgeschichte. Während der kältesten Phase der Weichsel-Eiszeit (siehe Karte auf S. 61) lag der Eisrand bei Hamburg, Brandenburg und Cottbus. Südlich dieser Linie war Norddeutschland eisfrei – aber auch dort herrschte natürlich ein Frostklima. Die Julitemperatur lag bei +6 bis +8°C und die Januartemperatur im Schnitt vielleicht bei -25°C. Der Pflanzenwuchs entsprach dem der heutigen Tundra, und die wenigen Gräser und Rentierflechten konnten nicht verhindern, daß der Sand vom eisigen Wind davongeweht wurde. Daher die windgeschliffenen Steine. Das nur schwach bewachsene Gelände war lange Zeit Auswehung und Erosion ausgesetzt.

Abb. 38. Typische *Altmoränenlandschaft* im westlichen Jütland; ursprünglich gebildet durch das Eis der vorletzten Eiszeit (Saale-Eiszeit), aber eingeebnet durch Bodenfließen unter dem Einfluß des kaltzeitlichen Klimas der letzten Eiszeit (Weichsel-Eiszeit); vgl. Abb. 28.

Im Gegensatz hierzu weist die Landschaft, die vom Weichsel-Eis bedeckt wurde, frische und stellenweise steile Oberflächenformen auf. Die meisten Flächen sind von frischer, fruchtbarer Grundmoräne bedeckt. Es ist eine *junge* Landschaft, jünger als die meisten Gebiete der Erde. Höchstens 15 000 Jahre sind vergangen, seit das Gebiet eisfrei wurde – eine lange Zeit für den Menschen, aber in der Erdgeschichte nur ein Augenblick!

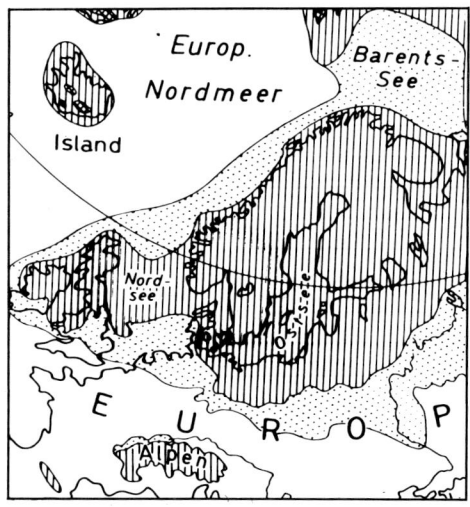

Abb. 39. Die Ausdehnung des Inlandeises in Europa während der letzten Eiszeit (senkrechte Schraffur) und während der vorletzten Eiszeit (Saale) (gepunktet) (nach WILHELM 1975).

In der Saale-Eiszeit reichte das Eis fast überall seine größte Ausdehnung. Es reichte in den Niederlanden bis Amsterdam, in Norddeutschland bis Düsseldorf, an den Harzrand und bis nach Leipzig. Lediglich östlich des Harzes findet sich ein Gebiet, in dem das Elster-Eis weiter nach Süden vorstieß als das Saale-Eis (siehe Abb. 41).

Die Saale-Eiszeit war keine einheitliche Kaltzeit. In Norddeutschland finden sich (mindestens) *drei* Saale-Grundmoränen, die während *zwei oder drei* Kälteperioden abgelagert wurden. Die erste Kälteperiode

wird *Drenthe-Stadium* genannt, nach der niederländischen Provinz Drenthe. Zu dieser Zeit drang das Saale-Eis am weitesten nach Süden vor. In den Niederlanden und in Westfalen findet man Moränen des Drenthe-Stadiums, aber nicht aus den folgenden Abschnitten der Saale-Eiszeit. Auf der Karte (Abb. 41) wird die Bewegungsrichtung des (jeweils letzten) Eisvorstoßes durch Pfeile angedeutet. Sie zeigen, daß das Drenthe-Eis in Niedersachsen und in den Niederlanden aus Nordosten kam. Dementsprechend stammt die Mehrzahl der Steine in diesen Gegenden aus Schweden.

Die physikalischen Eigenschaften des Eises bewirken, daß es sich im Flachland immer rechtwinklig zu seinem Rand bewegt, wenn es nicht auf einen Höhenrücken trifft, den es nicht überwinden kann. Der Teutoburger Wald stellte ein solches Hindernis für das Drenthe-Eis dar. Die Pfeile zeigen, daß es westlich um das Hindernis herumgeflossen ist und von dort aus die Münsterländer Bucht ausgefüllt hat.

Vieles deutet darauf hin, daß das Eis anfangs nicht aus Nordosten, sondern direkt aus Norden (d.h. aus Norwegen) vorstieß und erst danach in die NE-SW-Richtung drehte. Steine aus dem Oslo-Gebiet, z.B. Rhombenporphyre (Farbbilder 39–41), werden in Schleswig-Holstein häufiger gefunden als im übrigen Deutschland. Sie sind wahrscheinlich größtenteils in dieser allererste Saale-Phase dahin transportiert worden.

Die Drenthe-Moräne ist an den meisten Stellen sandig und unfruchtbar. Nach ihrer Ablagerung folgte eine eisfreie Periode, von der wir wissen, daß bei uns Pflanzen auftraten. In Dänemark hat man an einigen Stellen sogenannte Podsolböden (Heideböden) aus dieser Zeit gefunden. Die Vegetation entwickelte sich jedoch nicht über eine subpolare Tundra hinaus (höchstens mit Birken). Ein solcher eisfreier Zeitraum, in dem es bei uns keine Wälder gab, wird als *Interstadial* bezeichnet (in einem *Interglazial* dagegen ent-

Abb. 40. Ansammlung von Steinen, die aus der Moräne im Emmerlev Kliff im westlichen Jütland herausgespült wurden (Saale-„Kreide"-Moräne). Man sieht windgeschliffene Steine (vor allem der große weiße), die an der Geländeoberfläche gelegen haben; viele Feuersteine (oben); einige stark verwitterte Steine (einer liegt rechts über dem weißen Stein).

sprachen Klima und Pflanzenwachstum etwa den heutigen Bedingungen).

In der nächsten Kaltphase lagerte das Eis eine Moräne ab, die ganz anders aussieht als die Drenthe-Moräne: Sie ist tonig und enthält in der Gegend von Hamburg und in Niedersachsen erstaunlich große Mengen von Kreide – sowohl in kleinen Bröckchen als auch in großen Schlieren. Diese Moräne kann zu Recht als „*Kreidemoräne*" bezeichnet werden. Auch andere Moränen (z.B. aus der Weichsel-Eiszeit) enthalten Kreide, aber wesentlich weniger. Das Eis dieses Gletschervorstoßes erreichte eine Linie, die von den Hügeln der Wingst an der Elbmündung nach Süden und dann weiter nach Südosten und Osten verläuft. Die Flüsse Weser und Aller wurden nicht überschritten (siehe Karte

Abb. 41). Das Eis kam aus Ostnordosten und brachte Steine aus Ostschweden und von der westlichen Ostsee mit. Auch die Kreide stammt vom Boden der Ostsee.

Nach der Ablagerung der Kreide-Moräne folgte die letzte Vereisungsphase der Saale-Kaltzeit, in der die *„rote" Warthe-Moräne* abgesetzt wurde. Die äußere Grenze dieses letzten Saale-Eisvorstoßes verlief im Bereich der sanft gewellten Hügellandschaft von den Harburger Bergen über Lüneburger Heide, Altmark und Fläming zur Niederlausitz. Die Moräne hat eine charakteristische rotbraune Farbe und führt Geschiebe aus Finnland, von den Åland-Inseln und vom Grund der östlichen Ostsee. Bei Hamburg bewegte sich das Eis in ost-westlicher Richtung. Diese ungewöhnliche Bewegungsrichtung ist dadurch zu erklären, daß eine sehr große Gletscherzunge sich in der Senke der Ostsee zunächst südwärts bewegt hat und dann nach Westen umgebogen ist – der Senke folgend. Der linke (südliche) Rand der Zunge verlief durch Polen und Deutschland nach Hamburg; den nördlichen Rand muß man sich in Dänemark und Schonen (Südschweden) denken. Das Eis hat in einem gewaltigen Bogen vom Bottnischen Meerbusen über Südwest-Finnland und die estnischen Inseln Dolomite und andere auf S. 170 –173 erwähnte Gesteine aufgenommen und nach Südwesten verfrachtet.

Die Reihenfolge der verschiedenen Saale-Moränen bietet ein interessantes Beispiel dafür, wie die Eisbewegung im Laufe einer Eiszeit gewechselt hat. Allem Anschein nach beginnen die Vergletscherungen jeweils mit einem Eisvorstoß aus Norwegen. Dieser wird von einem „schwedischen" Eis abgelöst. Schließlich folgen Eisvorstöße aus dem Ostseeraum. In der kältesten („schwedischen") Phase, in der das Eis offenbar am dicksten war und sich deshalb am weitesten ausgebreitet hat, strömte es radial aus Skandinavien heraus, unbeeinflußt durch das Relief. Später wurde dann die Form der Ostsee-Senke bestimmend für die Fließbewegung. Die Spitze der Ostsee-Eiszunge reichte bis nach Dänemark. Hier kam das Eis zuletzt aus Südosten, zum Teil sogar aus Süden!

Eine Erklärung dieses Vorganges ist nicht leicht – vor allem, weil es Ausnahmen von der Regel gibt. Zum Beispiel begann die letzte Eiszeit mit einem Vorstoß aus der Ostsee (siehe unten). Möglicherweise war das Eis am Anfang und Ende der Vereisungen dünner und mußte deshalb den Niederungen folgen.

Weichsel-Eiszeit

Über die letzte Eiszeit wissen wir am meisten. Ihre Oberflächenformen (Endmoränen, Tunneltäler usw.) sind noch frisch und gut erkennbar, und ihre Ablagerungen sind von keinem späteren Eisvorstoß aufgearbeitet oder abgetragen worden. Der große Unterschied in den Landschaftsformen (siehe oben, S. 57) zeigt deutlich, wo die Außengrenze des Weichsel-Eises verlief. Diese Grenze ist 1924 von KARL GRIPP auskartiert worden. Seine Linie ist noch immer auf unseren Karten zu finden (z.B. Abb. 41) – obwohl es sich gezeigt hat, daß sie westlich und östlich von Schwerin von verschiedenen Eisvorstößen gebildet worden ist (siehe unten).

Die Weichsel-Eiszeit dauerte von etwa 115 000–10 000 Jahren vor heute. Die Vorgänge zu Beginn dieses Zeitraumes sind noch nicht völlig geklärt. In Norwegen und Finnland gibt es Beweise dafür, daß diese Gebiete etwa 70 000–60 000 Jahre vor heute vom Eis bedeckt waren. Polnische Forscher meinen, daß dieses *Frühweichsel-Eis* vielleicht auch Gdansk (Danzig) erreicht hat. Die Gletscher hatten jedoch eine geringere Ausdehnung als ihre Nachfolger, und ihre Ablagerungen sind von jüngeren Moränen überdeckt.

In der folgenden langen Zeit, zwischen 60 000 und 25 000 Jahren vor heute, war das Klima zwar ziemlich kalt, aber kein Inlandeis erreichte Deutschland. Die Haupt-Vereisungsphase (man könnte sie als „die eigentliche letzte Eiszeit" bezeichnen) dauerte somit nur von 25 000–10 000 v.h. (je größer die Alterszahlen, desto unsicherer sind die Angaben).

PAUL WOLDSTEDT hat 1925 die Weichsel-Eiszeit nach den deutlichsten Endmoränenzügen in drei „Stadien" untergliedert: das Brandenburger, das Frankfurter und das Pommersche Stadium. Heute ist man sich

---

Abb. 41. Karte der Eisrandlagen in Norddeutschland und angrenzenden Gebieten. Die Informationen über den heutigen Wissensstand stammen vor allem von Dr. H.-J. STEPHAN (Kiel) und Dr. W.A. PANZIG (Rostock). Der Verlauf der „Luga-Linie" (13 000 v.h.) in Dänemark und Schonen basiert auf der Arbeit des Verfassers.

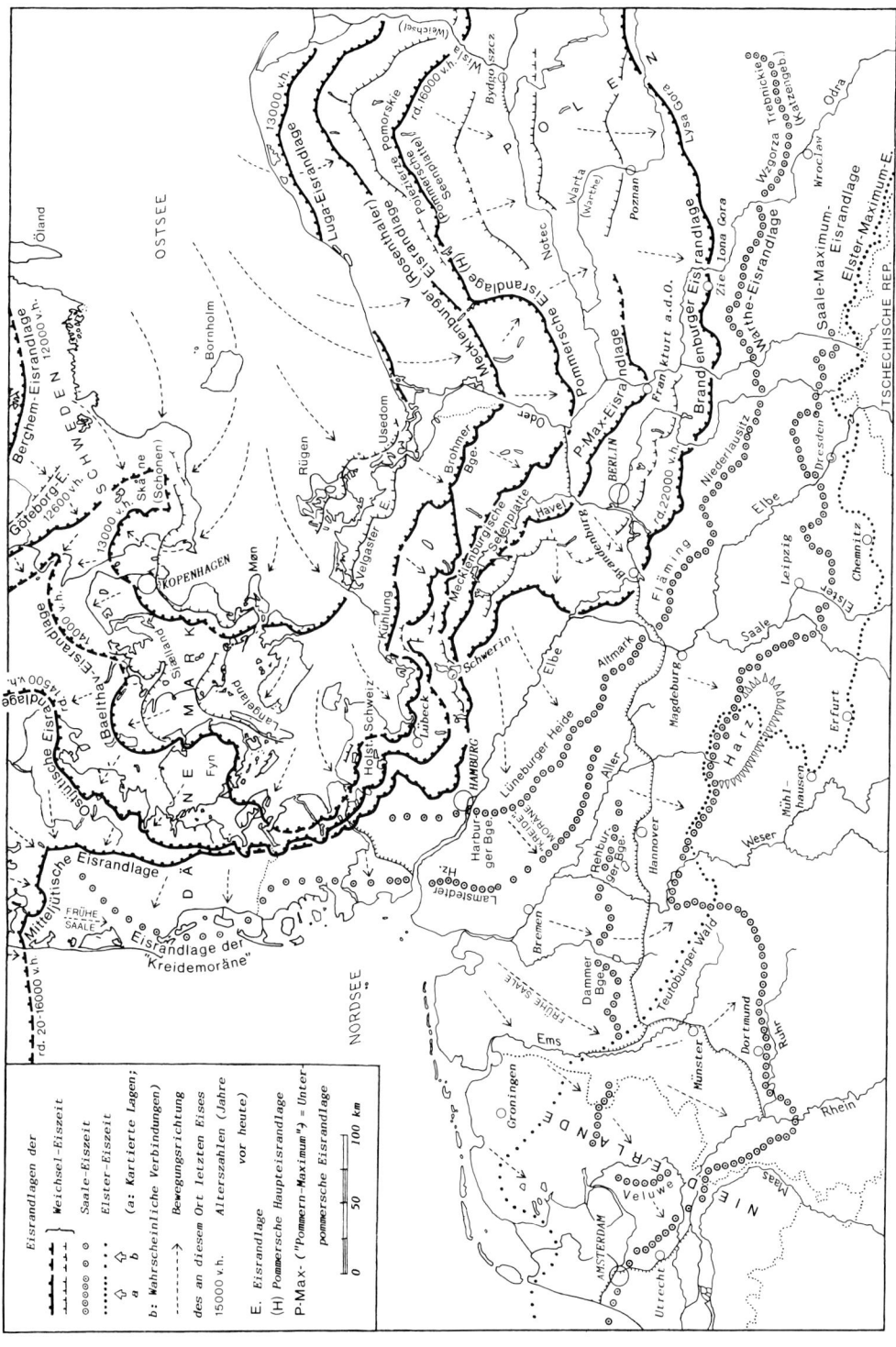

61

dessen bewußt, daß diese Einteilung unzweckmäßig ist. Ein Eisvorstoß kann nämlich innerhalb kurzer Zeit mehrere große Endmoränen aufstauchen. Besser ist es daher, die Eiszeit anhand der Grundmoränen zu untergliedern. Zwei Grundmoränen, die sich großräumig flächenhaft verfolgen lassen, stets eine über der anderen liegend, beweisen die Existenz zweier von einer eisfreien Periode getrennter Eisvorstöße. In Deutschland sind heute mindestens sechs verschiedene Weichsel-Grundmoränen bekannt. Sie werden von den Geologen meist durch ein W und eine römische Zahl gekennzeichnet (WI, WII usw.).

Die große Vereisungsperiode der Weichsel-Eiszeit begann mit zwei Eisvorstößen; der eine von Norwegen, der andere von der Ostsee her vordringend. Das norwegische Eis reichte nur bis Dänemark. Die Eiszunge aus der Ostsee hat dagegen große Teile des östlichen Deutschland bedeckt! Das Eis drang bis südlich von Berlin vor, d.h. *in dieser Gegend* weiter als alle jüngeren Vorstöße. Der Eisrand lag bei *Brandenburg,* und ist seit WOLDSTEDT nach dieser alten Kurfürstenstadt benannt. Die entsprechende Grundmoräne wird heute als WI bezeichnet und enthält baltische Geschiebe.

Nach dem Brandenburger Vorstoß kam die kälteste Periode der Weichsel-Vereisung. Genau wie in der Saale-Eiszeit breitete sich das Eis nicht nur von der Ostsee, sondern von Skandinavien radial in alle Richtungen aus. Es erreichte die Linie, die als „Unterpommersche Eisrandlage" bezeichnet wird (auf der Karte S. 61 „P-Max", d.h. „Pommern-Maximum-Eisrandlage"). Die Bewegungsrichtung des Eises verlief an der Oder von Nord nach Süd, im Lübecker Raum von Nordost nach Südwest. Die Fortsetzung der Unterpommerschen Linie in Polen ist leider noch unbekannt.

Während der lange andauernden kältesten Periode der Weichsel-Eiszeit wurden *zwei Moränen* übereinander abgelagert. Die untere stammt vom Unterpommerschen Eisvorstoß, die obere vom etwas jüngeren *Pommerschen Haupteisvorstoß*, dessen Außengrenze auf der Karte mit (H) bezeichnet ist. In Mecklenburg enthalten beide Moränen schwedische Geschiebe. Die Eisbewegungsrichtung hatte sich also in der Zwischenzeit wenig geändert. Westlich von Schwerin setzt sich die Unterpommersche Eisrandlage mit aller Wahrscheinlichkeit in der „Mitteljütischen Eisrandlage" fort. Das bedeutet, daß *diese* Lage (*nicht* die Brandenburger Lage) in Holstein und Jütland die größte Ausdehnung des Weichsel-Eises repräsentiert.

Die Pfeile in Abb. 41 zeigen jedoch, daß alle Eisvorstöße in Polen viel Material aus dem Ostseegebiet abgelagert haben müssen. Folgt man z.B. der Unterpommerschen Eisrandlage („P-Max") in die entgegengesetzte Richtung, bis in das nördliche Jütland, so gelangt man in ein Gebiet, in dem *dasselbe* Eis *norwegische* Geschiebe hinterlassen hat. Bei einer großräumigen Betrachtung ist es also falsch, einen bestimmten Eisvorstoß als „norwegisch" oder „baltisch" zu bezeichnen. Der Geschiebeinhalt in einer Eismasse ändert sich quer zur Eisbewegungsrichtung.

Außerhalb der beiden „pommerschen" Eisrandlagen hat das Schmelzwasser die großen sandigen Ebenen in der Mark Brandenburg und im südlichen Mecklenburg aufgeschüttet. Große Ströme, die in der Nähe des Eisrandes von Osten nach Westen verliefen, nahmen das Schmelzwasser aus zahlreichen Gletschertoren auf. Im Unterschied zur Saale-Eiszeit war der Abfluß durch das Elbe-Tal nicht vom Eis versperrt. Die Ströme konnten sich daher zu einer riesigen „Ur-Elbe" sammeln, die zur Nordsee floß. Die Böden der vom Schmelzwasser benutzten Täler (*Urstromtäler*) wurden mit unfruchtbarem Sand und Kies aufgefüllt.

Die Unterpommersche und die Pommersche Hauptmoräne werden wegen ihrer Ähnlichkeit als WII$_1$ und WII$_2$ bezeichnet.

WIII ist eine noch jüngere Moräne, die während der Bildung der *Mecklenburger (=*

Rosenthaler) Eisrandlage abgelagert wurde. Diese Moräne enthält überall baltisches Geschiebematerial, vor allem viele paläozoische Kalksteine (Farbbilder 138–143 und 151). Sie ist an vielen Stellen zweigeteilt, in eine $WIII_u$ und eine $WIII_o$.

Das Identifizieren von Grundmoränen ist eine junge Wissenschaft, und Korrelationen über große Entfernungen sind schwierig. Dennoch sieht es heute so aus, als seien diese beiden jungen Moränen mit den dänischen „jungbaltischen Moränen Nr. 1 und 2" identisch. „Nr. 1" wird auch die „Ostjütische", „Nr. 2" die „Bælthav"-Moräne genannt. Beide sind von Eiszungen aus der Ostsee abgelagert worden. Viel deutet darauf hin, daß die zwei Vorstöße rasch nacheinander erfolgt sind, und daß das Eis in der Zwischenzeit nicht weit abgeschmolzen war.

Nach dem Bælthav-Vorstoß erwärmte sich das Klima. Pflanzen wanderten ein. In Schonen (Südschweden) sind Mammutknochen aus dieser Zeit gefunden worden. Aber noch einmal kehrte die Kälte zurück. Zum letzten Mal erreichte ein Eisvorstoß die deutsche Ostseeküste. Seine Moräne, WIV, ist auf dem Fischland, auf Usedom und in Kliffs der polnischen Küste gefunden worden. Nach Lokalitäten in Lettland wird sie als *Luga-Moräne*, die vorausgehende Wärmeschwankung als *Raunis-Interstadial* bezeichnet (diese Auskünfte verdanken wir Dr. W.A. PANZIG, Rostock). Aus der Karte ist ersichtlich, daß die *Velgaster Eisrandlage* wahrscheinlich die Außengrenze dieser jüngsten Moräne in Deutschland darstellt.

Mehrere Wärme- und Kälteschwankungen folgten, bis die Weichsel-Eiszeit schließlich 10 000 Jahre vor heute zu Ende ging. Nach dem Luga-Vorstoß waren nur noch in Skandinavien Reste des Inlandeises vorhanden.

In vielen Gebieten ließen die Gletscher beim Abschmelzen erhebliche Mengen von *Toteis* zurück. Wie Toteis entstehen kann, ist anhand der Abbildungen 42 und 43 erläutert. Die Perioden zwischen den Eisvorstößen der Weichsel-Eiszeit waren so kalt, daß das

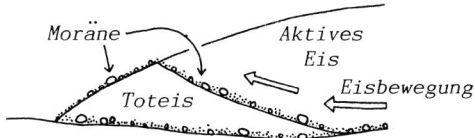

Abb. 42. Toteis entsteht in der Regel dadurch, daß der aktive Gletscher seinen äußersten Rand auf einer „Gleitfläche" überfährt, wie auf der Zeichnung zu sehen. Entlang der Gleitfläche wird Moränenmaterial von unten auf die Eisoberfläche geschleppt. Unter Einfluß der Sonnenstrahlung rutscht das Material nach unten (Fließmoräne). Die vordere Eispartie kann dabei völlig von Schutt bedeckt werden. Da das begrabene Eis vor der Sonne geschützt ist, kann es als *Toteis* lange überdauern, selbst wenn der Gletscher inzwischen abgeschmolzen ist.

zurückgebliebene Toteis nicht vollständig abschmelzen konnte. Das galt besonders, wenn das Eis vor Sonneneinstrahlung geschützt war. So wurde vielfach totes Eis von den Schmelzwässern des nächsten Eisvorstoßes mit Sand und Kies überschüttet. Eis, das auf diese Weise tief begraben war, konnte sich mehrere tausend Jahre halten. Es schmolz erst nach der Eiszeit ab, als das Klima wärmer wurde. Das Auftauen des begrabenen Eises führte dazu, daß die überlagernden Schichten einsanken. Kleinere und größere Niederungen entstanden, in denen sich Seen bildeten. So entstand zum Beispiel die *Mecklenburger Seenplatte*.

Geschiebezählungen

Geologen haben immer den Mangel an Fossilien in den eiszeitlichen Ablagerungen beklagt. Fossilien haben in den letzten 200 Jahren wesentlich dazu beigetragen, die erdgeschichtliche Entwicklung der Sedimentgesteine aufzuklären. Aber in den Moränen und Schmelzwassersanden der Eiszeiten kommt man damit nicht weit. Gegen Ende des vorigen Jahrhunderts, als die Inlandeis-

Abb. 43. Morsarjökull, ein Ausläufer des Vatnajökull, Island. Auf diesem Foto von 1962 sieht man den Mechanismus, auf den wir oben hingewiesen haben, in Aktion. Der vordere Teil des Eises ist mit Schmutz bedeckt, der auf Gleitbahnen nach oben transportiert wird (schwarze Streifen). Das Toteis ist schwarz an der Oberfläche, aber rein im Inneren (siehe linke Seite). Es zerfällt in Blöcke mit steilen Flanken und bildet so eine Landschaft, in der man nur schwer vorankommen kann.

Theorie allgemein anerkannt war, fand man jedoch heraus, daß einige Moränenablagerungen nicht dieselben Geschiebe enthielten wie andere. Dies ist darauf zurückzuführen, daß die Gletscher aus verschiedenen Gebieten kamen. In Norddeutschland zeichnete PETERSEN 1899 und 1900 als erster Karten der Verbreitung von *Leitgeschieben*. Mit ihrer Hilfe kann man verschiedene Moränen unterscheiden. Der Däne MILTHERS forderte in seinem Buch „Scandinavian Indicator Boulders" (1909), daß ein Leitgeschiebe „common, easily defined and absolutely trustworthy" sei (auf Deutsch: häufig, absolut zuverlässig und leicht zu beschreiben).

Die Typen sollten häufig auftreten, „weil man sonst aus ihrem Fehlen keine Rückschlüsse ziehen könne". Mit „absolut zuverlässig" war gemeint, daß die Gesteine nur aus *einem* bestimmten Herkunftsgebiet stammen dürften. Ein Beispiel hierfür ist der Rhombenporphyr (Farbbilder 39–40), der nirgendwo anders ansteht als in der Umgebung von Oslo. Der Rhombenporphyr ist *ein absolutes Leitgeschiebe*. Die paläozoischen Kalksteine (Farbbilder 138–143 und 151) sind dagegen *statistische Leitgeschiebe*: Für den einzelnen Stein läßt sich nicht nachweisen, ob er aus der Ostsee oder von einer der übrigen im Text (S. 45–46) genannten Lokalitäten stammt. Die weitaus meisten kommen jedoch aus der Ostsee.

Die heutigen Geologen lehnen im Gegensatz zu MILTHERS „statistische" Leitgeschiebe nicht mehr ab. Zum Beispiel werden die paläozoischen Kalksteine bei geologischen Untersuchungen mit großem Erfolg verwendet. Wo sie in großer Zahl auftreten, beweisen sie, daß der entsprechende Gletscher durch das Ostseebecken geflossen sein muß. Mehr hierzu auf S. 73 und 164.

Die Hauptprobleme für alle Zähler von Leitgeschieben sind folgende: 1) Welche Korngröße soll man zählen? 2) Soll z.B. einem Granitblock von einem Kubikmeter dieselbe Bedeutung zugemessen werden wie 1000 Porphyren von 10 x 10 cm Größe? 3) Soll man zwischen widerstandsfähigen und weniger widerstandsfähigen Gesteinen unterscheiden? 4) Wieviele Gesteinstypen kann man im Gelände bestimmen? Es ist nicht möglich, alle Exemplare, die man in einem Aufschluß sieht, mit nach Hause zu nehmen – dazu würde der größte Lastwagen nicht ausreichen. 5) Wieviele Steine muß man zählen, bevor man ein sicheres Resultat erhält? – Wir wollen versuchen, all diese Fragen zu beantworten.

Zur Frage 2 kann gesagt werden, daß das Lösen eines Granitblockes durch das Eis im Herkunftsgebiet *eine* einzige Begebenheit darstellt, während die Aufnahme von 1000 Porphyren 1000 Begebenheiten umfaßt. Die tausend Funde sind daher von größerer Aussagekraft als der eine, selbst wenn dieser so groß ist wie die tausend kleinen Steine zusammen.

Es ist dem Verfasser vielfach gelungen, etwa 1–2 cm große Gesteinsbruchstücke zu bestimmen. Sie ergaben kein anderes Bild als handgroße Stücke. Man sollte nicht auf die kleinen Exemplare verzichten, besonders deshalb nicht, weil unter 100 Geschieben, die man in einer Moräne findet, oft nur 2, 5 oder 8 bestimmbare Leitgeschiebe sind.

So wenige Steine reichen nicht aus, um eine Zählung durchzuführen. Der Niederländer SCHUDDEBEURS hat durch wiederholte Zählungen in derselben Moräne (mal mit mehr, mal mit weniger Steinen) nachgewiesen, daß Zählungen von unter 50 Leitgeschieben zu unsicher sind. Man riskiert dabei, auf Grund von Zufälligkeiten jedesmal ein unterschiedliches Resultat zu bekommen. Um so viele Leitgeschiebe aus einer Moräne herauspicken zu können, ist ein Aufschluß von gewisser Größe erforderlich (z.B. ein Küstenkliff oder eine Kiesgrube).

Hat man keine Aufschlüsse, sondern nur Bohrproben, muß man Kiespartikel von weniger als 10 mm Durchmesser auswerten. Dabei kann man keine Leitgeschiebe bestimmen, sondern muß sich mit einer groben Einteilung in Quarz, Flint, kristalline Gesteine, Sandsteine, Kalke und Dolomite begnügen. Dieses Verfahren wird *Feinkiesanalyse* genannt. Damit kann man recht gute Ergebnisse erzielen, aber die Aussagekraft reicht nicht an die der Leitgeschiebezählungen heran. Mehr dazu S. 73.

Damit haben wir die Frage 5 beantwortet – aber nur die Hälfte von Frage 1. Gibt es bezüglich der Größe der auszuwertenden Geschiebe auch eine Obergrenze? Seit den Anfängen der Geschiebeforschung weiß man, daß Geschiebe von Laven (Porphyren) im Schnitt kleiner sind als Geschiebe von Graniten und anderen Plutoniten. Wie stark der Unterschied ist, kann man leicht überprüfen, indem man große und kleine Steine gesondert zählt. Ich habe diesen Versuch mit Larvikiten und Rhombenporphyren am Strand beim Ulbjerg-Kliff in Jütland durchgeführt: Larvikit (Farbbilder 112–114) ist ein Plutonit mit derselben chemischen Zusammensetzung wie die Rhombenporphyr-Lava. Beide Gesteine stammen aus dem Oslo-Gebiet. Dabei ergab sich folgendes Resultat:

Große Steine, über 30 cm Durchmesser, auf 400 m Strandlänge:

Larvikite:	52
Rhombenporphyre:	25

Kleine Steine, unter 30 cm Durchmesser, auf 4 m Strandlänge:

Larvikite: 15
Rhombenporphyre: 30

Da beide Gesteine aus der Umgebung von Oslo stammen, zeigen beide Zählungen, daß der Gletscher das Oslo-Gebiet überfahren hat. Wenn man sich jedoch vorstellt, daß der Larvikit *aus einer anderen Gegend* als der Rhombenporphyr stammte, würden beide Zählungen zu sehr unterschiedlichen Deutungen führen. *In einem solchen Falle* ist das Ergebnis der Geschiebezählung in entscheidendem Maße von der Korngröße abhängig. Eine Lokalität, an der nur große Geschiebe vorkommen, kann man deshalb nicht mit einem Fundort vergleichen, an dem die meisten Geschiebe klein sind. Man darf also *nicht* eine typischerweise „große" Gesteinsart aus einer Gegend zusammen mit einer typischerweise „kleinen" Gesteinsart aus einem anderen Herkunftsgebiet auswerten. Am besten verwendet man aus allen Herkunftsgebieten sowohl „große" als auch „kleine" Gesteine.

MILTHERS hatte geglaubt, daß Granite widerstandsfähiger gegen Gletschertransport seien als Porphyre. Versuche mit dem Abrollen von Handstücken in einer Schleifmaschine haben gezeigt, daß diese Meinung unrichtig war. Der Größenunterschied geht darauf zurück, daß Porphyrfelsen von dicht liegenden Klüften durchsetzt sind, Granitfelsen dagegen von Klüften in größerem Abstand.

Granitgeschiebe sind in Norddeutschland häufiger als Porphyrgeschiebe. Auch das hat nichts damit zu tun, daß sie vielleicht widerstandsfähiger wären, sondern geht darauf zurück, daß Granit ein größeres Areal im Untergrund Skandinaviens einnimmt als Porphyr.

MILTHERS hatte sich damals entschlossen, sowohl Granite als auch Kalksteine bei seinen Zählungen auszuschließen und sich ganz auf einige wenige in ihrer Härte vergleichbare Porphyrtypen zu konzentrieren – genaugenommen auf 6 Typen. Ein fundamentaler Nachteil dabei war allerdings, daß allzu wenige Leitgeschiebe gefunden werden konnten. Zum Beispiel hat der Verfasser in drei Arbeitstagen in der „Weichsel-Maximum-Moräne" bei Ristinge, Dänemark, bei der Suche nach den in diesem Buch erwähnten Typen insgesamt 64 Leitgeschiebe gefunden. – Davon gehörten nur drei zu MILTHERS' ausgewählten Porphyren!

Es ist demnach nicht angezeigt, das Größenproblem durch den Ausschluß der Plutonite (Granite) zu lösen. Stattdessen habe ich versucht, ein „Netz" von sowohl großen als auch kleinen Gesteinstypen zu erstellen (Abb. 46). Der Vorteil besteht darin, daß man unabhängig von der Korngröße ist. Man kann große oder kleine Steine zählen, oder eine Mischung beider. Man findet dabei zwar nicht dieselben Typen, aber man hat gute Aussichten, dasselbe *geographische Verteilungsbild* zu gewinnen.

In Norddeutschland setzte JULIUS HESEMANN die Geschiebeforschung fort. Er berücksichtigte so viele Leitgeschiebe, wie er konnte – fast 200 verschiedene, mehr oder weniger leicht erkennbare Gesteine. Gegen MILTHERS' Auswahl von nur 6 Porphyren wandte er ein, daß man sich durch diese bewußte Einengung Scheuklappen aufsetze: „Ein richtiger Geologe muß danach streben, seine Kenntnisse in all die Richtungen auszuweiten, die auf die richtige Spur zur Lösung eines Problems führen *könnten*."

Gelegentlich ist die Meinung geäußert worden, daß HESEMANNs Geschiebemethode zu unsicher sei, weil die Granite variieren und man sie überhaupt nicht sicher unterscheiden könne. Der Einwand könnte jedoch für alle Gesteine gelten, denn sie kommen normalerweise in ihrem Herkunftsgebiet in verschiedenen Variationen vor! Als Beispiel sei der Järna-Granit genannt: „Seht doch, wie stark dieses Gestein variiert! Es ist offensichtlich, daß man diesen Granit nicht bestimmen kann!" Diese Argumentation führt in die

Abb. 44. VILHELM MILTHERS als 90jähriger im Gelände bei der Untersuchung von Leitgeschieben auf der Skovbjerg-Altmoräne in West-Jütland. Quelle: DGU (Danmarks Geologiske Undersøgelse).

Irre. Es geht nicht darum, *alle* Järna-Granite (oder *alle* Oslo-Basalte) zu erkennen. Gewisse Varianten können uncharakteristisch sein, oder Gesteinen aus anderen Gebieten zu stark ähneln. *Diese kann man außer Acht lassen.* Man darf das ruhigen Gewissens tun, denn unser Ziel ist es nicht, sämtliche gefundenen Steine zu bestimmen; wir wollen uns mit denen begnügen, die sicher identifizierbar sind. Der „Rotgrüne Järna-Granit" (Farbbild 93) ist ein vortreffliches Leitgeschiebe, das obendrein den Vorteil hat, kräftige Farben aufzuweisen. Diesen Gesteinstyp kann man benutzen, selbst wenn vielleicht alle anderen Varianten des Järna-Granits nutzlos sind.

Damit sind von den Fragen auf S. 65 auch Frage 1 und 4 beantwortet. Bleibt nur die Frage 3:

Der Transportmechanismus des Eises ist völlig anders als der eines Flusses. Gesteinsbruchstücke werden vom Eis aufgenommen (wie, das sieht man auf S. 53), aber sie werden *nur dann* dramatisch zer-

kleinert, wenn sie direkt in der Gletschersohle liegen und gegen die Unterlage reiben. Wenn sie nur einige Zentimeter höher im Eis stecken, bleiben sie bereits besser erhalten. Gletscher können weiche Gesteine, z.B. Kalke und Schiefer, über hunderte von Kilometern transportieren, ohne sie zu pulverisieren – wie die zahlreichen Kalksteine aus der Ostsee in den norddeutschen Moränen beweisen. Man darf daher nicht nur die harten Steintypen zählen. Im Gegenteil: Die Kalke sind wichtig.

Dieses Buch zeigt rund 100 Gesteinstypen – eine ausreichende Menge, wenn man an einem Steinbestimmungsprojekt Freude finden soll. Wird man von der Aufgabe gepackt und es entsteht der Wunsch, weitere Typen „ins Netz zu bekommen", so kann man auf das Handbuch von HESEMANN: „Kristalline Geschiebe der nordischen Vereisungen" (herausgegeben vom Geologischen Landesamt Nordrhein-Westfalen 1975) zurückgreifen. Darin findet man allerdings nur kristalline Geschiebe; Sedimente müssen in HUCKE & VOIGT: „Einführung in die Geschiebeforschung, Sedimentärgeschiebe" (Nederlands Geologische Vereniging, Oldenzaal 1967) nachgeschlagen werden. Der, für den die niederländische Sprache kein Hindernis ist, kann sowohl neuere als auch umfassendere Informationen als die von HESEMANN in ZANDSTRA: „Noordelijke kristallijne Gidsgesteenten" (Verlag Brill, Leiden 1988) finden.

Abbildungsmethoden der Geschiebezählungen. Um einen Überblick zu ermöglichen, hat HESEMANN seinerzeit Skandinavien in vier Gebiete eingeteilt (Abb. 45) und die Steine diesen großen Herkunftsgebieten zugeordnet. Danach berechnete er, wie groß der prozentuale Anteil der vier Gebiete an der Gesamtzahl der Geschiebe in einer Zählung war. Die Prozentzahlen wurden zu vier einziffrigen Zahlen auf- oder abgerundet, die zur „HESEMANN-Formel" zusammengefaßt wurden. Die Formel 7120 bedeutet z.B., daß etwa 70 % der Gesteine dieser Zählung aus dem Bereich Åland-Finnland-Lappland stammen, ca. 10 % stammen aus Dalarna, dem Stockholmgebiet und der mittleren Ostsee, ca. 20 % aus Südschweden und der südlichen Ostsee, und schließlich 0 % aus Norwegen. Diese Formel ist nicht nur von HESEMANN, sondern auch von verschiedenen anderen Geologen verwendet worden. Der Verfasser steht ihr allerdings sehr skeptisch gegenüber. Die Auswertung von Geschiebezählungen zeigt, daß einige der Grenzen auf Abb. 45 wenig sinnvoll erscheinen. Zum Beispiel treten Åland-Geschiebe, Ostseeporphyre, Kalke von Öland und Gotland und Bornholm-Geschiebe zusammen in „baltischen" Moränen auf. Weshalb soll man sie auf die Gruppen I, II und III verteilen, wo sie mit Geschieben zusammengefaßt werden, mit denen sie *nicht* gemeinsam auftreten?

Die Gruppe III scheint reichlich groß geraten zu sein. Zumindest in Dänemark treten Bohuslän-Granite eher in „norwegi-

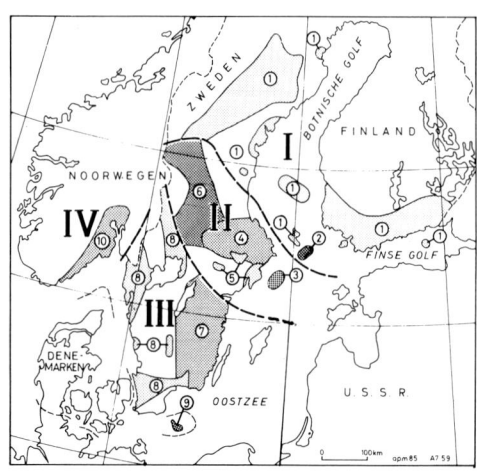

Abb. 45. Die Herkunftsgebiete der Leitgeschiebe nach der Einteilung der deutschen und niederländischen Geschiebeforscher. Römische Zahlen: HESEMANN-Gruppen, arabische Zahlen: RGD-Gruppen (siehe Text; nach J.G. ZANDSTRA in „Grondboor en Hamer" 1986).

schen", Kinne-Diabase in „schwedischen", Kalmarsund- und Bornholm-Gesteine dagegen in „baltischen" Moränen auf. Weshalb sollten sie in *einer* Zahl zusammengefaßt werden?

Man kann die Einteilung entsprechend dieser Kritik natürlich revidieren. Aber – wird nicht jede Zahlenformel viele Ergebnisse *verstecken*, die besser *hervorgehoben* werden sollten? Ich meine, man sollte keine Informationen verschenken!

Die Verhältniszahlen sind also davon abhängig, *wo* die Grenzlinien durch Skandinavien gezogen werden. Sie hängen aber auch davon ab, welche Gesteinstypen man auswählt. Stellen wir uns z.B. vor, wir wollten die Braunen Ostseeporphyre nicht berücksichtigen, weil sie angeblich schwierig zu erkennen sind! Im HESEMANN-System würde dadurch der Prozentanteil der Steine aus Gruppe II fallen; *die Prozentzahlen der übrigen Gruppen würden aber steigen.* Auf dieselbe Weise würde jeder Gesteinstyp, der hinzukäme oder den man ausklammerte, Auswirkungen auf alle übrigen Zahlen haben. Dieses Problem kann man nur beseitigen, wenn man aus den Gebieten, die *insgesamt* viele Steine geliefert haben, auch möglichst viele *Leitgeschiebe* zählt. In allen Moränen sollten daher die gezählten Leitgeschiebe etwa jeweils den gleichen Prozentsatz des gesamten Gesteinsmaterials ausmachen. Wenn *das* nicht der Fall ist, sollte man Typen hinzufügen oder ausklammern.

Viele Forscher verwenden fast keine Leitgeschiebe aus dem westlichen Schweden. Das kann sich auf die Ergebnisse auswirken!

Die HESEMANN-Methode ist von verschiedenen Geologen kritisiert worden, und man hat sich um bessere Lösungen bemüht. GERD LÜTTIG hat im Jahre 1958 eine Liste von gut 400 Leitgeschieben mit der geographischen Länge und Breite ihrer Herkunftsgebiete veröffentlicht. Bei Geschieben mit großflächigen Herkunftsgebieten wählte er das Zentrum dieser Gebiete. Nach seiner Methode werden die Koordinaten für sämtliche Geschiebe einer Zählung zusammengezählt und durch die Anzahl der Steine geteilt. Auf diese Weise bekommt man eine geographische „Durchschnittslänge" und „Durchschnittsbreite" für die Herkunftsgebiete aller in einer Zählung gefundenen Gesteine. Diesen Lagepunkt, der in der Regel in Schweden liegt, nannte LÜTTIG „Theoretisches Geschiebe-Zentrum" (TGZ). Der Vorteil dieser Methode besteht darin, daß die Ziehung willkürlicher Grenzen durch Skandinavien und die Prozentrechnung vermieden werden. Nach der TGZ-Methode konnten in Nordwestdeutschland die verschiedenen Saale-Moränen unterschieden werden; sie wird daher der HESEMANN-Methode vorgezogen. Ein Nachteil ist jedoch, daß dabei alle Einzelheiten aus den Zählungen verlorengehen.

Der *Rijks Geologische Dienst* der Niederlande zog aus der Kritik an HESEMANN die Konsequenz, die Geschiebe zu wesentlich kleineren Gruppen zusammenzufassen. Die entsprechenden zehn Gebiete sind durch die Zahlen 1–10 in Abb. 45 gekennzeichnet. Bei dieser Methode gehen weniger Einzelheiten verloren; allerdings ist es auch schwieriger, einen Überblick zu gewinnen.

Aus Nordwestdeutschland liegt eine große Zahl von Geschiebezählungen vor. Unter den Forschern, die gegenwärtig Geschiebe zählen, sollen außer LÜTTIG auch MEYER (Hannover) und SCHLÜTER (Kiel) genannt werden. Sie arbeiten alle nach der TGZ-Methode. Aber SCHLÜTER zählt nur das Kristallin, während die übrigen auch die Sedimente berücksichtigen. Leider hat sich gezeigt, daß wegen solcher Unterschiede in der Zählweise die Ergebnisse nicht voll vergleichbar sind.

Vorschlag des Verfassers. An allen Lokalitäten, die ich im Laufe der Zeit untersucht habe, hat sich derselbe Eindruck ergeben: Die Mehrzahl der gefundenen Geschiebe stammt aus einem *Band oder Geländestreifen,* der das skandinavische Gebirge mit dem Fundort verbindet. Um diese Beobachtung nachzuprüfen, habe ich eine Karte (Abb. 46) entworfen, auf der die geographischen Zentren der Herkunftsgebiete von 51 Leitgeschieben oder Leitgeschiebe-Gruppen dargestellt sind. Um die Zählungen abzubilden, habe ich kleine Kopien dieser Karte von Südskandinavien verwendet – eine Karte für jede Zählung. Abb. 47 a und b sind Beispiele. Die Kreise geben an, welche Geschiebetypen in der jeweiligen Zählung gefunden wurden. Die Punkte auf Abb. 46 sind die Zentren der Kreise. Der Flächeninhalt der Kreise ist proportional zur Anzahl der gefundenen Steine des jeweiligen Typs. Der kleinste Kreis repräsentiert einen Stein.

Die beiden abgebildeten Zählungen stammen aus zwei Moränen im Kliff von Ristinge, Langeland (Dänemark). Abb. 47 a repräsentiert 64 Geschiebe aus der „Weichsel-Maximum-Moräne" und Abb. 47 b zeigt die Herkunft von 69 Geschieben aus der „jungbaltischen Moräne".

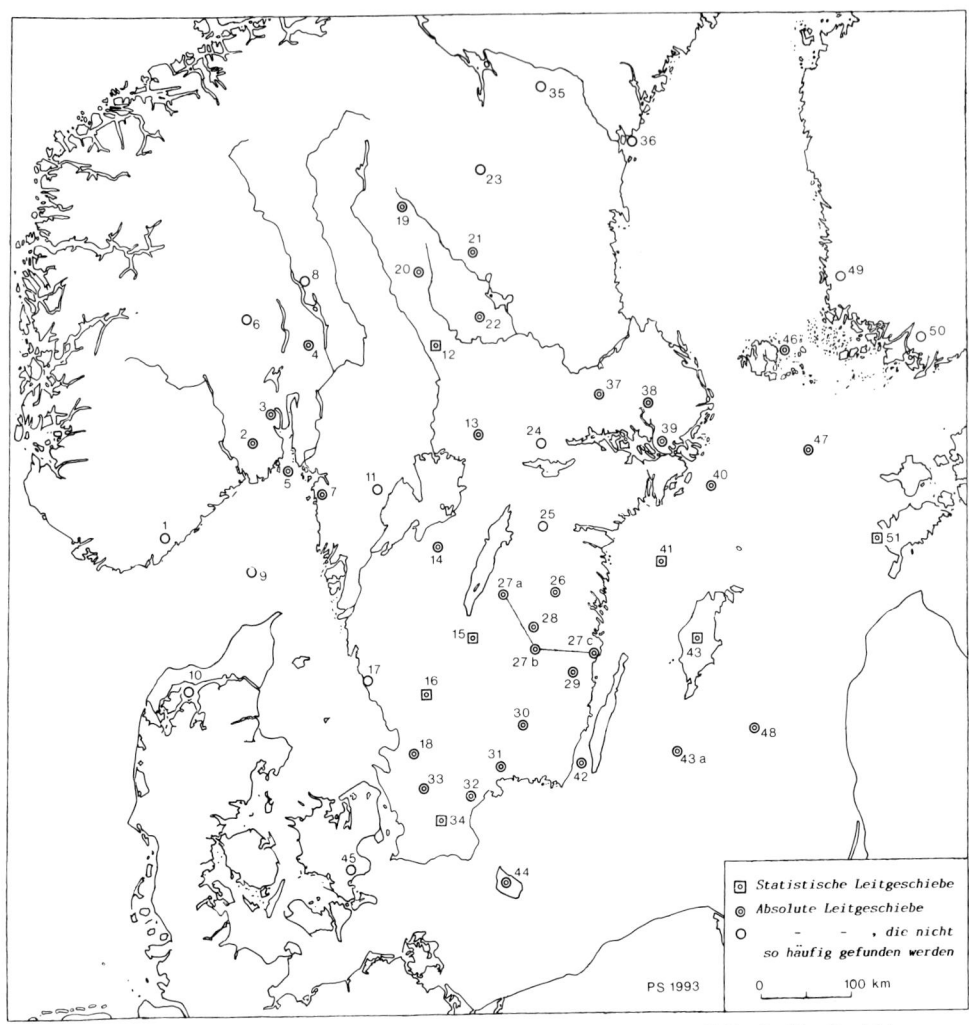

Legend (on map):
⊙ = Statistische Leitgeschiebe
◉ = Absolute Leitgeschiebe
○ = – – , die nicht so häufig gefunden werden

PS 1993

0   100 km

1 = Grimstad-/Herefoss-Granit
2 = Larvikit, Ekerit, Nephelinsyenit
3 = Rhombenporphyr, übrige Gesteine des Oslogebietes (außer 2, 4, 5)
4 = Nordmarkit
5 = Rhombenporphyr-Konglomerat
6 = Hedal-Granit
7 = Bohuslän-Granit
8 = Biskopåsen-Konglomerat
9 = Flintkonglomerat
10 = Zementstein aus dem Moler
11 = Åmal- und Kroppefjäll-Gneisgranit
12 = Filipstad-Granit, Trysil-Trikolore- und braunviolette Variante sowie undifferenziert
13 = Filipstad-Granit, südliche Variante, sowie Kristinehamn-Granit
14 = Kinne-Diabas
15 = Barnarp-Trikoloregranit und Vaggeryd-Syenit
16 = Granatamphibolit
17 = Varberg-Charnockit
18 = Schonen-Granulit

19 = Särna-Porphyr, -Diabas, -Tinguait
20 = Öje-Diabas, Heden-Porphyr, Dala-Sandstein (siehe S. 71)
21 = Dala-Geschiebe außer 19, 20, 22
22 = Siljan- und Järna-Granit, Venjan-Porphyrit
23 = Rätan-Granit
24 = Fellingsbro-Granit
25 = Graversfors-Granit; Östgöta-Granite mit rötlichen Augenringen
26 = Kinda-Granit
27 = a, b, c Rote Småland-Granite (siehe S. 71)
28 = Mariannelund-Granit; Sjögelö-, Nymåla-, Lönneberga- und Fagerhult-Porphyr
29 = Påskallavik-Porphyr; Småland-Porphyre außer den unter Nr. 28 genannten Typen
30 = Rosa und Grauer Växjö-Granit
31 = Karlshamn-, Spinkamåla-Granit
32 = Weißfleckiger Flint
33 = Schonen-Basalt

34 = Weißer *Scolithos*-Sandstein
35 = Revsund- und Ragunda-Granit
36 = Rödö-Gesteine
37 = Sala-Granit
38 = Uppsala-, Vänge-, Arnö-Granit
39 = Stockholm-Granit
40 = Brauner Ostseequarzporphyr
41 = Rote kambrische Sandsteine (siehe S. 71)
42 = Kalmarsund-Sandstein
43 = Paläozoische Kalksteine (siehe S. 71) (Beyrichienkalk bei 43a)
44 = Bornholm-Gesteine
45 = Fakse-Korallenkalk
46 = Åland-Gesteine
47 = Roter Ostseequarzporphyr
48 = Old-Red-Sandstein
49 = Gesteine aus den Nystad-Gebieten
50 = Perniö-Granit
51 = Dolomit

70

Abb. 46. Karte, auf der die geographischen Zentren der Herkunftsgebiete von 51 Leitgeschieben und Leitgeschiebe-Gruppen markiert sind. Kommentare: Nur Geschiebetypen, die eng benachbart sind, werden gemeinsam als *ein* Punkt abgebildet. Beispiele hierfür sind Uppsala-, Arnö- und Vänge-Granit aus der Umgebung von Stockholm, sowie die meisten Geschiebetypen aus dem Oslogebiet. – Der Unterschied zwischen den Signaturen ist zu beachten: Die *„statistischen" Leitgeschiebe* (S. 65) können außer aus ihrem Hauptverbreitungsgebiet auch aus anderen Gebieten stammen. Deshalb kann man sie nur verwerten, wenn sie *sehr zahlreich* vorkommen. Ein Beispiel sehen Sie in den Karten Abb. 47a und b: In der baltischen Moräne (unten) dominieren die paläozoischen Kalksteine (Punkt Nr. 43) über alle anderen Geschiebetypen! In der „schwedischen" Moräne (oben) sind nur wenige gefunden worden. Könnten sie in diesem Fall aus den kleineren Kalkgebieten in Mittelschweden stammen? Die Antwort ist: Vielleicht. Deshalb ist es sinnvoll, *diese Kalksteine zwar immer bei Punkt Nr. 43 abzubilden, aber durch eine graue Signatur anzudeuten, daß diese Zuordnung zweifelhaft ist, sofern ihre Anzahl geringer als die doppelte Anzahl des häufigsten kristallinen Geschiebetyps ist.* In solchen Fällen haben sie *keinen Wert als Leitgeschiebe.* – *Rote Sandsteine ohne helle Reduktionsflecken* (siehe S. 160–162) werfen ein entsprechendes Problem auf, weil sie sowohl aus Dalarna als auch vom Boden der Ostsee stammen können. Daher sollte auf sie folgende Regel angewendet werden: *Wenn sie weniger als 80 % aller roten Sandsteine ausmachen, können sie zwar bei Punkt Nr. 41, aber mit der grauen „Zweifelssignatur" abgebildet werden.* Rote Sandsteine *mit* Reduktionsflecken sind dagegen *immer* bei Punkt Nr. 20 zu verzeichnen. – Auch *rote Småland-Granite* sind bei der Abbildung problematisch, weil ihre Herkunftsgebiete sowohl mitten in Småland als auch unter einem Teil der Ostsee liegen (siehe Karte S. 77). Daher erscheint es am zweckmäßigsten, die Wahl zwischen den Punkten Nr. 27a, b und c bei der Abbildung freizustellen. – *Geschiebetypen, die nicht häufig gefunden werden,* erfordern eine eigene Signatur, vor allem weil aus ihrem Fehlen an einer Lokalität keine Schlußfolgerungen über eine mögliche „Gabel" (Punkt 5, S. 72) gezogen werden können.

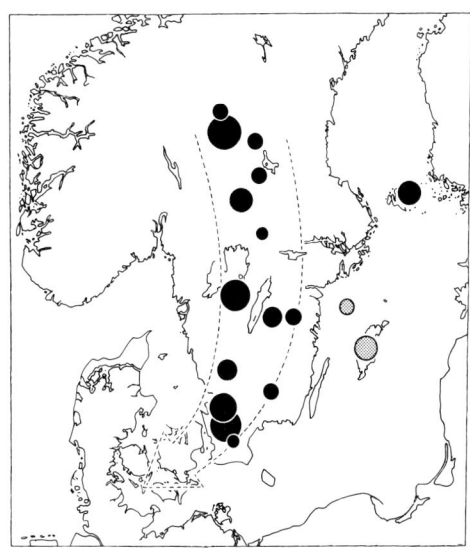

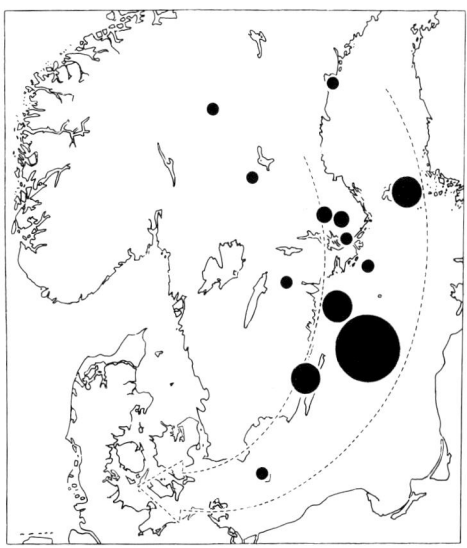

Abb. 47a und b. Geschiebeinhalt von zwei Moränen im Kliff von Ristinge, Langeland. Oben die Moräne des „Weichsel-Maximum-Eises", unten die jungbaltische Moräne (vgl. Text).

Die Kärtchen erfordern natürlich mehr Platz als TGZ- oder HESEMANN-Formeln. Doch scheint es mir, daß sie deutliche Vorteile bieten:

1) Der Unterschied zwischen den beiden Geschiebezählungen ist klar und leichter erfaßbar als beim Vergleich von Formeln.

2) Die Einzelergebnisse werden vollständig dargestellt.

3) Willkürliche Grenzen durch Skandinavien und die Berechnung von Prozentzahlen werden vermieden.

4) Die Kartenbilder bieten – im Gegensatz zu den Formeln – nicht nur einen groben Anhalt dafür, woher „im großen und ganzen" die Steine kommen. Sie zeigen *den präzisen Weg, den das Eis vom Skandinavischen Gebirge bis zum Fundort* zurückgelegt hat. Die Wege sind auf jeder Karte durch die strichpunktierten Pfeile angedeutet. Die Pfeile haben eine gewisse Breite, weil die Steine während des Transports quer zur Eisbewegungsrichtung etwas vermischt worden sind. Es sei hinzugefügt, daß man die Pfeile *nicht* als lange, schmale Gletscherzungen auffassen darf! Das Eis, das die Steine der Zählung in Abb. 47 b verfrachtet hat, reichte bis zu der Linie, die in Abb. 41 als „P-Max" angedeutet ist. Der Pfeil zeigt jedoch, wie sich *genau der Teil* des Eisschildes bewegt hat, der *Ristinge* überschritten hat.

5) Auf Abb. 47 b sieht man neben dem Steinstreifen durch Schweden einen isolierten Kreis über den Åland-Inseln. Die Karte (Abb. 46) zeigt, daß zwischen den Åland-Inseln und dem Hauptstreifen mehrere Herkunftsgebiete von Leitgeschieben liegen, aber in der Moräne sind keine Geschiebe dieser Typen gefunden worden. Das deutet auf eine Art „Gabel" hin, d.h. auf zwei durch einen Zwischenraum getrennte Liefergebiete. Diese Erscheinung kann nur dadurch erklärt werden, daß die Åland-Gesteine vom Eis aus einer älteren Moräne aufgenommen worden sind – vermutlich irgendwo in Dänemark. Man spricht dabei von einer „Kontamination". *Das hier gezeigte Verfahren ist die einzige bis heute vorgeschlagene Darstellungsmethode, bei der solche „Kontaminationen" enthüllt werden können.*

6) Jede Zählung wird auf einer eigenen Karte abgebildet. Der Vergleich mehrerer Lokalitäten erfolgt durch den Vergleich der Kartenbilder. Viele Einzelheiten können mit einbezogen werden, ohne daß der Überblick verlorengeht.

In der Eiszeitforschung sind noch längst nicht alle Fragen geklärt. Dieses Buch soll dazu anregen, die Leitgeschiebe in Norddeutschland zu untersuchen. Dazu wurde eine Methode vorgeschlagen, die in dieser Weise in Norddeutschland bisher noch nicht angewendet worden ist. Der Verfasser hofft, daß dadurch auch von Amateuren neue Erkenntnisse über den Ablauf des Eiszeitalters gewonnen werden können. Es gibt keine Garantie dafür, daß sich in *allen* Zählungen ein „Steinstreifen" ergibt, oder daß „Kontaminationen" *immer* leicht zu erkennen sind. Es ist jedoch immer den Versuch wert, die Methode auszuprobieren.

Ergänzende Untersuchungen

Es gibt verschiedene Möglichkeiten, zusätzliche Informationen über die Moränen zu gewinnen.

1) Ein naheliegender Weg ist *die Geschiebe-Einregelungsmessung.* Sie läßt sich ohne große Ausrüstung durchführen. Die Längsachsen der meisten Steine in einer Moräne verlaufen in der Bewegungsrichtung des Eises. Alle Steine, große und kleine, sind so eingeregelt. Die Einmessung der Achsen kann leicht auch von Amateuren durchgeführt werden, weil man dafür nur ein Messer und einen Kompaß benötigt. Außerdem sollte man bei schräggestellten Steinen zusätzlich den Winkel messen, in dem die Längsachse einfällt und die Seite, zu der sie einfällt. Die meisten Steine fallen nämlich in die Richtung ein, aus der das Eis gekommen ist.

2) *Foraminiferen* sind einzellige Tiere mit Kalkschalen. Während der letzten Warmzeit (Eem-Warmzeit) und zu Beginn der letzten Eiszeit waren die Gebiete nördlich und südlich der dänischen Inseln vom Meer bedeckt. Die Foraminiferenarten in diesen beiden Meeren waren nicht dieselben. Die kleinen Kalkschalen wurden vom Eis aufgenommen und können als eine Art Leit-

Abb. 48. „Eingeregelte" Geschiebe in einer Moräne am Myrdalsjökull, Island.

geschiebe benutzt werden. Man kann auf diese Weise feststellen, ob das Eis, das eine bestimmte Moräne abgelagert hat, von der Ostsee oder vom Skagerrak-Kattegat her über Dänemark vorgestoßen ist. Enthält die Moräne überhaupt keine Eem- oder Weichsel-Foraminiferen, ist es wahrscheinlich, daß sie aus einer älteren Eiszeit (z.B. Saale oder Elster) stammt. Für diese Arbeit benötigt man Mikroskop und Labor.

3) *Paläozoische Kalke.* Auf Seite 64 wurde beschrieben, warum diese Kalksteine „statistische Leitgeschiebe" aus dem Ostseegebiet darstellen. Eine Anleitung zu ihrer Auswertung sowie einen Schlüssel für ihre Bestimmung finden Sie im Farbbildabschnitt (S. 164).

Bei der Betrachtung der Kalksteine sollte man bedenken, daß chemische Prozesse seit der Eiszeit die Kalke innerhalb des obersten Meters der Weichsel-Moränen aufgelöst haben. Im Altmoränengebiet kann die Kalkauflösung bis in weit größere Tiefe reichen. Wenn man im Zweifel ist, aus welcher Tiefe man die Probe (10 kg; vgl. S. 164) nehmen soll, benutze man Salzsäure. Braust das Material, ist der Nachweis erbracht, daß die Moräne Kalk enthält.

4) Die *Feinkiesanalyse* haben wir auf S. 65 erwähnt. Bei dieser Methode löst man das

Moränenmaterial in Wasser auf, siebt die Kiese heraus und unterscheidet sie nach Gesteinsgruppen. Diese Methode hat zuerst der Niederländer MAARLEVELD angewendet. Sie war in der ehemaligen DDR durchaus üblich und dort in einem Fachbereichsstandard (einer Norm) geregelt. Fünf Feinkiestypen werden unterschieden: Nordisches Kristallin (abgekürzt: NK; hierzu zählen auch vereinzelte Quarzkörner); Paläozoische Kalksteine (PK); Dolomite (D); Paläozoische Schiefertone (PS) und Feuersteine (F).

5) *Dislokationen.* Durch die Eisbewegung wurden an vielen Stellen Falten und Überschiebungen innerhalb der Moränen oder in den unterlagernden Schichten hervorgerufen. Eine Einmessung dieser Störungen ist eine sichere Methode, um die örtliche Schubrichtung des Eises zu bestimmen. Die Verfahren, die dabei angewendet werden, verlangen jedoch ein umfangreicheres Studium und liegen daher eigentlich außerhalb des Rahmens dieses Buches. Doch soll hier eine Zeichnung von ASGER BERTHELSEN wiedergegeben werden, die die Vorgehensweise beim Einmessen von Dislokationen an einem Beispiel erläutert (Abb. 49).

Die oben erwähnten Methoden haben die Eiszeitforschung ein erhebliches Stück vorangebracht. Dennoch gibt es gute Gründe dafür, auch weiterhin mit Geschieben zu arbeiten:

Auswertungen von Foraminiferen und paläozoischen Kalksteinen können z.B. nur den Nachweis erbringen, daß eine Moräne baltisch ist oder nicht. Einen Bewegungsstreifen wie in Abb. 47 können sie nicht ergeben. – Geschiebe-Einregelungsmessungen und das Studium von Dislokationen zeigen die lokale Eisbewegungsrichtung. Dabei darf jedoch nicht vergessen werden, daß der Eisrand im Flachland aus einer Reihe breiter Gletscherzungen bestehen kann. Beispiele hierfür finden sich in Abb. 41 und 51. Die Zungen sind oft halbkreisförmig ausgebildet. Innerhalb solcher Zungen (oder *Loben*)

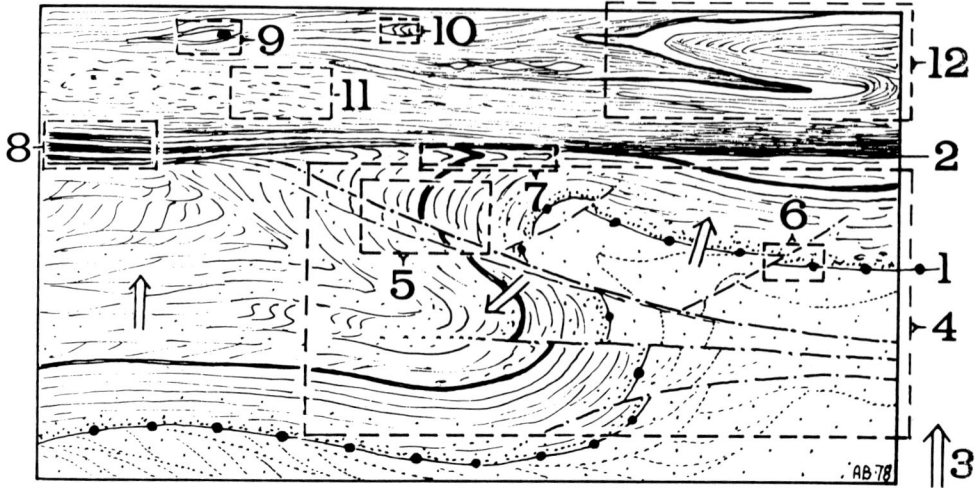

Abb. 49. Lehrbeispiel aus einem Artikel von ASGER BERTHELSEN zur Erläuterung der verschiedenen Arten von Dislokationen, die durch den Druck des Inlandeises entstehen können. Das Eis kam in diesem Beispiel von rechts. Die Schichten unterhalb der Linie 1 sind älter als das Eiszeitalter. Das können z.B. Schichten des Tertiärs oder der Kreidezeit sein. Das Eis hat diese Schichten gefaltet und in Blöcke zerbrochen, von denen die oberen nach links verschoben worden sind. 2 = Unterkante der Moräne. 3 = Die Schichten sind ursprünglich mit der Seite nach oben abgelagert worden, in die die Pfeilspitzen weisen. 4 = Besonders aussagekräftiges Gebiet. 5 = Überschiebungsflächen; die Blöcke darüber sind im Verhältnis zu den darunter liegenden Blöcken nach links verschoben. 6 = Man kann (selten) auch Überschiebungsflächen finden, die in die entgegengesetzte Richtung einfallen. 7 = Unmittelbar unter der Sohle des Gletschers sind die Schichten nach links verschleppt worden. 8 = Gebänderte Moräne. 9 = Gefügestörungen im Lee eines Steines. 10 = Kleine Falten innerhalb der Moräne. 11 = Ungestörte Grundmoräne; hier kann man eine Geschiebe-Einregelungsmessung durchführen. 12 = Große Falten innerhalb der Moräne (nach BERTHELSEN).

breitet sich das Eis fächerförmig aus, wie die Finger einer gespreizten Hand. Das bedeutet, daß die Eisbewegung an den beiden Flanken desselben Lobus in diametral verschiedene Richtungen geht. Der Geschiebeinhalt des Eises ist dagegen wahrscheinlich innerhalb des Lobus überall derselbe und kann daher helfen, Ordnung in eine verwirrende Vielfalt von Eisbewegungsrichtungen zu bringen.

Zum Schluß noch einige Warnungen und Ratschläge: Wenn man die Verteilung der Geschiebe im Gelände verstehen will, muß man wissen, daß Endmoränen oft aus Schuppen älteren Materials bestehen, die das Eis vor sich zu einem Wall aufgeschoben hat. Endmoränen können daher einen anderen Geschiebeinhalt haben als die dahinter liegende, ebene Grundmoränenlandschaft. – Man kann auch Gebiete finden, in denen das Eis keine Grundmoräne hinterlassen hat; lediglich der ehemalige Eisrand ist durch zahlreiche Steine gekennzeichnet. Die flache Landschaft im Hinterland besteht in diesem Fall aus älteren Ablagerungen als die vor ihr liegenden Steinanreicherungen der Eisrandzone.

Ein weiteres Problem besteht darin, daß der Geschiebeinhalt der Moränen sich zuweilen kontinuierlich ändert, je weiter man sich dem Eisrand nähert. Das liegt daran, daß der Gletscher neue Geschiebe aus den unterlagernden Schichten aufgenommen hat.

Ältere Moränen liegen in Norddeutschland oft nicht sehr tief unter jüngeren Schichten begraben. In den Kliffs der Ostseeküste sind z.B. auch Saale-Moränen aufgeschlossen. Will man das Ergebnis seiner Geschiebezählung richtig einordnen, muß man sich über die Geologie des Gebietes informieren, in dem man sich befindet. Hierfür können die *Geologischen Karten 1:25 000* und die zugehörigen *Erläuterungsbände* empfohlen werden, die von den Geologischen Landesämtern der Bundesländer herausgegeben werden.

Die Sande und Kiese, die wir in Norddeutschland finden, sind vom Schmelzwasser des Eises abgelagert worden. Die Schmelzwasserströme haben sich fast immer in verschiedene Moränen eingeschnitten und sie zum Teil erodiert; dabei wurden die Geschiebe miteinander vermischt. Man kann gewiß schöne Steine in Kiesgruben finden, aber Geschiebezählungen in Sanden und Kiesen sind schlechte Zählungen!

Strandgerölle sind die schönsten Steine, weil sie von der Brandung reingewaschen sind. Es ist ein Vergnügen, am Strand die unterschiedlichen Gesteinstypen kennenzulernen und die besten Exemplare für die Fensterbank oder die Gesteinssammlung heraus-

Abb. 50. Ein Strand mit Brandungsgeröllen.

zusuchen. Die Verteilung der Gesteinstypen läßt sich jedoch nur erklären, wenn man den Aufbau der Kliffs kennt, aus denen sie stammen. Dazu muß man Eimer und Bürste, Messer und Spaten mitbringen und die Steine direkt aus der Moräne herausholen. Das ist auf jeden Fall ein starkes Erlebnis!

Arbeitsmaterial zu Kapitel 5

Karten über die Herkunftsgebiete der Leitgeschiebe

Nach der Hauptkarte über die Herkunftsgebiete der Leitgeschiebe in Südskandinavien (I, Abb. 51) finden Sie Spezialkarten über Värmland (II, Abb. 52), Östergötland und Småland (III, Abb. 53), Dalarna (IV, Abb. 54) und über das Oslo-Gebiet (V, Abb. 55).

I. Karte der Herkunftsgebiete der nordischen Leitgeschiebe (Abb. 51)

Signaturen und Verwendung der Karte. Es erwies sich als notwendig, die Grenzen der Gesteine zu vereinfachen. Ein Beispiel: „Uppland-Granite" ist eine Sammelbezeichnung für die Granittypen nördlich und westlich von Stockholm, zusammen mit den Stockholm-Graniten. Sala-, Uppsala-, Vänge- und Arnö-Granit kommen außerhalb der angegebenen Flächen auch in einigen weiteren kleinen Arealen an der Ostküste vor.

Gestrichelte Linien werden im Meer und an den Stellen verwendet, an denen die Grenzen generalisiert oder nicht genau bekannt sind. Sowohl den Schonen-Basalt als auch den Granat-Amphibolit findet man nicht im gesamten markierten Bereich, sondern nur in begrenzten Vorkommen.

Der Granat-Amphibolit ist ein „statistisches Leitgeschiebe" (S. 64). Er kommt unter anderem auch in Südnorwegen vor. Wenn man jedoch Geschiebe dieses Gesteins *in großen Mengen* findet, muß man davon ausgehen, daß es sich um Material aus Halland oder Småland handelt.

Die *Pfeile* kennzeichnen ausgewählte Eisbewegungsrichtungen, die mit Hilfe von Gletscherschrammen und Geschiebe-Einregelungsmessungen rekonstruiert worden sind. *Es handelt sich nicht um gleichzeitige, sondern um typische Eisbewegungsrichtungen.* An vielen Stellen in Skandinavien haben sich die Eisbewegungsrichtungen im Laufe der Eiszeiten nur wenig verändert. An ei-

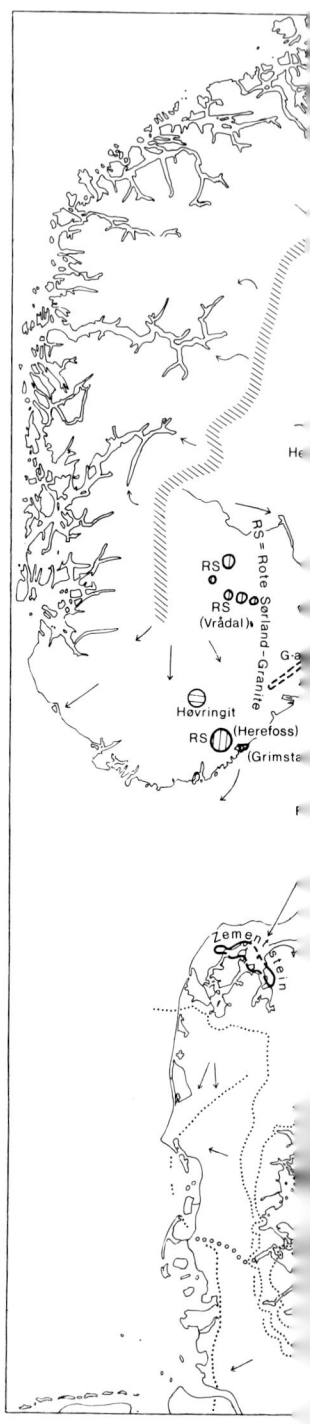

Abb. 51. Herkunftsgebiete der ... schiebe (siehe Text).

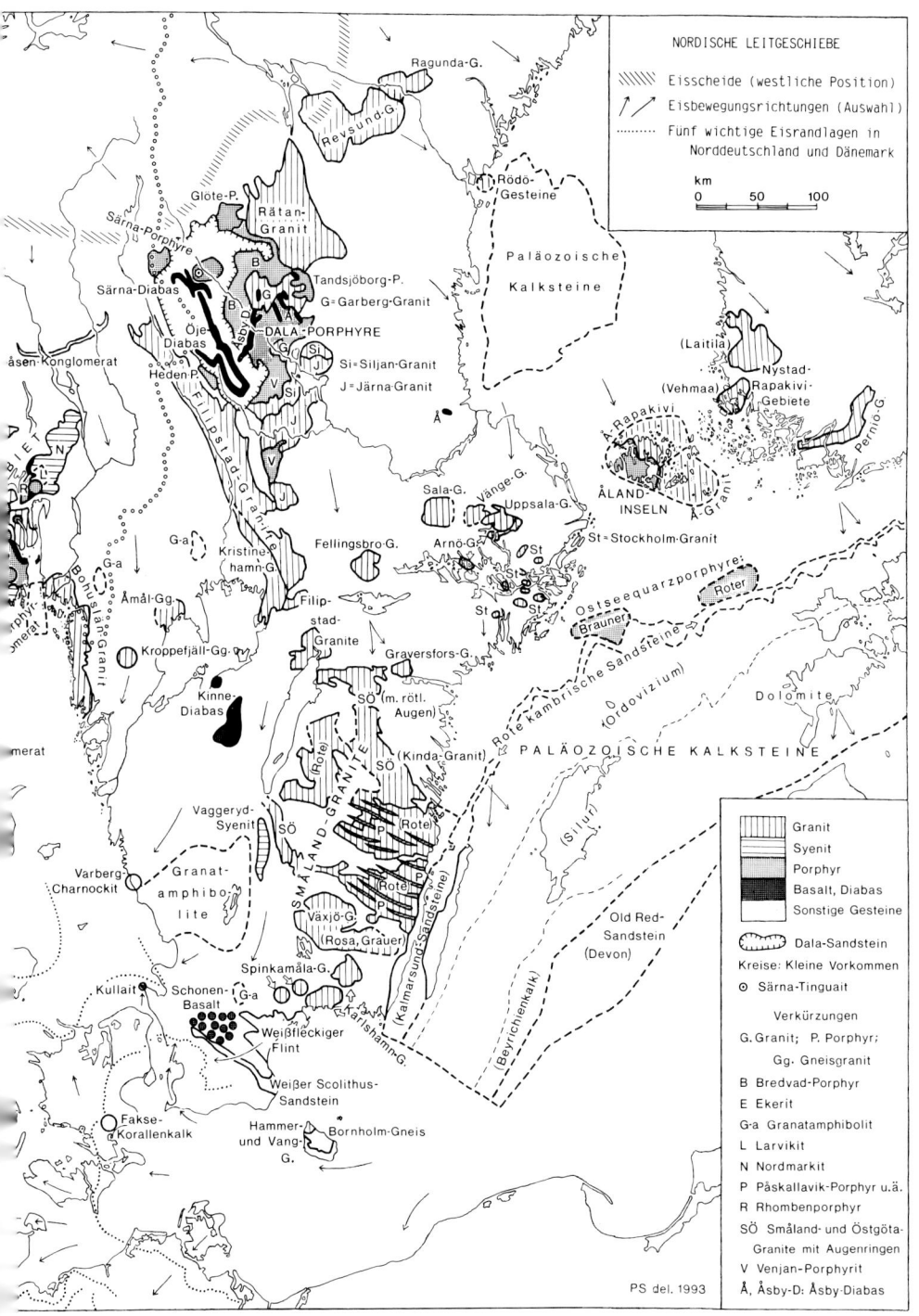

NORDISCHE LEITGESCHIEBE

//////// Eisscheide (westliche Position)

➚ Eisbewegungsrichtungen (Auswahl)

·········· Fünf wichtige Eisrandlagen in
Norddeutschland und Dänemark

km
0   50   100

Ragunda-G.

Revsund-G.

Rödö-Gesteine

Paläozoische
Kalksteine

Glöte-P.

Särna-porphyre

Rätan-Granit

Särna-Diabas

Tandsjöborg-P.   G=Garberg-Granit

Öje-Diabas

DALA-PORPHYRE

Si=Siljan-Granit

Heden-P.   J=Järna-Granit

(Laitila)

(Vehmaa)

Nystad-Rapakivi-Gebiete

Rapakivi

ÅLAND-INSELN

Pernio-G.

åsen-Konglomerat

Filipstad-Granit

Sala-G.   Vänge-G.

Uppsala-G.

St=Stockholm-Granit

G-a   Kristine-hamn-G.   Fellingsbro-G.   Arnö-G.   St

G-a   St

Åmål-Gg.   Filip-stad-Granite

Ostseequarzporphyre:

Roter

Kroppefjäll-Gg.   Graversfors-G.   Brauner

Rote kambrische Sandsteine

Kinne-Diabas

SÖ (m. rötl. Augen)   (Ordovizium)   Dolomite

merat   (Rote)   SÖ   (Kinda-Granit)   PALÄOZOISCHE KALKSTEINE

Vaggeryd-Syenit   SÖ   (Rote)

Varberg-Charnockit   Granat-amphibo-lite   (Rote)

(Silur)

Old Red-Sandstein
(Devon)

Växjö-G.
(Rosa, Grauer)

Spinkamåla-G.

Kullait   Schonen-Basalt   G-a

Weißfleckiger Flint

Weißer Scolithus-Sandstein

Fakse-Korallenkalk   Hammer-und Vang-G.   Bornholm-Gneis

(Kalmarsund-Sandsteine)

(Karlshamn-G.)

(Beyrichienkalk)

Granit
Syenit
Porphyr
Basalt, Diabas
Sonstige Gesteine

Dala-Sandstein

Kreise: Kleine Vorkommen

⊙ Särna-Tinguait

Verkürzungen

G. Granit; P. Porphyr;
Gg. Gneisgranit

B Bredvad-Porphyr

E Ekerit

G-a Granatamphibolit

L Larvikit

N Nordmarkit

P Påskallavik-Porphyr u.ä.

R Rhombenporphyr

SÖ Småland- und Östgöta-
Granite mit Augenringen

V Venjan-Porphyrit

Å, Åsby-D: Åsby-Diabas

PS del. 1993

en Leitge-

77

ner Stelle in Schweden und an drei Stellen in der Ostsee sind Pfeile mit verschiedenen Richtungen gezeichnet, die jeweils von einem Punkt ausgehen. Während des Höchststandes der Weichsel-Vereisung hat das Inlandeis die Ostsee *quer überschritten*. Später wurde dieses Eis vom sogenannten „jungbaltischen" Eis abgelöst, das *entlang* der Ostsee-Senke floß, so daß sich eine große Gletscherzunge von Südosten her in den Bereich der dänischen Inseln hineinbewegen konnte. Die dabei auftretenden zwei verschiedenen Richtungen sind durch die beiden Pfeile angedeutet.

Die *Eisrandlagen*, die in Dänemark und Norddeutschland eingezeichnet sind, repräsentieren einige der Hauptstadien der vorletzten und letzten Eiszeit (vgl. Abb. 41).

Die Pfeile sollen als Hilfe dienen, wenn man den Weg eines Steines von Skandinavien zu seinem Fundort verfolgen will. Manchmal findet man vielleicht heraus, daß die Steine, die man gefunden hat, mit *keinem* gezeichneten Weg übereinstimmen. Wie ist das zu erklären? Die naheliegende Antwort ist, daß es – z.B. in einer der älteren Eiszeiten – andere Eisbewegungsbahnen gegeben haben mag als die, welche die Karte ausweist. Im übrigen ist es natürlich nicht verboten, neue, bisher unbekannte Zusammenhänge aufzudecken. Um *das* zu können, muß man allerdings wissen, *was* bereits bekannt ist.

Die *Eisscheide* ist die Zone des Inlandeises, von der sich das Eis in verschiedene Richtungen bewegt hat. Westlich der Linie, die auf der Karte angegeben ist, hat sich das Eis (in allen Eiszeiten) nach Nordwesten bewegt, hinaus in den Atlantik. Aus diesem Bereich findet man keine Geschiebe in Norddeutschland.

Die Eisscheide lag nicht die ganze Zeit an genau derselben Stelle. Sie hat sich jedoch weniger verlagert, als man vielleicht annehmen könnte; das belegen die Leitgeschiebe. Rätan-Granit und Revsunds-Granit sind sowohl nach Südosten, in Richtung Ostsee,

als auch nach Nordwesten, nach Norwegen, transportiert worden. Die Eisscheide dürfte also zu bestimmten Zeiten östlich der Linie gelegen haben, die auf der Karte eingezeichnet ist, nämlich im Verbreitungsgebiet des Rätan-Granits. Weiter nach Südosten hat sie sich jedoch offenbar nicht verlagert.

II. Karte von Varianten des Filipstad-Granits in Värmland, Schweden (Abb. 52):

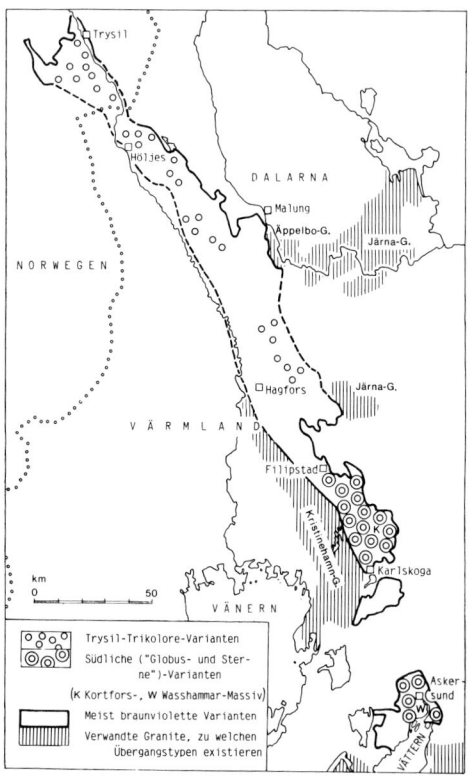

Abb. 52. Herkunftsgebiete der Filipstad-Granite aus Värmland, Schweden (siehe Text).

Die Lage des dargestellten Gebietes innerhalb von Schweden ist der Karte I zu entnehmen. Der Filipstad-Granit weist eine große Anzahl von Varianten auf. Die Grenzen zwischen den einzelnen Typen wurden von SGU (Sveriges Geologiska Undersökning) nicht kartiert; daher kann hier nur die ungefähre

Verbreitung der wichtigsten Typen dargestellt werden. Filipstad-Granite sind auf den Farbbildern 96–99 und 148–149 abgebildet (SMED 1991).

III. Karte der Verbreitung der „Augengranite" in Östergötland und Småland, Schweden (Abb. 53):

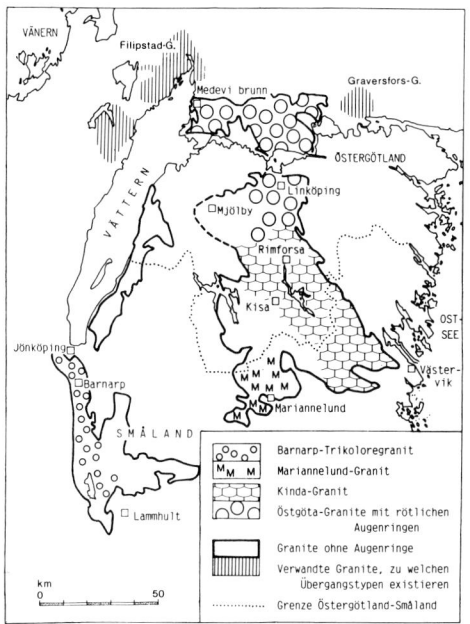

Abb. 53. Herkunftsgebiete der Augengranite aus Östergötland und dem nördlichen Småland (siehe Text).

Wie in der Karte II können die Grenzlinien zwischen den einzelnen Typen nur ungefähr angegeben werden, da die verschiedenen Varianten der Granite von SGU nicht getrennt kartiert worden sind. Die „Augengranite" sind auf den Farbbildern 58–60, 94 und 100 abgebildet (SMED 1991).

IV. Karte von Dalarna (Abb. 54)
(nach SVEN HJELMQVIST)

Die magmatischen Gesteine von Dalarna sind zwischen 1650 und 1600 Millionen Jahre

alt. Sie sind nicht gestört durch die Faltungsvorgänge im Bereich der „svekofennischen" und der „gotischen" Gebirgsbildung (vgl. S. 49). Streifung, die auf Metamorphose zurückgeht, kommt in Porphyren und Graniten von Dalarna *nicht* vor.

Innerhalb eines Vulkangebietes ist die älteste Lava oft stärker basisch, die jüngeren sind dagegen zunehmend saurer ausgebildet. Das gilt auch für Dalarna. Die älteren Porphyre sind wie ein Andesit zusammengesetzt und werden seit alters her als „*Porphyrite*" bezeichnet (Farbbilder 29–33 und 36).

Über den Porphyriten liegen die „Digerbergs-Sedimente", von denen das *Digerbergs-Konglomerat* (Farbbild 127) am bekanntesten ist.

Über diesen Sedimenten liegen saurere Porphyre. Die jüngsten von diesen sind die *Ignimbrite* (Farbbild 16–19) und der *Bredvad-Porphyr* (Farbbild 23). Der Bredvad-Porphyr nimmt auf der Karte eine große Fläche ein, weil er die oberste Schicht darstellt. Das ist wiederum die Ursache dafür, daß man ihn häufiger als Geschiebe in Norddeutschland findet als andere Dala-Gesteine.

Zu den interessantesten Dingen für einen Geologen in Dalarna zählen die Zusammenhänge zwischen den Porphyren und Graniten, die sie in der Tiefe unterlagern. Man kann Magmagänge (= ausgefüllte Spalten im Gestein) finden, in denen die erstarrte Masse unten grobkörnig ist (= Granit), aber nach oben hin allmählich feinkörniger wird (= Porphyr). Der rote *Garberg-Granit* (Farbbild 87) steht auf diese Weise mit dem Bredvad-Porphyr in Verbindung, und er hat dieselbe chemische Zusammensetzung. In der Grundmasse des Porphyrs erkennt man unter dem Mikroskop rote und weiße Feldspatkörner, genau wie im Garberg-Granit. Nur hat der Porphyr für das bloße Auge eine gedämpfte Farbe; das ist derselbe Effekt, durch den ein rotes Raster auf hellem Grund aus der Entfernung rosa wirkt. Auch der nahe verwandte *Siljan-Granit* (Farbbild 84–86) ist oft kräftig rot gefärbt.

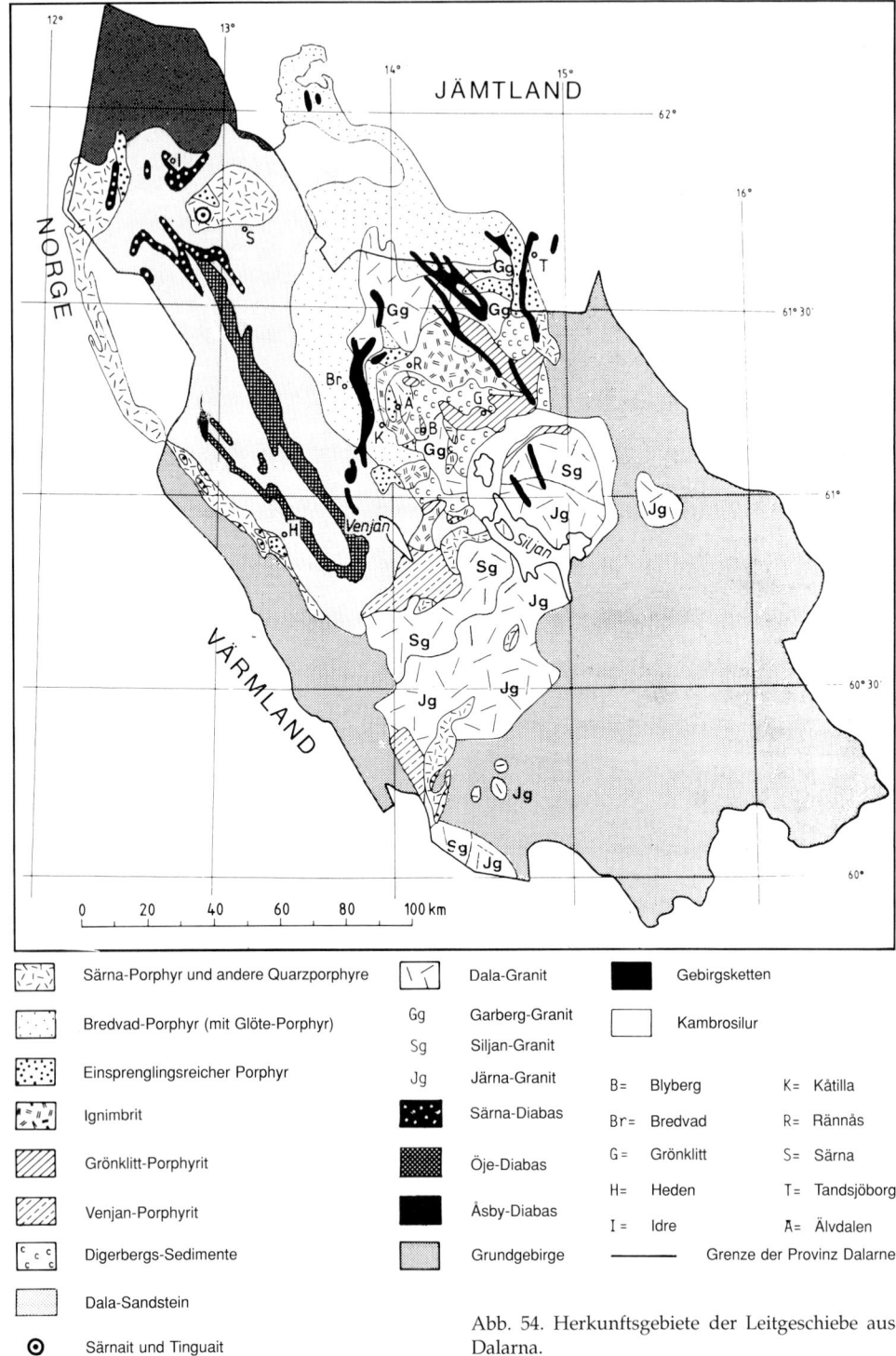

⌗⌗⌐	Särna-Porphyr und andere Quarzporphyre	◠◡◠ Dala-Granit	▆ Gebirgsketten
⠂⠄⠄	Bredvad-Porphyr (mit Glöte-Porphyr)	Gg Garberg-Granit	▢ Kambrosilur
⦂⦂⦂	Einsprenglingsreicher Porphyr	Sg Siljan-Granit	
▨	Ignimbrit	Jg Järna-Granit	B = Blyberg K = Kåtilla
▧	Grönklitt-Porphyrit	▪▪▪ Särna-Diabas	Br = Bredvad R = Rännås
▨	Venjan-Porphyrit	▦ Öje-Diabas	G = Grönklitt S = Särna
c c c	Digerbergs-Sedimente	▬ Åsby-Diabas	H = Heden T = Tandsjöborg
▢	Dala-Sandstein	▤ Grundgebirge	I = Idre A = Älvdalen
⊙	Särnait und Tinguait		Grenze der Provinz Dalarne

Abb. 54. Herkunftsgebiete der Leitgeschiebe aus Dalarna.

Die Dala-Granite sind später erstarrt als die Porphyre. Das ist leicht verständlich: Wenn das Magma in der Tiefe erstarrt ist, kann keine Lava mehr nach oben dringen. Wo der Granit sich „nach oben geschmolzen" und einen Teil der zuerst erstarrten Laven „aufgezehrt" hat, kann man diese Altersabfolge auch im Gelände beobachten. Der Granit ist außerdem in Gängen (d.h. Spaltenfüllungen) nach oben in die Lava eingedrungen.

Dala-Sandsteine überlagern den nordwestlichen Teil der Porphyre. Die Sandsteine sind rot- oder violettstreifig und weisen Trockenrisse und Wellenrippeln auf. Sie sind die Ablagerungen von Flüssen und wurden einige hundert Millionen Jahre nach der Entstehung der Porphyre abgelagert (nähere Einzelheiten auf S. 162).

Ein paar hundert Meter über der Basis werden die Sandsteine durch eine mächtige Schicht von Basalt unterbrochen, der als Lava über die Schwemmebene geflossen ist. Nach dem Dorf Öje wird dieser Basalt als *Öje-Diabas* bezeichnet (Farbbild 47). Der *Åsby-Diabas* (Farbbild 51) bildet dagegen einen ca. 70 m breiten Gang, der die anderen Schichten schräg nach oben durchschneidet. Der Åsby-Diabas reichte nicht ganz bis an die Erdoberfläche; er ist *intrusiv* entstanden. Dasselbe gilt für den *Särna-Diabas*. Der Diabas-Vulkanismus ist 300–400 Millionen Jahre jünger als die Porphyre und kann nicht auf dieselbe Ursache zurückgehen.

Der geologische Bau des Untergrundes spiegelt sich in Dalarnas Landschaft wider. Die kompakten Porphyrmassen waren schwer zu erodieren und bilden ein Gelände mit steilen Hügeln, 500–700 m über dem Meer. Die Sandsteine liegen zum Teil höher (700–1000 m über dem Meer), aber sie bilden eine ebene Oberfläche fast ohne Seen. Die Granitgebiete gegen Osten liegen niedriger (300–500 m über dem Meer) und sind reich an Seen.

V. Karte des Oslo-Gebietes (Abb. 55)

(nach Chr. Oftedahl)

Das Oslo-Gebiet sank im Perm entlang von Bruchlinien (Spalten) ab, gleichzeitig mit der herzynischen Gebirgsbildung (siehe S. 44). Der Oslo-Graben war ein „Rift Valley" derselben Art, wie man es heute in Ostafrika findet – d.h. das beginnende Auseinanderbrechen eines Kontinentes; aber der Prozeß kam zum Stillstand, und die Spalten enden blind im Gebiet um Mjøsa. Der Grabenbruch läßt sich nach Südwesten unter dem Skagerrak weiter verfolgen. Man nimmt an, daß er sich im Horn-Graben westlich von Jütland fortsetzt (siehe Karte Abb. 27).

Das alte Grundgebirge war vor dem Zerbrechen vollständig mit Schiefern und Kalksteinen aus dem Kambrosilur bedeckt (siehe Beschreibung S. 46–49). Diese weichen Schichten fielen später weitgehend der Erosion zum Opfer; aber im Grabenbruch sind sie erhalten geblieben (die waagerecht schraffierten Gebiete). Wo die Schiefer und Kalksteine heute unmittelbar unter den Moränen der Eiszeiten liegen, findet man einige der ertragreichsten landwirtschaftlichen Nutzflächen Norwegens mit großen, reichen Höfen und ausgedehnten, ebenen, urbar gemachten Gebieten. Beispiele: Hadeland am Randsfjord, Ringerike am Tyrifjord und Toten am Mjøsa-See. Auf dieser Grundlage hat sich das Oslo-Gebiet zum wirtschaftlichen Zentrum Norwegens entwickelt.

Im Perm riß die Erde auf, und große Mengen Lava drangen nach oben und legten sich als Decken über die Schichten des Kambrosilur. Die Laven waren härter und bilden daher heute die Anhöhen im Gelände.

Die Straße nach Bergen, die E 5, kreuzt eines der Lavagebiete, Krokskogen. Die Aussicht von hier nach Nordwesten, hinunter auf den Tyrifjord und die Straße mit der Haarnadelkurve, die nach unten führt, ist der erste große Natureindruck, nachdem man mit der Fähre in Oslo angekommen ist.

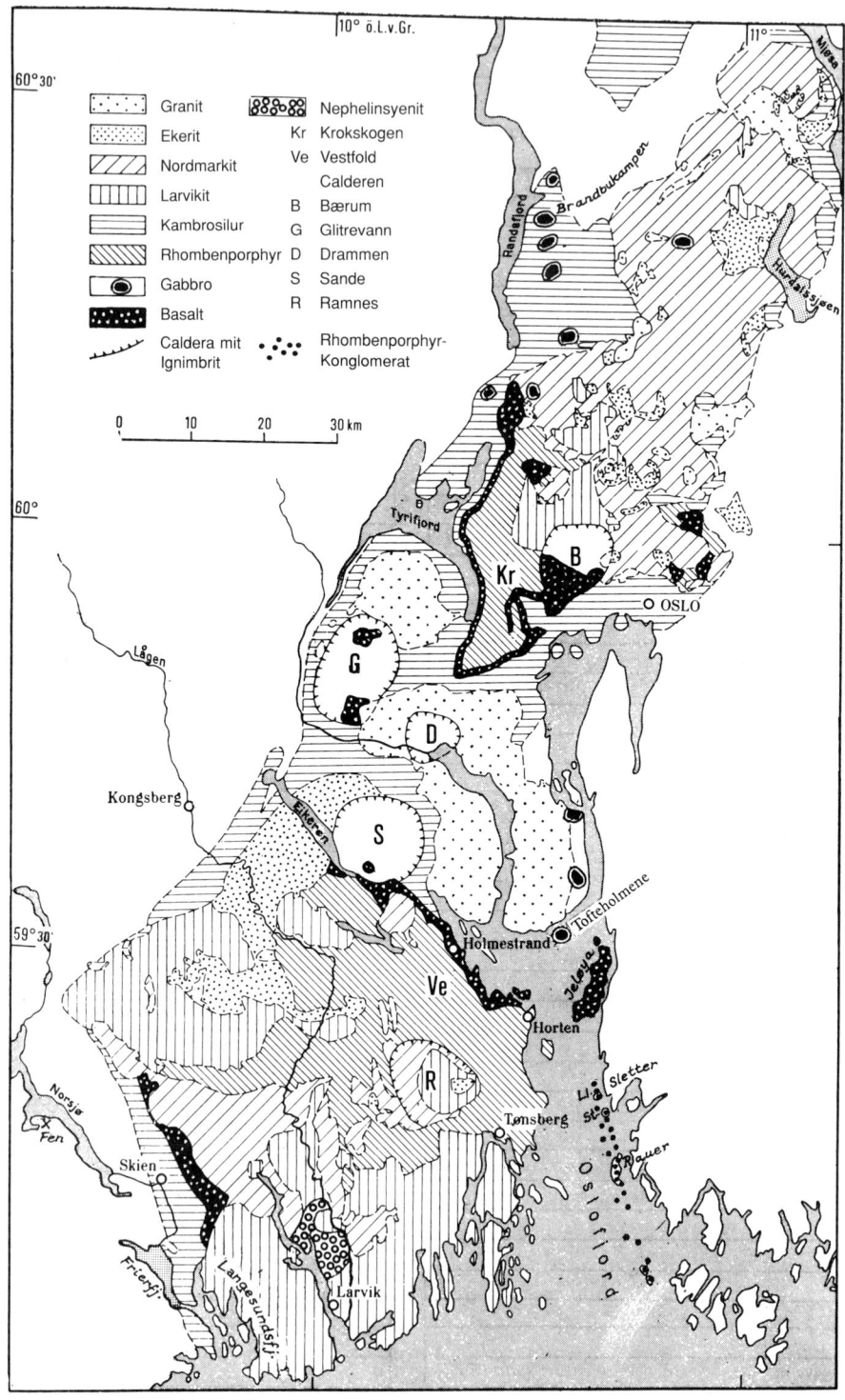

Basalt-Magma ist wahrscheinlich die „Mutter" aller Magmagesteine des Gebietes.

Es gibt im Oslo-Gebiet insgesamt etwa ein dutzend Basaltlagen und ca. 40 Rhombenporphyrdecken. Diese Schichten wechsellagern; einige der Basalte liegen mitten zwischen Rhombenporphyren.

An 13 Punkten findet man alte Krater, aus denen die Basaltlaven aus dem Erdinneren hervorgebrochen sind. Innerhalb der Schlote sind Gesteine mit gröberem Korn entstanden, die auch eine basaltische Zusammensetzung aufweisen – diese werden als *Gabbro* bezeichnet. Die Schlote sind ziemlich klein; in der Karte sind sie vergrößert dargestellt. Die umgebenden weichen Schichten sind nachträglich erodiert, so daß die Vulkanschlote heute als Berge in Erscheinung treten. Die beiden berühmtesten sind *Brandbukampen* in Hadeland (514 m über dem Meer) und *Tofteholmene* im Oslofjord.

Im Laufe der Zeit wurden die Laven immer saurer – ein Vorgang, den man als Differentiation bezeichnet (vgl. S. 29). An einigen Stellen haben sich außerdem durch „Dekantieren" besondere Gesteine gebildet, die reich an Kalium und (vor allem) Natrium waren. Derartige Gesteine werden als *alkalisch* bezeichnet. Sie bilden ein beliebtes Exkursionsziel, weil sie seltene Minerale enthalten.

Der *Nephelin-Syenit* ist solch ein natriumreiches Tiefengestein. Ein Massiv dieses Gesteins findet man nördlich von Larvik. Das Gestein ist in Farbbild 115 dargestellt. Ein Ergußgestein (Lava) mit derselben Zusammensetzung würde als *Phonolith* bezeichnet. Eine dritte Bezeichnung, *Tinguait*, wird für Ganggesteine des gleichen Typs verwendet. Der Grorudit (Farbbild 38) ist ein „Tinguait" aus dem Oslo-Gebiet.

Gegen Ende der vulkanischen Entwicklung im Oslo-Gebiet wurde das Magma so sauer und zähflüssig, daß es kaum noch bis zur Erdoberfläche aufdringen konnte. Im Zuge von Ignimbrit-Ausbrüchen entstand eine Reihe von *Explosionskratern*. Die Entstehung der Ignimbrite ist auf S. 35 beschrieben (vgl. Tafel 4–5). In mindestens sechs Fällen entleerte sich die Magmenkammer bei der Explosion so vollständig, daß in der Umgebung des Ausbruchs eine kreisförmige Einsenkung der Erdoberfläche entstand, eine sogenannte *Caldera*. Fünf dieser Calderen sind auf der Karte mit Namen angegeben. Auf der Karte der Herkunftsgebiete der Leitgeschiebe, S. 77, sind sie durch Kreise mit Porphyr-Signatur angedeutet.

Heute kann man keine der Calderen mehr als Senken in der Landschaft erkennen. Die Erosion in der Umgebung hat im Gegenteil bewirkt, daß einige von ihnen über ihre Umgebung hinausragen, weil die Ignimbrite härter sind als die umgebenden Kalksteine und Schiefer. Die Glitrevann-Caldera heißt heute Solbergfjell und hat eine Höhe von 659 m über dem Meer. Die Einsenkung kann man heute nur noch anhand der geologischen Struktur rekonstruieren.

Den größten Flächenanteil auf der Karte nehmen die *Plutonite* ein. Der *Larvikit* (Farbbilder 112–113) ist seiner Zusammensetzung nach ein intermediäres Gestein (wie der Rhombenporphyr); die übrigen sind saurer. Der *Ekerit* (Farbbild 107) und der *Nordmarkit* (Farbbilder 108–109) stehen an der Grenze zu dem, was man als Granit bezeichnen müßte. Am sauersten ist der *Drammen-Granit*.

Die Namen der Gesteine erinnern meist an benachbarte Ortsbezeichnungen (Larvik, Nordmarka; Ekerit nach dem See Eikeren); sie stammen von dem klassischen norwegischen Geologen W.C. BRØGGER.

Die Plutonite müssen zuletzt erstarrt sein. Es gilt hier wie in Dalarna, daß keine Lava aufsteigen kann, wenn das Magma in der Tiefe erst zu einer festen Masse geworden ist. Altersbestimmungen haben erwiesen, daß der Nephelin-Syenit am jüngsten ist.

Im Kontakt mit den plutonischen Massen wurde ein Teil der Sedimente des Kambrosilurs zu *Hornfels* „gebacken" (siehe Beschreibung bei den Farbbildern 116–117).

Abb. 55. Herkunftsgebiete der Leitgeschiebe aus dem Oslo-Gebiet.

Kapitel 6
Weitere Beobachtungen

Dieses Kapitel handelt von einigen Besonderheiten, die man an Steinen am Strand oder in einer Kiesgrube erkennen kann. Einige davon vertiefen das Verständnis der geologischen Zusammenhänge; andere führen zu überraschenden neuen Einsichten bezüglich der Gesteinsbildung. Diese Besonderheiten sind nicht in den Kapiteln 2, 3 oder 4 beschrieben, weil diese sonst zu umfangreich und unübersichtlich geworden wären.

Von „gekochtem" Granit und Porphyr

Man kann ein Gestein nicht danach bestimmen, ob die Plagioklase in ihm weiß, gelb oder hellgrün sind. Das sieht man, wenn man einen Stein in Stücke schlägt. Der Sala-Granit (Farbbild 80) kann z.B. von außen gelb wirken. Zertrümmert man einen Block von Sala-Granit mit dem Hammer, so kommt im Inneren des Steins die frische weiße Farbe zum Vorschein, wie man sie auf Farbbild 80 sieht; die Oberfläche war infolge der Verwitterung *angelaufen*. Bei näherem Hinsehen erkennt man, daß es vor allem die *Plagioklaskörner* sind, die ihre Farbe durch die Berührung mit Luft oder Wasser verändert haben, nicht so sehr die Kalifeldspäte und schon gar nicht die Quarze.

In fast allen Magmagesteinen aus Dalarna, und zwar sowohl in den Graniten als auch in den Porphyren, findet man einige feinkörnige in der Regel grünschwarze *Aggregate* (ein Aggregat ist eine Anhäufung kleiner Kristalle). In den Graniten liegen die Aggregate mitten zwischen den großen Körnern; in den Porphyren sieht man sie hier und dort in die Grundmasse eingestreut. Das sind in der Regel gelbgrün-schwarze „Nester"; siehe z.B. den Venjan-Porphyrit (Farbbild 29) oder den rot-grünen Järna-Granit (Farbbild 93). Die Aggregate bestehen aus dunklen Mineralen wie Biotit, Augit oder Hornblende; es kann auch Plagioklas beigemischt sein. Nicht allein der Plagioklas, sondern auch die schwarzen Minerale sind grün angelaufen. Beim ersten Hinsehen mag man denken, daß auch das eine Folge der Verwitterung sei. Die Erscheinung ist jedoch nicht auf die Oberfläche des Gesteins beschränkt: Auch die Aggregate in der Mitte des Geschiebes sind grün. Die Färbung muß auf einen Vorgang zurückzuführen sein, der sich abgespielt hat, als der Stein noch in seinem Herkunftsgebiet im Gesteinsmassiv saß. – Da

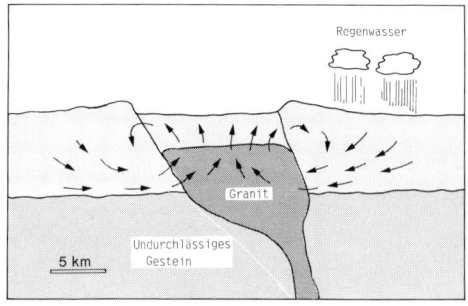

Abb. 56. Die Wasserzirkulation in der Umgebung eines erstarrten, aber noch immer 300-400°C heißen Granitmassivs (siehe Text; nach „Varv", umgezeichnet durch HENRYKA GROSZ).

alle Dala-Porphyre, die man findet, grüne Klumpen enthalten, muß die gesamte Gesteinsmasse von diesem Prozeß betroffen worden sein.

Mit anderen Worten: Es handelt sich nicht um Verwitterung im üblichen Sinne, sondern um etwas ganz anderes:

Abb. 56 zeigt ein Granitmassiv, das ein Stück weit aus der Tiefe aufgedrungen und einige Kilometer unter der Erdoberfläche erstarrt ist. Es kann eine lange Zeit dauern, vielleicht eine Million Jahre, bis der Granit von seinem Erstarrungspunkt (ca. 750°C) bis auf die Temperatur seiner Umgebung abgekühlt ist, die auf Grund der Tiefe möglicherweise bei 200° liegt. Inzwischen sickert Regenwasser in die Erde ein – auch in das Granitmassiv. Hier steigt das Wasser auf Grund der hohen Temperatur auf. Beim Aufstieg kühlt es sich ab und sinkt seitlich wieder in die Tiefe. Ein Kreislauf entsteht. Es ist dasselbe Phänomen, das man in einem Wasserkessel über einem Feuer beobachten kann. Ein wesentlicher Unterschied besteht darin, daß die Wasserbewegung im festen Gestein sehr viel langsamer erfolgt.

Der Siedepunkt des Wassers steigt mit steigendem Druck. Selbst bei dem höchsten denkbaren Druck überschreitet er jedoch nicht 375°C, die sogenannte „kritische Temperatur" des Wassers. Über 375°C existiert Wasser nur in Form von Dampf. Wasser, das bis auf fast 375° erhitzt wird, neigt ungewöhnlich stark dazu, Metalle und andere Stoffe aufzulösen. Daß das Wasser überhaupt in den Granit eindringen kann, liegt daran, daß es sich bei den hohen Wärmegraden zwischen die Korngrenzen hineinzwängen kann – ja, selbst quer durch die Kristalle. Es leuchtet ein, daß das „kochend heiße" Wasser die Minerale verändern kann. Wenn wir hier zur Beschreibung dieses Phänomens von „Kochen" sprechen, so ist das nicht wörtlich zu nehmen; das Wasser kocht in Wirklichkeit nicht.

Während der Quarz (siehe S. 86) nicht verändert wird, bekommt der Plagioklas dadurch eine hellgrüne Tönung, daß im Inneren der Kristalle staubfeine Körner eines neuen Minerals entstehen – *Epidot*. Bei Kalifeldspat-Kristallen kann sich dagegen ein Überzug von *Serizit* bilden. Schwarze Minerale, vor allem Biotit (dunkler Glimmer), werden zu *Chlorit* umgebildet, der hellgrün aussieht (siehe Kasten).

Etwas Epidot kann sich im heißen Wasser auflösen; dieser wird bei der Abkühlung in Klüften im Gestein wieder ausgefällt, wobei hellgrün gefärbte Äderchen entstehen. Eine solche Ader ist auf dem Farbbild 26 a (Kåtilla-Porphyr) zu sehen.

Es leuchtet ein, daß nicht nur der Granit selbst, sondern auch seine Umgebung „gekocht" werden kann. Nehmen wir einmal an, der Block oberhalb des Granits in Abb. 56 bestehe aus Porphyr. Er würde verändert werden, wie z.B. der Tandsjöborg-Porphyr (Farbbild 28), und grüne Körner erhalten.

Die grünen Körner und Flecken legen Zeugnis ab von einem Prozeß, der für die Menschen von großer Bedeutung ist. In der Chemie haben wir gelernt, daß Metalle wie Blei, Silber, Kupfer, Zink und Mangan schwer löslich sind. Aber in 200–400°C warmem Wasser und bei Abwesenheit von

---

Epidot, $Ca_2(Al,Fe)_3Si_3O_{12}OH$. Härte 7, Kristalle selten. Die Farbe ist typischerweise *grasgrün*, aber sie kann auch dunkler (flaschengrün) oder gelbgrün ausfallen. Die Formel zeigt, daß ein Plagioklas nur zu Epidot umgeformt werden kann, wenn er Ca enthält. Na-Plagioklas kann nicht zu Epidot umgebildet werden.

Serizit ist ein Glimmermineral mit der Summenformel $KAl_3Si_3O_{10}(H_2O)_3$. Es bildet kleine, seidig schimmernde, gelbliche Blättchen mit der Härte 1.

Chlorit ist ein Glimmermineral mit der Summenformel $(Mg,Fe,Al)_6(Si,Al)_4O_{10}(OH)_8$. Härte 2, hellgrüne oder graugrüne Blättchen.

Sauerstoff gilt diese Regel nicht. Wenn das Wasser zusätzlich „starke" Substanzen wie Chlor, Schwefel oder Fluor enthält, werden die Schwermetalle *leichter* auflösbar als z.B. Feldspat oder Quarz. Das heiße Wasser wird allmählich zu einer konzentrierten Metall-Lösung, indem es Schwermetalle auflöst, die ursprünglich in sehr geringer Konzentration gleichmäßig im Granit verteilt waren. Die Metalle werden in Klüften („Gängen") im umgebenden Gestein bei etwas niedrigerer Temperatur wieder ausgefällt. Auf diese Weise entstehen Anreicherungen von Erz, die *Erzgänge,* aus denen weltweit Metalle gefördert werden. – Da diese Vorkommen nicht unerschöpflich sind, wird die Erdkruste entsprechend entleert.

Die Erstarrung eines Magmas

Auf dem großen Bild des *Påskallavik-Porphyrs* (Farbbild 10) erkennt man Einsprenglinge von Kalifeldspat mit abgerundeten Ecken – volkstümlich kann man von einer „Fernsehröhren-Form" sprechen, die dadurch entsteht, daß die Ecken der Körner nach Entstehung des Kristalls wieder aufgeschmolzen sind. Derartige abgerundete Kristalle sieht man in vielen Magmagesteinen – sowohl in Graniten als auch in Porphyren.

Die Erklärung hierfür liegt in den physikalischen Eigenschaften des Magmas: Geschmolzenes Magma kann gelöste Gase enthalten; feste Kristalle können das nicht. Je mehr feste Mineralkörner bei der allmählichen Abkühlung des Magmas entstehen, desto mehr Gas wird in der verbleibenden Schmelze konzentriert. Der Gasdruck steigt. *Ein höherer Gasdruck bewirkt, daß der Schmelzpunkt erniedrigt wird* (das Gegenteil davon, was mit dem Schmelzpunkt geschieht, wenn der *Gesteinsdruck* zunimmt; vgl. S. 30). Ein Stoff, der bereits erstarrt *war,* kann also wieder aufschmelzen. So werden die Ecken der Einsprenglinge geschmolzen. Quarzkörner, die eine sechseckige Kristallform haben, können auf diese Weise

rund werden; auch das zeigt das Bild des Påskallavik-Porphyrs.

Am Ende übersteigt der Gasdruck die Widerstandsfähigkeit der Erdkruste. Mit Getöse reißt eine Spalte bis zur Erdoberfläche auf, und ein Vulkanausbruch beginnt. Das Gas entweicht. In der Schmelze, die in der Magmenkammer zurückbleibt, fällt dadurch sofort der Gasdruck, und der Schmelzpunkt wird erhöht. So können die Kristalle wieder wachsen; sie bilden neue Lagen (= Ringe) um sich herum, wobei die gerundeten Ecken bestehen bleiben (siehe Farbbild 10).

Häufig weist das Restmagma eine etwas andere Zusammensetzung auf als vorher. Die Ringe um einen Feldspatkristall treten oft sehr deutlich in Erscheinung, weil sie eine andere Farbe haben. Das ist darauf zurückzuführen, daß sie chemisch anders zusammengesetzt sind als das Innere des Korns. Auch dieses Phänomen kann man am Påskallavik-Porphyr erkennen. Der Fachausdruck dafür ist *Zonarität;* die Körner sind *zonar* ausgebildet.

In den weitaus meisten Fällen besteht das Innere des Kristalls aus Kalifeldspat, der Ring dagegen aus Plagioklas. *Kalifeldspat-Augen mit Plagioklasringen* findet man sowohl in Porphyren als auch in Graniten; sie sind ein wichtiges Merkmal für die Unterscheidung der verschiedenen Gesteinstypen.

Auch reine Plagioklaskristalle können Ringe aufweisen; siehe Farbbild 28 a und Abb. 79.

Auf dem Bild des Rhombenporphyrs (Farbbild 39) sieht man nicht nur große Einsprenglinge von Plagioklas (die Rhomben), sondern auch einige wesentlich kleinere Körner in derselben Farbe. Das sind *zwei Generationen* von Einsprenglingen desselben Minerals. Die kleinen Einsprenglinge können nach einem Vulkanausbruch entstanden sein, als der Gasdruck abgefallen war – aber *beide* Generationen sind in der Magmenkammer gebildet worden.

Ein wichtiges Gesetz, das für das Schmelzen von Gemischen gilt – nicht nur für Magmen, sondern auch für Metall-Legierungen – ist, daß die Mischung einen niedrigeren Schmelzpunkt aufweist als die reinen Stoffe. Zum Beispiel hat Bronze einen niedrigeren Schmelzpunkt als ihre beiden Bestandteile Kupfer und Zinn. Bei einem bestimmten Mischungsverhältnis ist der Schmelzpunkt am allerniedrigsten. Dieser niedrigste Schmelzpunkt wird als der *eutektische Punkt* bezeichnet. Ein Stoff in einem Gemisch kann so lange flüssig bleiben, wie die Temperatur ständig oberhalb des eutektischen Punktes liegt. Wann der Stoff kristallisiert, hängt nicht nur von der Temperatur ab, sondern auch von seiner Konzentration. Kalifeldspat-Kristalle entstehen früh, wenn das Magma reich an diesem Mineral ist. Plagioklas kann sich dann später als Ring um diese Kristalle herumlegen, *selbst wenn der Plagioklas allein einen höheren Kristallisationspunkt besitzt als der Kalifeldspat.*

Abb. 57. Granit mit Xenolithen (Brocken) von Basalt. Die Temperatur war nicht hoch genug, um die Brocken aufzuschmelzen. Ein Gestein mit solchen Xenolithen wird als „Eruptivbrekzie" oder „Agmatit" bezeichnet. Fundort: Strand bei Tisvilde, Dänemark.

Myrmekit ist die dekorative Verwachsung von Feldspat und Quarz, die auf den Farbbildern 67b, 69a und 70a zu sehen ist. Man spricht von „graphischer Textur" oder „Schriftgranit", weil die Quarzkörner merkwürdige Formen aufweisen, die an Schriftzeichen einer unbekannten Sprache erinnern können. Der Quarz bildet dabei kleine Kristalle („Fische"), die quer durch die größeren Feldspatkristalle gewachsen sind. Vom Myrmekit wird angenomen, daß er sich beim eutektischen Punkt gebildet habe; er war daher der absolut letzte Teil des Magmas, der erstarrt ist.

Rapakivi ist das finnische Wort für einen speziellen Granittyp mit großen „Augen" von Kalifeldspat mit Plagioklasringen, sowie mit Myrmekit in der Grundmasse (Farbbilder 67, 70 und 153).

Es kann schwierig sein zu *erkennen*, in welcher Reihenfolge die Minerale in einem Gestein erstarrt sind, und vor allem, dies zu *erklären*. Sicher ist, daß kleine Körner, die als Einschlüsse in einem größeren Kristall vorkommen, *vor* diesem gebildet worden sein

müssen. Ein Beispiel hierfür sieht man auf Farbbild 26a.

Xenolithe sind Bruchstücke fremden Gesteins innerhalb einer Magmamasse. Diese können entweder vom Dach oder von den Seiten der Magmenkammer losgerissen worden sein, oder sie sind von der Lava beim Vulkanausbruch mitgerissen worden. Xenolithe sind oft von einem *Reaktionsrand* umgeben, einer hellen Kante, die zeigt, daß der Xenolith im Begriff war, zu schmelzen, als das gesamte Gestein erstarrt ist, so daß der Prozeß zum Stillstand kam.

Im Ignimbrit Farbbild 14 sieht man Xenolithe sowohl von Basalt als auch von rotem Porphyr mit deutlichen Reaktionsrändern. In dem abgebildeten Roten Ostsee-Quarzporphyr (Farbbild 6) erkennen wir einen Xenolith aus Basalt. Der Reaktionsrand zeigt eindeutig, daß es sich nicht um einen Einsprengling handelt.

Auch im Granit finden sich Xenolithe – gelegentlich sehr große mit einem Durchmesser von mehreren hundert Metern. Abb. 57 zeigt einen hellen Granit, der eine große Zahl Basaltbruchstücke in sich aufgenommen hat.

Pegmatite sind Gänge oder Partien eines Tiefengesteins mit sehr großen Kristallen, bis zu 1 m und mehr im Durchmesser. Man nimmt an, daß es sich dabei um die allerletzten Magmenreste gehandelt hat, die unter sehr hohem Gas- oder Dampfdruck auskristallisiert sind.

Gneis und andere metamorphe Gesteine

Metamorphe Gesteine kann man leicht daran erkennen, daß sie ein „Puzzlespiel-Gefüge mit Streifen" aufweisen (vgl. S. 16). Eine Reihe anderer Merkmale sind ebenfalls typisch für diese Gesteine und können uns helfen zu verstehen, was bei der Metamorphose vorgegangen ist – und wie die Geologen es herausgefunden haben.

In den metamorphen Gesteinen fehlen fast völlig die hübschen Kristalle mit geometrischen Formen, wie wir sie von Graniten und Porphyren kennen. Die Kristalle sind mitten in einer festen Gesteinsmasse gewachsen und haben um jeden Kubikmillimeter „miteinander kämpfen müssen". Hinzu kommt, daß ein kräftiger, einseitiger Druck die Kristallbildung gestört hat. Die Körner sind *xenomorph*, d.h. formlos. Kristalle mit geometrischen Formen werden dagegen als *idiomorph* bezeichnet. Es ist typisch, daß eine Reihe von Merkmalen, die wir im Abschnitt über die Erstarrung der Magmen beschrieben haben, hier gleichfalls fehlt: Man findet keine Gaslöcher, zonare Körner, Plagioklasringe oder Myrmekite in einem Gneis. Das bestätigt, daß der Gneis im Gegensatz zum Granit und Porphyr nicht geschmolzen gewesen ist.

Wir haben gesagt, daß die Minerale im Gneis und Amphibolit keine eigene Form haben, aber es gibt Abweichungen von dieser Regel. *Granate* sind die häufigsten dieser Abweichungen. Sie haben eine „große Kristallisationskraft". Das bedeutet, daß sie die Entstehung geometrischer Formen durchsetzen

Abb. 58. Granatkristalle.

können, obwohl sie einem hohen Druck ausgesetzt und dicht von Nachbarkörnern umgeben sind. Die Atome werden dabei eines nach dem anderen verlagert, oder das Atomgerüst wird umgeordnet; so werden z.B. Glimmerkörner „aufgefressen", während die Granate wachsen.

Farbbilder 118–120 sind typische metamorphe Gesteine mit Granat. Farbbild 120 zeigt, daß die Granate quer durch die Strei-

> **Granate** sind eine Mineralfamilie; zu ihren wichtigsten Mitgliedern gehören:
> Almandin $Fe_3Al_2(SiO_4)_3$
> Pyrop $Mg_3Al_2(SiO_4)_3$
> Für beide gilt: Härte 7, keine oder nur schwache Spaltbarkeiten. Der Almandin ist violettrot-rot-braunrot und bildet rundliche Klumpen oder geometrisch gut ausgebildete Kristalle in Form von regelmäßigen Polyedern, siehe Abb. 58. Der Pyrop ist hochrot und hat fast nie Kristallflächen. Schwarze und grüne Granate kommen vor, sind aber seltener. Der Almandin kommt in Glimmerschiefer vor, sowie in Gneis und Amphibolit. Den Pyrop findet man in Gesteinen, die unter hohem Druck gebildet worden sind, z.B. Charnockit (Farbbild 118).
>
> Granate haben ein dichtes Atomgerüst und sind chemisch widerstandsfähig und schwer (Dichte: Pyrop 3,5; Almandin 4,2). Durch folgende Prozesse können Granate in metamorphen Gesteinen entstehen:
>
> Chlorit + Quarz → Granat + Wasser
> Biotit → Kalifeldspat + Granat + Wasser
> Epidot → Ca-Feldspat + Granat + Wasser

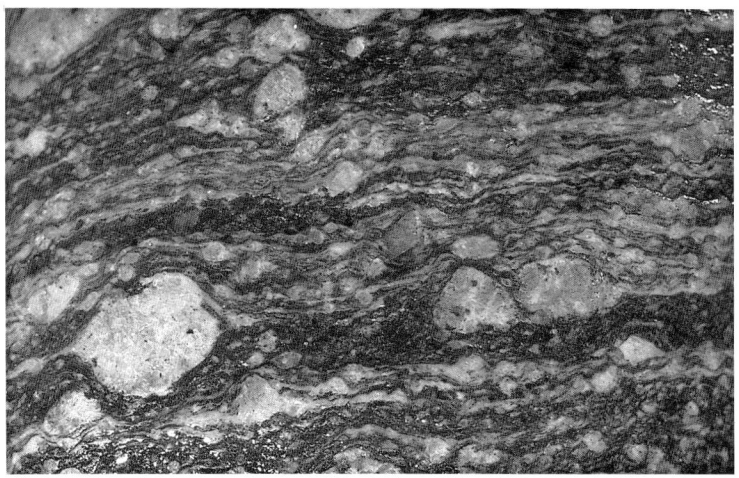

Abb. 59. Augengneis
(siehe Text).

fung des Gesteins gewachsen sind, ohne diese zu stören: Ein Streifen endet jeweils vor einem Granatkorn und setzt sich auf der anderen Seite wieder fort, ohne auf irgendeine Weise verbogen oder verändert worden zu sein. Das zeigt uns, daß die Granatkörner entstanden sind, indem sie ihre Umgebung Atom für Atom „aufgefressen" haben. *Die Granate sind nach der Streifung entstanden.*

Augengneis. Man teilt die Gneise gewöhnlich nach ihrem Aussehen grob in Gruppen ein: Augengneis, Adergneis, Schlierengneis und Bändergneis. Abb. 59 zeigt einen typischen Augengneis. Die „Augen" bestehen aus Feldspat, vor allem Kalifeldspat; hier und dort sieht man auch kleinere Augen aus Quarz.

Das Bild ist sehr verschieden von Farbbild 120. Das große „Auge" unten links ist in kleine Stücke unterteilt. Es wurde durch den Gebirgsdruck zerbrochen. Daraus kann man schließen, daß die Augen entstanden sind, bevor das Gestein sein heutiges Aussehen erhalten hat. Das wird durch die Lage der Streifen bestätigt: Sie biegen seitlich um die Augen herum und nehmen sozusagen Rücksicht auf sie, weil die Augen bereits da waren, als die Streifen gebildet wurden.

Für die Beziehung zwischen Streifen und Augen gilt also die Regel: Wenn Streifen um die Augen herumbiegen, sind die Augen älter; wenn die Streifen nicht verändert sind, sind die Streifen älter.

Jetzt können wir die Frage stellen: Wie hat das Gestein in Abb. 59 vor der Metamorphose ausgesehen? Die Antwort lautet: Höchstwahrscheinlich war es ein Granit mit „Augen", wie z.B. auf den Farbbildern 92 bis 104. Die Verwandtschaft mit Nr. 101 und 123 ist deutlich erkennbar.

Kann man es einem Gneis auch ansehen, wenn er aus der Metamorphose von Sedimenten entstanden ist? – Nur schwer, wenn man nur einen einzelnen Gesteinsbrocken zur Verfügung hat. Man muß in das Herkunftsgebiet des Gesteins gehen und es im Gesamtzusammenhang studieren.

Bändergneis und Schlierengneis. Unter „Schlierengneis" versteht man ein Gestein wie auf Farbbild 121, in dem die Streifen nicht durchgehen, sondern immer wieder abbrechen. Auf S. 16–17 haben wir die Entstehung einer solchen Streifung (= Foliation) beschrieben. Die Verlagerung der Atome kann aber auch dazu führen, daß der gesamte Gneis in Bänder aus Feldspat, Quarz und dunklen Mineralen umgewandelt wird. In einem solchen *Bändergneis* sind die einzelnen Bänder unter 1 cm breit.

Adergneis und Migmatit. Oft findet man Gneise wie in Abb. 60, die „Adern" enthalten, die mehrere Zentimeter breit sein

Abb. 60. Adergneis (Migmatit; siehe Text).

können. Die Adern können sich quer kreuzen und ohne Rücksicht auf die sonstige Streifung des Gneises verlaufen. *Die Adern sind immer hell;* sie bestehen aus Quarz und Feldspat. Bei näherem Hinsehen entdeckt man, daß es innerhalb der hellen Adern und Partien keine Foliation (Streifung) gibt. Die Kristalle darin sind zufällig orientiert, wie in einem Granit. In den übrigen Teilen des Gneises (den dunklen Partien) *gibt* es dagegen eine Foliation.

Damit haben wir auch gleich die Erklärung für den Unterschied entdeckt: *Die hellen Partien waren geschmolzen, die dunklen nicht.* Die hellen sehen nicht nur aus wie ein Granit – sie *sind* ein Granit.

In Abb. 60 sieht man *dunkle Randstreifen,* die die hellen Adern umgeben. Die Streifen sind noch dunkler als das übrige Gestein. Das sind die dunklen Mineralkörner, die ursprünglich in den hellen Bereichen enthalten waren, und die sich gewissermaßen am äußeren Rand angesammelt haben. Die Temperatur betrug gut 750°; – sie hat ausgereicht, um Quarz und Feldspat zu schmelzen, aber Biotit, Hornblende und ähnliche Minerale blieben fest.

Was wir hier vor uns sehen, ist das Porträt einer Granitentstehung. Ein Gestein, das zum Teil aufgeschmolzen war und zum Teil nicht (wie in Abb. 60), wird als *Migmatit* bezeichnet.

Bei nur etwas höherer Temperatur wäre das ganze Gestein aufgeschmolzen und zu einem Magma umgewandelt worden.

Eine Brekzie

Eine Brekzie ist ein Gestein, das aus scharfkantigen Bruchstücken besteht, die miteinander verkittet sind. Abb. 61 zeigt eine *Zerdrückungsbrekzie.* Auch wenn ein Gesteinsmassiv nicht so stark erwärmt wird, daß es plastisch verformt werden kann (siehe S. 91), kann es dennoch Bewegungen unterworfen werden; die Felsen werden zerdrückt. Später kann es wieder zusammengekittet werden, indem die Risse durch verschiedene Minerale ausgefüllt werden (z.B. Quarz oder Kalkspat).

Brekzien können auf verschiedene Weise entstehen, z.B. auch dadurch, daß kantige Blöcke, die aus großer Höhe von einer Felswand heruntergestürzt sind, am Fuß dieser Wand miteinander verkittet werden. In der Mitte des Steins in Abb. 61 sieht man ein schwarzes Band, das ursprünglich einmal zusammenhing. Das beweist, daß die Bruchstücke nicht transportiert worden sind, sondern an Ort und Stelle im Inneren des Gesteins verkittet wurden. – Sie sind also nicht von einer Felswand heruntergestürzt.

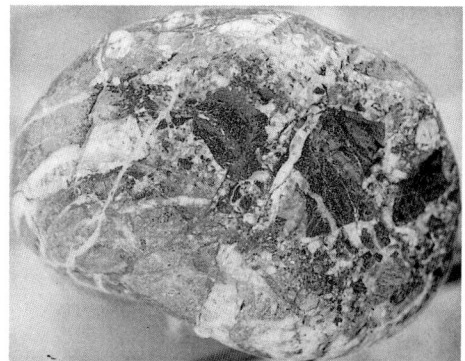

Abb. 61. Zerdrückungsbrekzie (Fundort: Odsherred, Dänemark; siehe Text).

Dichte Gesteine

Die Bezeichnung *dicht* besagt, daß ein Gestein so feinkörnig ist, daß man nicht einmal mit der Lupe einzelne Körner unterscheiden kann. Dichte Gesteine können ähnlich aussehen wie Glas oder Porzellan. Für den Geologen stellen sie ein Problem dar, weil man nur schwer herausfinden kann, wie sie entstanden sind. Einige Unterschiede lassen sich allerdings erkennen:

Flint: Wie man einen Flint (Feuerstein) erkennt, haben wir bereits auf S. 19 beschrieben: Werfen Sie den Stein auf einen harten Untergrund (einen anderen Stein)! Wenn er mit klingendem Laut zerspringt, war es ein Flint. Weitere Hinweise finden sich auf S. 93 –95.

Dichte oder glasartige Lava hat in der Regel Einsprenglinge, d.h. Kristalle mit deutlichen Formen und mit Farben, die von der dichten Grundmasse abweichen. Schwarze Basalte können so feinkörnig sein, daß eine Verwechslung mit Flint möglich ist, wenn sie keine Einsprenglinge haben. Aber sie reagieren negativ auf die Flintprobe: Sie sind sehr zäh, und es kann schwierig sein, sie mit dem Hammer in Stücke zu schlagen.

Hornfels, Farbbilder Nr. 116–117, ist ein dichtes Gestein mit Streifen und anderen Strukturen, die in der Regel durchgehend und deutlich ausgebildet sind. Die Streifen sind *alte Schichtung.* Hornfels ist ein feinkörniges Sedimentgestein, das dadurch zu einer harten Masse „gebrannt" wurde, daß in der Nähe Lava in die Erdkruste eingedrungen ist, oder daß ein Granitmassiv sich von unten her in die Schichten „hineingefressen" hat. Dieser Prozeß (= *Kontaktmetamorphose*) entspricht dem Vorgang, der beim Brennen eines Ziegels abläuft. Die Sedimentstrukturen bleiben trotz der Hitze bis in alle Einzelheiten erhalten. Wenn wir den Stein des Farbbildes 117 mit der Lupe betrachten könnten, würden wir erkennen, daß die dunklen (grauen) Partien ursprünglich ein Feinsand waren, die hellen Partien dagegen ein Ton. Dadurch kann man feststellen, welche Seite dieses Steines ursprünglich oben und welche unten gelegen hat. Auf der Oberfläche der feinen Tonlagen kann man an einigen Stellen sehen, wie der Sand in runde Vertiefungen der Tonoberfläche hineinreicht. Zwischen diesen Mulden ragt der Ton in Spitzen nach oben, sogenannten „Flammen". Diese Struktur entsteht, wenn man eine weiche (wassergesättigte) Tonlage belastet, wobei in diesem Fall die Last aus der überlagernden Schicht, dem Sand, bestand. Der Sand ist in den Ton eingesunken (siehe Abb. 62). Ergebnis: Im Fall des Farbbildes 117 steht der Stein auf dem Kopf!

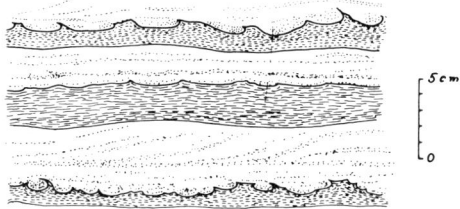

Abb. 62. „Belastungsstrukturen" oder „Flammenstrukturen", die der Erscheinung entsprechen, die im Text zu Nr. 117 erläutert ist (nach PULVERTAFT).

Weil das Phänomen häufig genug im Hornfels festzustellen ist, lohnt es sich, darauf zu achten. Selbst zarte Einzelheiten des ursprünglichen Sediments sind in diesem Gesteinstyp erhalten geblieben.

Helleflint (*schwedisch: Hälleflinta*) **und Mylonit** sind Gesteine, die bei der Metamorphose ausgewalzt wurden. Helleflint ist ein metamorpher Porphyr. Abb. 63 zeigt, daß man die Streifen im Helleflint von den Streifen im Hornfels dadurch unterscheiden kann, daß sie sich nicht durch den ganzen Stein verfolgen lassen. Die Schichtung, die wir oben beim Hornfels beschrieben haben, fehlt hier natürlich auch. Im Gegenteil, wir finden hier Kristalle (Einsprenglinge) von Feldspat und anderen Mineralen. Die Streifen laufen um die Einsprenglinge herum (d.h. die Einsprenglinge sind älter als die

Abb. 63. Helleflint. Die kleinen Einsprenglinge sind vor der Streifung entstanden.

Streifen). *Mylonit* entsteht durch Auswalzen, wenn eine Gesteinsmasse über eine andere hinweggleitet, und zwar so tief im Gebirge, daß die Masse auf Grund des Druckes plastisch wird. Ein Mylonit kann ganz ähnlich aussehen wie ein Helleflint, und man kann ihn nur mit Sicherheit von ihm unterscheiden, wenn eine der angrenzenden Gesteinsarten mit erhalten geblieben ist.

Auch **Ignimbrit** weist eine Streifung auf, die sehr wohl an die Streifung im Helleflint erinnern kann. Sie geht gleichfalls nicht durch den ganzen Stein hindurch. Der Ig-

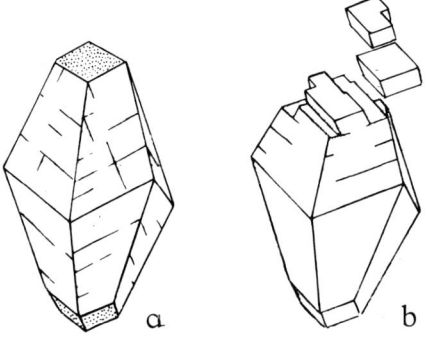

Abb. 64a–b. Kalkspatkristalle. Die gerasterten Flächen in Abb. a entsprechen den Spaltbarkeiten. Abb. b zeigt, wie der Kristall durch einen Schlag zerbricht.

nimbrit enthält auch Einsprenglinge. Um zu entscheiden, was man vor sich hat, muß man die übrigen Merkmale dieses Gesteins mit berücksichtigen, die auf S. 35 und S. 112 beschrieben sind.

Dichter Kalkstein kann rötlich oder grünlich gefärbt sein, ja sogar schwarz! Bei sehr oberflächlichem Hinsehen mag ein Kalkstein von Öland (Farbbild 140) ähnlich aussehen wie ein Bredvad-Porphyr (Farbbild 23a)! Bei näherem Hinsehen kann man aber feststellen, ob Versteinerungen oder Lava-Einsprenglinge darin enthalten sind. Falls nötig, kann man den Stein mit Salzsäure testen (S. 14).

Sedimentgesteine und Flint

Kalksteine, wie wir sie in großer Zahl vor allem in den Jungmoränengebieten finden, legen Zeugnis ab von der Rolle der Lebewesen in der Erdgeschichte. Das wird deutlich, wenn man die große Menge an Versteinerungen betrachtet. Der Kalk ist außerdem ein wichtiges Glied im großen Kreislauf des Lebens, den Pflanzen und Tiere in der Urzeit der Erde in Gang gesetzt haben:

Aus dem eingerahmten Text kann man ersehen, auf welche Weise die Pflanzen im Meer zu Beginn der Urzeit der Erde (im Präkambrium) dafür gesorgt haben, daß dicke Kalklagen ausgefällt wurden. Als die „svecofennische" Gebirgsbildung stattfand (vor knapp 2 Milliarden Jahren), befand sich dieser Prozeß auf dem Höhepunkt. Im Grundgebirge Schwedens findet man Kalklagen, die metamorph verändert und oft auch gefaltet worden sind. Das ist der Grund dafür, daß man in Norddeutschland metamorphe Kalksteine – *Marmor* – als Geschiebe in der Moräne finden kann. Der Marmor eignet sich nicht als Leitgeschiebe, da das Gestein an vielen Stellen in Skandinavien vorkommt (auch in Norwegen). Vor etwa 570 Millionen Jahren, im Kambrium, begannen die Tiere damit, den leicht zugänglichen Kalk im Wasser zum Aufbau von Schalen zu

Kalkspat, $CaCO_3$, bildet Kristalle der Art, wie sie in Abb. 64 skizziert sind. Diese Kristalle sieht man gelegentlich in Hohlräumen in Kalksteinen, z.B. im Inneren eines versteinerten Seeigels. Drei Spaltrichtungen, die schräg zueinander verlaufen. Abb. 64 b zeigt die Bruchstücke, die dadurch entstehen können. Härte 3. Kalkspat kann sich in kohlendioxidhaltigem Wasser auflösen:

I. $CaCO_3 + H_2O + CO_2 \leftrightarrows Ca(HCO_3)_2$

Kalk   Wasser   Kohlendioxid   Calciumbikarbonat

Die *beiden* Pfeile bedeuten, daß der Vorgang in beiden Richtungen ablaufen kann. Das Calciumbikarbonat kann in Wasser aufgelöst werden, während der Kalk das nur in geringem Maße kann. Kohlendioxid war in der Ur-Atmosphäre der Erde stärker verbreitet als heute. Das pflanzliche Leben entstand vor etwa 3 Milliarden Jahren. Die Pflanzen *brauchen* Kohlendioxid, CO_2, für den Prozeß, der als *Photosynthese* bezeichnet wird:

II. $6CO_2 + 6H_2O \rightarrow C_6H_{12}O_6 + 6O_2$

Kohlendioxid   Wasser   Zucker   Sauerstoff

Der Prozeß wird durch die Sonnenenergie in Gang gesetzt. Zucker ist eine wichtige Energiequelle für Tiere, Menschen und Bakterien. Wir nutzen ihn für die Zellatmung:

III. $C_6H_{12}O_6 + 6O_2 \rightarrow 6CO_2 + 6H_2O$

Zucker   Sauerstoff   Kohlendioxid   Wasser

Die Pflanzen begannen in der Urzeit der Erdgeschichte, das CO_2 der Luft für die Photosynthese (Prozeß II) zu verbrauchen. Damit brachten sie den Prozeß I dazu, von rechts nach links abzulaufen; Kalk wurde ausgefällt und am Meeresboden abgelagert. Die Meerestiere begannen vor gut einer halben Milliarde Jahre damit, diesen Kalk zum Bau von Schalen zu nutzen. Ohne diese Tiere wäre er lediglich als Kalkschlamm abgelagert worden.

nutzen. Eine Fülle von Versteinerungen war das Ergebnis. Die meisten Meerestiere bilden Kalkschalen; dazu gehören Korallen (Farbbild 144), Bryozoen (= Moostierchen, Farbbild 145), Brachiopoden (Armfüßler) (Abb. 65d-e), Muscheln, Schnecken, Tintenfische (Farbbild 141 und Abb. 31b-d), Krustentiere, Seesterne, Seeigel (Abb. 65f-g) und Seelilien (Farbbild 139 sowie Abb. 31 a und 76a), gar nicht zu reden von den mikroskopisch kleinen Foraminiferen (Abb. 65a-c), deren Schalen gut die Hälfte unserer Schreibkreide ausmachen. Auch Pflanzen mit Kalkskeletten finden sich – siehe z.B. Farbbild 142.

Riffe aus Korallenkalk gibt es auf Gotland; sie wurden im Silur gebildet (siehe Tafel 31). Bei Fakse in Dänemark finden sich ähnliche Riffe vom Beginn des Tertiärs (Farbbild 144). Auch in Deutschland gibt es alte Korallenriffe; hierzu gehört der Iberg bei Bad Grund (Harz), der im Devon entstanden ist.

Beim Aufbau eines Korallenriffs geht die Zusammenarbeit zwischen Pflanzen und Tieren weiter als gewöhnlich. Innerhalb des Korallenstocks leben einzellige Algen. Die Algen führen den Tieren Sauerstoff zu und entziehen gleichzeitig dem Wasser CO_2, so daß der Kalk sozusagen von selbst ausgefällt wird. Die Algen brauchen Licht; Riffkorallen können daher nur nahe der Wasseroberfläche leben. Schon in 100 m Tiefe ist es zu dunkel für sie.

Wer mehr über Versteinerungen wissen will, sollte sich folgende Bücher besorgen: BLV-Naturführer „Versteinerungen", Steinbachs Naturführer „Versteinerungen" oder das Buch „Fossilien" von H. MAYR.

Flint bildet sich nur in Kalksteinen. Aus dem einen oder anderen Grund findet man nur selten Flint in den paläozoischen Kalksteinen; er kommt fast ausschließlich in den Kalken der Kreide- und Tertiärzeit vor. Daß sich die Flintknollen Atom für Atom gebildet haben, kann man z.B. daran erkennen, daß Versteinerungen im Flint häufig sehr gut erhalten geblieben sind; man denke nur an die zahlreichen versteinerten Seeigel.

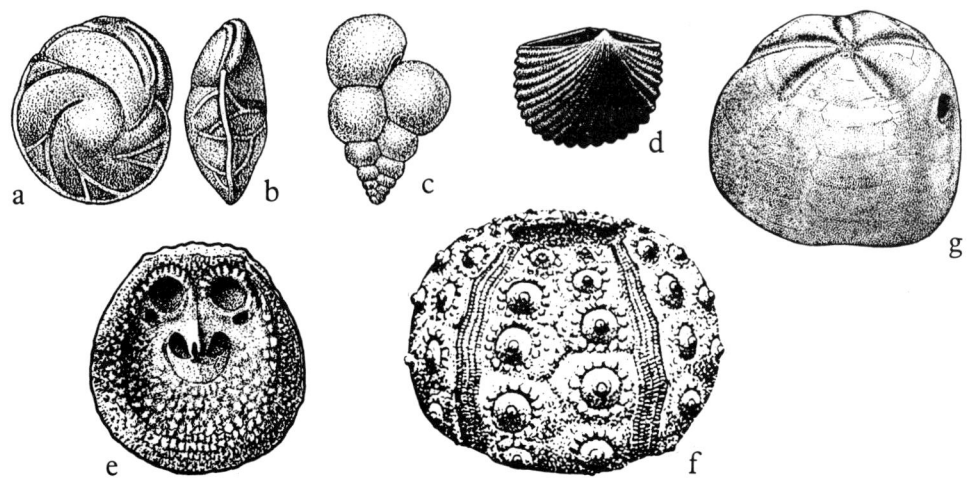

Abb. 65a–g. Verschiedene Tiergruppen, die weltweit bei der Entstehung der Kalkschichten mitgewirkt haben, und die nicht an anderer Stelle in diesem Buch abgebildet sind. Abb. a) – c) sind die Kalkschalen von *Foraminiferen*, mikroskopisch kleinen Gebilden, die wesentlichen Anteil am Aufbau der Schreibkreide haben; d) und e) sind *Brachiopoden* (Armfüßler), eine sehr alte Tiergruppe, deren Schalen ähnlich aussehen wie Muscheln; ihr innerer Bau ist allerdings völlig anders; e) heißt *Crania* und findet sich in den Dan-Kalken aus der Tertiärzeit; d) zeigt *Orthis* – eine Art, wie man sie im Burgsvik-Sandstein finden kann (siehe S. 164); f) und g) sind Seeigel aus der Schreibkreide und dem Tertiär-Kalkstein.

Flint besteht aus Quarz, der normalerweise als nicht wasserlöslich gilt. Wie ist es da zu erklären, daß der Flint von durchsickerndem Wasser innerhalb der Kalkschichten gebildet werden konnte?

Wenn man Quarzsand mit einer Lauge (= Base) kocht, kann man den Sand auflösen (siehe Rahmen). Dabei entsteht ein Stoff, Natriumsilikat, den man volkstümlich als *Wasserglas* bezeichnet.

In der Natur wird der Quarz gewöhnlich nicht gekocht. Es findet sich jedoch eine poröse Varietät mit angekoppelten Wassermolekülen: *Opal*, SiO_2, $2H_2O$. Opal wird schon bei normaler Außentemperatur im

Wasser gelöst, wenn dieses Basen enthält. SiO_2 kann sich dann als Flint wieder ablagern.

Zwei Bedingungen müssen also erfüllt sein, damit sich Flint bilden kann: Es muß Opal zur Verfügung stehen, und die Umgebung muß basisch sein.

Kalk ist eine Base. *Kieselschwämme*, eine primitive Tiergruppe am Boden des Kreidemeeres (Abb. 84a), hatten Skelette aus Opal. Der Opal wurde aufgelöst, und es entstanden die Flintknollen.

Der Flint in der Schreibkreide ist schwarz, in den tertiären Kalksteinen dagegen grau. Die schwarze Farbe stammt nicht von Verunreinigungen. Sie geht darauf zurück, daß das Licht innerhalb des Gefüges reflektiert wird.

Flint kann weiß sein. Die Oberfläche der Flintknollen ist z.B. oft weiß (siehe Farbbild 47). Die weiße Kruste ist kein Kalkrest, wie man leicht nachweisen kann: Sie braust nicht mit Salzsäure. Sie besteht aus *Opal*.

Entstehung von Wasserglas:

$$SiO_2 + 2NaOH \rightarrow Na_2SiO_3 + H_2O$$

Quarz   Base   Wasserglas   Wasser

Entstehung von Flint:

$$Na_2SiO_3 + CO_2 \rightarrow SiO_2 + Na_2CO_3$$

Wasserglas   Kohlendioxid   Flint   Soda

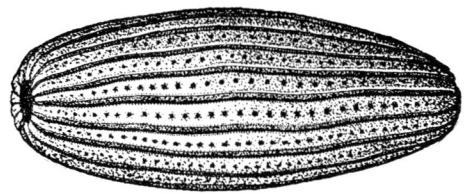

Abb. 66. Ein gurkenförmiger Schwamm, *Aulaxinia costata*, aus der Schreibkreide.

Brauner, rötlicher oder gelber Flint hat seine Farbe durch die Verwitterung erhalten. Diese Stücke haben lange an der Erdoberfläche gelegen, so daß eisenhaltiges Wasser im Laufe der Zeit in den Flint eindringen konnte und ihn gefärbt hat. Die ursprüngliche graue oder schwarze Farbe ist oft in der Mitte des Steines noch erhalten.

Flintführende Kalke findet man heute an der Geländeoberfläche nur in Teilen von Dänemark und Schonen, sowie in Norddeutschland an kleinen Abschnitten der Ostseeküste (Rügen). Ganz Norddeutschland und Dänemark werden jedoch von tiefer liegenden Schichten der Schreibkreide unterlagert. Örtlich ist beim Aufdringen von Salzstöcken aus dem tieferen Untergrund diese Schreibkreide bis dicht unter die Geländeoberfläche gelangt (z.B. in Hemmoor, Niedersachsen oder in Lägerdorf, Schleswig-Holstein). Diese kleinen Vorkommen spielen für die Geschiebeführung der Moränen jedoch eine geringe Rolle. Die Masse der Schreibkreide (und der Feuersteine) in den eiszeitlichen Ablagerungen stammt aus Dänemark und vom Boden der Ostsee. Die Flintknollen aus dem dänisch-südschwedisch-norddeutschen Raum sind mit dem Inlandeis bis an den Harz und nach Holland transportiert worden. Die äußerste Grenze der Vereisung entspricht der südlichsten Verbreitungsgrenze der Flintknollen und wird als „Feuersteinlinie" bezeichnet.

Sandsteine können rötlich, grün oder hell (gelblich, weiß) gefärbt sein.

Rötliche Sandsteine *können* ihre Farbe einem gewissen Gehalt an Körnern von Kalifeldspat verdanken. Meistens geht die Rotfärbung jedoch auf die Aufnahme staubfeiner Partikel von Eisenverbindungen zurück.

Rost ist eine Verbindung von Eisen, Sauerstoff und Wasser. Man kann daher annehmen, daß rötliche Sandsteine in einem sauerstoffreichen Milieu abgelagert worden sind – d.h. an Land entweder als Flußablagerung oder in einer Wüste. Rote Sandsteine gibt es an vielen Stellen im Norden, aber die meisten davon liegen im Ostseebecken (vgl. Farbbilder 128–132). Das zweitgrößte Gebiet mit roten Sandsteinen findet sich in Dalarna (siehe S. 162 und Tafel 29).

Rote Streifen können die Schichtung hervorheben und uns damit einiges über die Prozesse aussagen, die sich vor langer Zeit in den Flüssen abgespielt haben; siehe Abb. 67. (Anmerkung: In dem in Farbbild 130 gezeigten Chiasma-Sandstein laufen die Streifen jedoch schräg zur Schichtung!)

Grüne Sandsteine haben eine völlig andere Geschichte als die roten. Die grüne Farbe ist fast immer auf das Vorkommen kleiner, runder, blanker, dunkelgrüner Körner eines bestimmten Minerals zurückzuführen, das man zuweilen mit der Lupe erkennen kann: *Glaukonit*. Glaukonit entsteht nur am Meeresboden. Man findet ihn nicht nur in Sand-

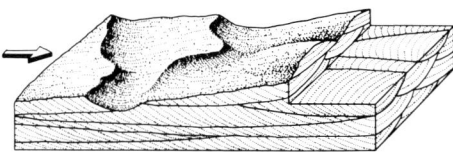

Abb. 67. Flußbett mit Strömungsrippeln (Pfeil: Fließrichtung). Sandkörner werden nach rechts bewegt und im Lee, auf der steilen Seite der Rippeln, abgelagert. So entsteht ein Sedimentkörper, der langsam aufgehöht wird. Die Rippeln bestehen im Inneren aus schräg einfallenden Sandlagen; man spricht von *Schrägschichtung*. Die Schichten fallen in die Richtung ein, in die das Wasser geflossen ist (nach OLE HUMLUM).

steinen, sondern auch in Tonschichten und in Kalksteinen. Wenn er lange Zeit der Luft ausgesetzt ist, kann der Glaukonit sich rot oder rostbraun verfärben.

Der Glaukonit weist auf einen Mechanismus hin, der mit der Zusammensetzung des Meersalzes zusammenhängt. Bei der Verwitterung der Feldspäte werden Kalium und Natrium gelöst. Kalium wird weitgehend von den Pflanzen zurückgehalten (S. 27). Der Teil, der trotz allem übrigbleibt, wird von den Flüssen ins Meer gespült und in den Meeresablagerungen festgehalten, unter anderem durch die Entstehung von Glaukonit. Das Natrium bleibt dagegen im Meerwasser in Lösung.

Viele Sedimente sind deshalb reicher an Kalium als an Natrium. Wenn Sedimente später zu Gneis umgeformt oder auch im zuge der Gebirgsbildung zu Granit aufgeschmolzen werden, entstehen daraus Gesteine, die wiederum reich an Kalium sind – und damit reich an Kalifeldspat!

Pflastersteine

Mit diesem Buch in der Tasche kann man auch auf unseren Straßen und Bürgersteigen interessante Entdeckungen machen.

Pflastersteine und Kantsteine lassen sich zunächst grob in zwei Gruppen einteilen: alte Feldsteine und die Steine, die aus einem Steinbruch kommen. Oft sind die Pflastersteine inzwischen *wiederverwendet* worden, so daß beide Gruppen miteinander vermischt worden sind.

Eine Sammlung von Feldsteinen kann man daran erkennen, daß alle verschieden sind. Sie sind – wenn überhaupt – von den Straßenbauern in alten Zeiten mühsam von Hand behauen worden. Diese Technik ist heute überholt.

Steine, die aus einem Steinbruch stammen, erkennt man in der Regel daran, daß es viele Exemplare desselben Typs an einer Stelle

gibt. Steine einer ganz bestimmten Herkunft dominieren, und dabei handelt es sich zum Teil um in diesem Buch abgebildete Typen. In Dänemark finden sich z.B. häufig Gesteine aus Bornholm (Farbbilder 105–106), Bohuslän (Farbbilder 74–76) und von der Ostküste Smålands (Vånevik-Granit, Farbbild 54). Damit sind drei der zu allen Zeiten wichtigsten Granitbruch-Gebiete Skandinaviens genannt. Ein viertes Gebiet liegt in Blekinge, ein fünftes bei Halmstad in Halland.

Steinbrüche liegen oft in der Nähe des Meeres. Granit ist so schwer und billig, daß man ihn selbst heute noch nach Möglichkeit mit dem Schiff transportiert. In früherer Zeit war das überhaupt die einzige Möglichkeit. Ein Granit, der gebrochen werden soll, darf nicht voller Glimmerblättchen sein, weil er sonst zu leicht zerbricht. Die Spalten dürfen auch nicht zu dicht zusammen liegen, weil die Blöcke sonst zu klein sind. Und das Gestein darf nicht zu leicht verwittern.

Der *Bohuslän-Granit* erfüllt all diese Eigenschaften, und so ist es nicht verwunderlich, daß das Gebiet seit mehr als 100 Jahren das wichtigste Steinbruchsgebiet Skandinaviens ist. Viele Vorteile hat der Bohuslän-Granit – aber als aufregend, schmuck und schön kann man ihn gerade nicht bezeichnen. Dekorative Gesteine wie der rote *Vånga-Granit* aus dem nordöstlichen Schonen (Farbbild 71) werden für Monumente und Häuserfassaden gebrochen. Auch der *Rønne-Granit* aus Bornholm wird ständig abgebaut. Seine wichtigste verkaufsfördernde Eigenschaft ist das noble, fast schwarze Aussehen, mit den grauen Feldspäten – gut geeignet für Bankfassaden oder Grabsteine.

Der *Larvikit* (Farbbilder 112–114) mit seinen blauschimmernden Feldspäten ist ein beliebter Fassadenstein. Der *Orthoceratitenkalk* wird auf Tafel 31 und auf S. 48 beschrieben. Er wird für Fußbodenfliesen verwendet.

Kapitel 7
Wie geht man vor?

Liste der benötigten Geräte siehe S. 13.

Steine zu bestimmen, ist etwas anderes als Pflanzen zu bestimmen. Bei einem Bestimmungsbuch für Pflanzen kommt man – bei richtiger Anwendung – immer zu einem Ergebnis, da die Pflanzenarten klar definierte Unterschiede aufweisen. Bei den Gesteinen ist das nicht so. Farben und Korngrößen können variieren, und Ausnahmen und Sonderfälle die Aufgabe erschweren. In gewissen Problemfällen bleibt einem nichts anderes übrig, als den fraglichen Stein wegzuwerfen.

Mit Hilfe dieses Buches kann man die Herkunft von etwa einem Viertel aller Granite in Norddeutschland bestimmen, und die Herkunft der Mehrzahl der Porphyre. Es gibt mehr Granite als Porphyre am Strand oder in einer Kiesgrube. Selbst wenn wir nur ein Viertel der Granite im Gelände bestimmen können, versetzt uns das in die Lage, erheblich mehr über die Herkunft des Steinmaterials sagen zu können.

Ein Mineralkorn an der Oberfläche eines Gerölls ist im Laufe seiner Geschichte beim Zusammenprall mit anderen Blöcken beschädigt worden. Dadurch wirken die Farben matt, wenn der Stein trocken ist. Außerdem kann der Stein natürlich auch verschmutzt sein. In beiden Fällen kann es helfen, den Stein in Wasser zu tauchen. Fast alle Geschiebe auf den Farbbildern sind in nassem Zustand fotografiert worden.

Selbst wenn die Farben durch die Befeuchtung besser zu erkennen sind, können die Körner an der Gesteinsoberfläche schwie-

rig zu bestimmen sein, z.B. weil die Spaltbarkeiten durch die Beschädigungen nicht mehr erkennbar sind. Außerdem kann die Oberfläche angelaufen (verwittert) oder rostig sein. *In solchen Fällen muß man den Stein zerschlagen.* Eine frische Bruchfläche zeigt vieles, was man sonst nicht sehen kann.

Wenn man in einer Kiesgrube oder auf abgeernteten Feldern auf Steinjagd geht, empfiehlt es sich, eine Bürste und vielleicht auch ein Spülmittel mitzubringen, um die Steine reinigen zu können. Es gibt Steine, die so stark verschmutzt sind, daß die Einzelheiten erst nach einem mehrtägigen Bad mit Spülmittel oder Rostentferner richtig erkennbar sind.

Bei der Bestimmung empfiehlt es sich, in den erläuternden Übersichten (S. 98 f.) nachzuschlagen. Man findet dort die nötigen Hinweise auf die betreffenden Farbtafeln. *Beachten Sie bitte, daß es viele Steine gibt, deren Herkunft nicht bestimmt werden kann. Man darf nicht versuchen, ein Ergebnis zu „erzwingen".*

Benutzen Sie nicht nur die Bilder! In den Beschreibungen gegenüber den Bildtafeln können Sie die charakteristischen Merkmale des jeweiligen Gesteins finden. *Diese müssen weitgehend mit dem Fundstück übereinstimmen, bevor man sicher sein kann, den richtigen Stein gefunden zu haben. Auf jeden Fall muß das kursiv Gedruckte übereinstimmen.* Man kann sich sehr irren, wenn man sich lediglich auf eine oberflächliche Übereinstimmung der Farben verläßt!

In der Gesteinsbeschreibung sind zahlreiche Details aufgeführt. Die Bestimmung arbeitet somit nach dem Prinzip eines Sicherheitsschlosses: Je mehr Einzelheiten zusammenpassen, desto sicherer kann man sich sein, daß man auf der richtigen Spur ist – daß der Bestimmungsschlüssel „die richtige Tür öffnet".

Bei der ersten Bestimmung, und immer wenn später Zweifel auftauchen, sind *konkrete, genaue Beobachtungen notwendig, die Punkt für Punkt mit der Gesteinsbeschreibung verglichen werden müssen. Man darf sich nicht mit einem flüchtigen Überblick begnügen.* Wenn mehrere Merkmale mit dem *Text* nicht übereinstimmen, muß man den Stein auslassen. *Werfen Sie lieber zu viele Steine weg als zu wenige!*

Benutzung der Farbtafeln

Benutzen Sie *nicht* nur die Farbtafeln! Klären Sie zuerst, ob es sich um einen Magmatit, ein metamorphes Gestein oder ein Sedimentgestein handelt. Der Text in Kapitel 2, 3 und 6 enthält hierfür die nötigen Grundlagen.

Sedimentgesteine und metamorphe Gesteine sind direkt in den Tafeln nachzuschlagen. Sandsteine, Konglomerate und Kalksteine können zwar wertvolle Hinweise auf die Eisbewegungsrichtung geben, aber es gibt nicht viele bestimmbare Typen, so daß man mit einigen wenigen Farbtafeln auskommt (Konglomerate: Tafeln 27–28; Sandsteine: 28–29; Kalksteine: 30–32). Metamorphe Gesteine kommen an zahlreichen Stellen überall in Skandinavien vor, aber nur in ganz wenigen Fällen kann man ihr Herkunftsgebiet bestimmen (siehe Tafeln 25–27).

Weitaus die meisten bestimmbaren Steine gehören in die Gruppe der *Magmatite,* selbst wenn diese Gruppe in der Regel am Strand oder in der Kiesgrube in der Minderzahl ist.

Wenn man ein Geschiebe als Magmatit bestimmt hat, sollte man die *Korngröße* zur Unterscheidung heranziehen. Laven haben Kristalle von weniger als 1 mm Größe (zu-mindest in ihrer Grundmasse; vgl. Porphyre, S. 15), während die Korngröße der Plutonite über 1 mm liegt.

Eine Sonderstellung nehmen die sogenannten „Diabase" ein (Tafeln 11–12), die die chemische Zusammensetzung und Farbe von Basalt haben, aber grobkörniger sind, weil sie nicht an der Erdoberfläche gebildet wurden. Sie sind in Gängen (= Klüften) erstarrt, oder zwischen Sedimentlagen ein Stück weit unter der Erdoberfläche. Man spricht in diesem Fall von *Intrusivgesteinen*; diese werden nicht zu den echten Plutoniten gerechnet. Sie können verblüffend grobkörnig sein; siehe z.B. den Åsby-Diabas (Farbbild 51) oder den Hyperit (Farbbild 50).

Die Herkunftsgebiete der Gabbros und Diorite (S. 30) kann man kaum lokalisieren. Bei den *Syeniten* (S. 30) gelingt das dagegen in vielen Fällen. Sie sind gemeinsam mit einigen verwandten Gesteinen auf den Tafeln 24–25 abgebildet. Die beiden größten Gruppen auf den Farbtafeln sind die *Porphyre* (Tafeln 1–11) und *Granite* (Tafeln 13–24). Auf S. 98 bis 105 finden Sie eine Übersichtsdarstellung der Porphyre und mehrere Übersichten über die verschiedenen Gruppen der Granite. Wenn man diese benutzt, braucht man für eine Steinbestimmung nicht sämtliche Tafeln durchzublättern.

Die Syenite kann man direkt auf den Tafeln 24–25 nachschlagen, die Basalte/Diabase auf den Tafeln 11–12.

Porphyre

Die Porphyre sind nach ihrer chemischen Zusammensetzung geordnet; am Anfang stehen die sauersten Typen, und die stärker basischen zum Schluß. Dadurch ergibt sich gleichzeitig eine Ordnung nach der Farbe: Die hellsten (roten) Typen stehen am Anfang, die schwarzen am Ende. Innerhalb dieser Grobgliederung richtet sich die Reihenfolge nach den Herkunftsgebieten und nach der äußeren Ähnlichkeit (Typen, die man verwechseln könnte, sind nebeneinander abgebildet).

Die erste Frage, die man zur Bestimmung eines Porphyrs stellen muß, lautet: Enthält das Gestein *Quarz-Einsprenglinge?* Wenn das geklärt ist, muß als nächstes geprüft werden, ob das Gestein *eine oder zwei Arten von Feldspat-Einsprenglingen* enthält. Das kann gelegentlich schwierig sein, da die verschiedenen Arten sich ähnlich sehen können. Notfalls muß man sowohl in Klammer 8 als auch 9 (bzw. 4 oder 7) weitersuchen.

Die *Ignimbrite* bilden eine Sondergruppe. Hinweise darauf, wie man sie erkennen kann, finden Sie auf S. 35 und 112. Als Fingerzeig mag gelten: Ignimbrite haben *Streifen in der Grundmasse*, die jedoch in der Regel nicht durchgehen. Die Einsprenglinge sind dagegen *nicht* in Streifen angeordnet. Die Småland-Porphyre (Farbbild 8–11) haben aus einem ganz anderen Grund Streifen: Sie sind durch den Gebirgsdruck im Zuge der Metamorphose verändert worden. Die Streifen der Småland-Porphyre sind *schwarz* und bestehen aus Biotitkörnern, die *mit der Lupe zu erkennen sind*. Die Streifen der Ignimbrite sind dagegen in der Regel *hell* (die Farbbilder 17 und 21 haben allerdings dunkle Streifen). Innerhalb der Streifen der Ignimbrite kann man *keine Kristalle erkennen*, und auch nicht in der übrigen Grundmasse – selbst mit Hilfe der Lupe.

1 ⎰ Ignimbrite (Merkmale siehe oben, sowie S. 112): Farbbild 13–22, Tafeln 3–5; eventuell auch Lönneberga-Porphyr, Farbbild 35.
⎱ Keine Ignimbrit-Merkmale   2

2 ⎰ Mit Quarzeinsprenglingen   3
Ohne Quarzeinsprenglinge, aber mit sowohl Kalifeldspat- als auch Plagioklaseinsprenglingen. Der Unterschied ist S. 26 erklärt   8
⎱ Ohne Quarzeinsprenglinge und mit nur einer Art von Feldspateinsprenglingen (Einsprenglinge von verschiedener Größe, aber mit derselben Farbe, sind als *eine* Art zu rechnen)   9

3 ⎰ Nur eine Art Feldspateinsprenglinge (Kalifeldspat)   4
⎱ Zwei Arten von Feldspateinsprenglingen, Kalifeldspat und Plagioklas (Der Unterschied ist auf S. 26 erklärt)   7

4 ⎰ Grundmasse rot bis hellrot: *Åland-Porphyre* (1–4); *Rödö-Quarzporphyr* (S. 108); *Glöte-Porphyr* (5); *Roter Ostsee-Quarzporphyr* (6); Merkmale dort beschrieben.
⎱ Grundmasse braun/grau/schwarz   5

5 ⎰ Viele kleine Biotiteinsprenglinge; Feldspateinsprenglinge hell, zuweilen rosa, nie tiefrot: *Småland-Porphyre* (8–10).
⎱ Wenige oder keine Biotitkörner   6

6 ⎰ Quarzeinsprenglinge glasklar, hell- oder mittelgrau: *Rödö-Quarzporphyr* (S. 108); *Drammen-Ignimbrit* (21).
⎱ Quarzeinsprenglinge dunkelgrau/schwärzlich: *Åland-Quarzporphyr* (1–2).

7 ⎰ Plagioklaseinsprenglinge grünlich: *Särna-Porphyre* (12, 13) mit roter oder violetter Grundmasse; *Småland-Porphyre* (S. 110) mit grauer/brauner/schwärzlicher Grundmasse.
⎱ Plagioklaseinsprenglinge hell, gelb oder weißlich: *Brauner Ostsee-Quarzporphyr* (7); *Månsta-Porphyr* (24); *Glöte-Porphyr* (5); Beschreibungen dort.

8 ⎰ Anmerkung: In dieser Gruppe können Plagioklaskörner verschiedener Farben (Arten) vorkommen; d.h. daß mehr als zwei Typen Feldspateinsprenglinge vorkommen. Fast alle Gesteine der Gruppe stammen aus Dalarna, Schweden (*Dala-Porphyre*):
Rote/rotbraune (ziegelfarbene) Grundmasse: Farbbilder 23–27 und 31–32.
Graue/graubraune Grundmasse, eventuell mit einem schwachen rosa Schimmer: Farbbilder 28–30, 33, 36.
⎱ Fast schwarze Grundmasse: Farbbilder 17, 35, 36. Beschreibungen siehe dort.

9 ⎰ Mit mindestens einigen rhomben- oder bootförmigen Einsprenglingen: *Rhombenporphyre*, Farbbilder 39–41.
⎱ Ohne Rhomben-Einsprenglinge   10

10 {
Grundmasse rot/rotbraun (ziegelfarben) oder graubraun-dunkelbraun-schwärzlich 11

Grundmasse grün: *Särna-Tinguait* (37); *Grorudit* (38). Siehe aber auch *Oslo-Basalt*, Farbbild 46.

Grundmasse völlig schwarz: *Lönneberga-Porphyr* (35); *Rektangelporphyr* (42–43); *Oslo-Basalte* (44–46); *Öje-Diabas* (47). Beachten Sie bitte, daß viele Basalte und Diabase, die nicht abgebildet sind, eine schwarze Grundmasse und helle Einsprenglinge aufweisen, ähnlich wie die gezeigten. Eine gute Kontrolle anhand der Bilder und Beschreibungen ist daher von Nöten.
}

11 {
Von vielen kleinen (1–5 mm), länglichen, hellen oder grünlichen Plagioklas-Einsprenglingen dominiert: *Grönklitt-Porphyrit* (31–33) oder *Grauer Porphyrit* (36).

Von großen (1 cm oder mehr), hellen, kurzen und breiten, abgerundeten Einsprenglingen von Kalifeldspat dominiert: *Småland-Porphyre* (8–11).

Rote Einsprenglinge sowie große, rote Klumpen von Kalifeldspat: *Kullait*, Farbbild 34.
}

Granite

Die Granite sehen oft unansehnlich aus, weshalb sie nicht so ins Auge fallen wie die Porphyre. *Etwa ein Viertel aller in Norddeutschland gefundenen Granite kann bestimmt werden. Bestimmbare Granite finden sich sowohl unter den unansehnlichen graubraunen Typen, als auch unter den kräftig farbigen.* Daher ist zu empfehlen, *alle* Plutonite, die man in einem bestimmten Strandabschnitt oder Ausschnitt einer Kiesgrubenwand findet, zu berücksichtigen. Diorite, Syenite und Gabbros sind in der Minderzahl. Diese lassen sich leicht aussortieren, da sie in der Regel quarzfrei sind. Das bedeutet aber, daß man genau hinsehen muß, weil einige der Granite nur wenige, kleine Quarzkristalle enthalten, z.B. Farbbild 101–104. Alle Plutonite *mit* Quarzkörnern sind in den Übersichten über die Granite mit aufgeführt, auch der Nordmarkit, der

eigentlich ein Syenit ist (Farbbild 108–109). Plutonite *ohne* Quarz sind nicht mit erwähnt. Diese kann man direkt auf den Tafeln 24–25 finden. Benutzen Sie jedoch nicht nur die Farbtafeln! Die Beschreibungen müssen genau kontrolliert werden.

Man sollte *alle* Granitgeschiebe untersuchen, die man findet, denn nur so kann man die Häufigkeit der verschiedenen Typen bestimmen.

Die Entstehung des Granits, sowie ihr allgemeines Erscheinungsbild sind in den Kapiteln 3 und 6 beschrieben. Einige Merkmale von besonderer Bedeutung für die Einteilung der Granitgesteine seien hier jedoch aufgeführt:

In den *echten Graniten* ist Kalifeldspat das am stärksten vertretene Mineral. *Granodiorite* haben dagegen einen höheren Anteil an Plagioklas als Kalifeldspat. In Granodioriten findet man häufig auch Hornblende (Härte 5–6). Im „echten Granit" ist dagegen Biotit (Härte 2) das dominierende dunkle Mineral.

Einige Granite sind schwach gestreift und sollten daher eigentlich zu den Gneisen gerechnet werden (siehe S. 150).

Viele Granite sind *porphyrisch*, d.h., daß einige Kristalle (vor allem Feldspäte) wesentlich größer als die übrigen Körner des Gesteins ausgebildet sind und selbständig als „Inseln" auftreten (sie verzahnen sich nicht miteinander). *Die großen Kalifeldspäte werden hier „Augen" genannt.* Wenn die Körner der Grundmasse zwischen den „Augen" 1 mm oder größer sind, wird das Gestein jedoch als Granit bezeichnet, nicht als Porphyr.

Die Augen können auch von Ringen umgeben sein; diese bestehen fast immer aus Plagioklas.

Die Reihenfolge der Granittypen auf den Tafeln richtet sich nach einer an der Praxis der Gesteinsbestimmung orientierten Kombination von Farbe und Herkunftsgebiet.

Auf den folgenden Seiten finden Sie sechs Übersichten, die absichtlich nicht als Schlüssel bezeichnet werden. *Welche Über-*

sicht man benutzen will, steht einem frei. Es finden sich zahlreiche Querverweise von einer Übersicht auf die andere, um unnötige Wiederholungen zu vermeiden.

Viele Granite haben ein typisches Merkmal, das gleich ins Auge springt. Dann ist der kürzeste Weg, in der Übersicht nachzuschlagen, die auf dieses Merkmal eingeht (Übersichten 1–5). Wenn das nicht zum Ziel führt, kann man es immer noch mit der Schlußübersicht 6 versuchen.

Übersicht 1: Granite mit auffälligen Quarzfarben

1 {
Blauer Quarz   2

Rauchbrauner (graubrauner, gelbbrauner) Quarz   4

Violetter Quarz kann in *Siljan- und Garberg-Granit* (Farbbild 84–87) sowie in *Lellainen-Granit* (Farbbild 155) gefunden werden.

Schwärzlicher/dunkelgrauer Quarz   5

Klarer, weißer, hell- bis mittelgrauer Quarz: Siehe übrige Übersichten.
}

2 {
Granite mit Kalifeldspat-"Augen":   Siehe Übersicht 2

Granite ohne Kalifeldspat-"Augen"   3
}

3 {
"Schwarzweiß-Granite": *Uppsala-Granit* (Farbbild 81), *Sala-Granit* (Farbbilder 79, 80)

Rote/rotbraune oder blaßrote Granite: *Småland-Granite* (Farbbild 54–57) enthalten in der Regel rund 5 % Biotit, *Roter Graversfors-Granit* (Farbbild 72) wesentlich weniger.

Dunkelbrauner Granit: *Brauner Graversfors-Granit.*
}

4 {
Gräuliche, bräunliche oder gedämpft rote, gleich- und recht feinkörnige Granite: siehe Übersicht 5

Granite mit hellen, rosa, beige oder braunen "Augen": Siehe Übersicht 2, Klammer 14.

"Schwarzweiß-Granite": siehe Übersicht 4

Rote Granite (fast) ohne Plagioklas: Siehe Übersicht 2, Klammer 17.
}

5 {
Grundmasse mit reichlich Myrmekit (Erklärung S. 87) mit länglichen "Quarzfischen": *Åland-Granite und -Rapakivi* (Farbbild 67–69).

Grundmasse grobkörnig; Myrmekit fehlt oder hat (fast) keine länglichen Quarze: *Nystad-Rapakivi* (Farbbild 153–154; *Pyterlite* (Farbbilder 65–66, 154).
}

Übersicht 2: Granite mit „Augen", zum Teil mit Ringen

Beachten Sie bitte, daß nicht alle Kalifeldspäte Augen bilden, und daß nicht alle Kalifeldfspat-"Augen" mit Ringen umgeben sein müssen.

1 {
„Augen" mit Plagioklasringen   2

„Augen" ohne Plagioklasringe   11
}

2 {
Myrmekit in der Grundmasse (Erklärung S. 87)   3

Ohne (sichtbaren) Myrmekit   5
}

3 {
Klarer oder hellgrauer Quarz: *Rödö-Granit* (S. 144); *Rödö-Rapakivi* (S. 136); *Ragunda-Granit* (S. 134).

Grauer bis schwärzlicher oder dunkelbrauner Quarz   4
}

4 {
„Augen" bis zu 6–8 cm groß; Plagioklas beige, bräunlich oder bleichgrün; Grundmasse nicht rot: *Nystad-Rapakivi* (Farbbild 153).

„Augen" 1–3 cm groß; Plagioklas dunkelgrüngrau, nur in verwitterter Form weiß; Grundmasse rot: *Åland-Rapakivi* (Farbbild 67).

„Augen" in der Regel unter 1 cm; Plagioklasringe gelb/weiß; Myrmekit (fast) ohne längliche Quarze: *Siljan-Rapakivi* (Farbbild 70).
}

5 {
Augenringe orangefarben   9

Augenringe gelblich/weißlich, *markant* heller als das Innere der Augen   6

Augenringe *nicht* markant heller als das Innere der Augen; sie können beige, hellbräunlich, bleichgrün oder rötlich sein und sind zuweilen schwer zu erkennen   10
}

6
- „Augen" rosa oder beige 7
- „Augen" rot oder in der Mehrzahl rot 8
- „Augen" in der Mehrzahl grau, violett oder braun; rote Augen können vorkommen: *Filipstad-Granite* (Farbbilder 96–99, 148–149); *Östgöta-Granite* (Farbbilder 58–60; S. 148); *Kristinehamn-Granit* (Farbbilder 101–104); Merkmale sind dort beschrieben.

7
- *Mariannelund-Granit* (Farbbild 58) hat beige Augen (1 cm) und milchweißen/milchigbläulichen Quarz. *Barnarp-Trikolore-Granit* (Farbbild 94) hat rosa Augen (1–2 cm) und schönen blauen Quarz. *Eringsboda-Granit* (S. 144) hat größere Augen und grauen/rauchbraunen Quarz.

8
- Im *Siljan- und Garberg-Granit* (Farbbilder 84–87) bildet nur ein kleiner Teil der Kalifeldspäte „Augen" mit Ringen. *Trikolore-Granite* (Farbbild 94) haben nur wenig roten Feldspat außerhalb der Augen.

9
- *Gneisartiger Kristinehamn-Granit* (Farbbild 122) hat eine gestreifte Grundmasse und braune Augen bis zu 1 cm Größe. *Kinda-Granit* (Farbbild 100) hat eine ungestreifte Grundmasse und braune Augen bis zu 3 cm Größe. *Braun-violetter Filipstad-Granit* (Farbbild 99) hat einige größere Augen (bis zu 6 cm), die meistens violett sind.

10
- *Nystad-Rapakivi* (Farbbilder 153–154) und *Lellainen-Granit* (Farbbild 155) haben auffällige, runde/sechskantige Biotite und Quarze in der Grundmasse. *Östgöta-Granite* (S. 130) haben meistens eine feinkörnige, schwarze Grundmasse, mit oder ohne weiße Plagioklaskörner. Die Augenringe werden durch Verwitterung weiß.

11
- Rote, rosa, gelbliche oder violette Augen 12
- Weiße bis hellgraue Augen: siehe Übersicht 5

12
- Mehr Plagioklas als Kalifeldspat (Erklärung S. 26) 13
- Mehr Kalifeldspat als Plagioklas (Erklärung S. 26) 14
- Plagioklas fehlt (fast) 17

13
- Die Grundmasse besteht hauptsächlich aus einer „formlosen Masse" von Plagioklas (Korngrenzen schwer zu erkennen): *Kristinehamn-Granit* (Farbbilder 101–104); *Grauer Växjö-Granit* (Farbbild 62); Merkmale dort beschrieben.
- Plagioklaskörner voneinander getrennt, in der Regel viereckig (= idiomorph): *Rätan-Granit* (Farbbild 92); *Järna-Granit* (Farbbild 93, S. 146); *Sala-Granit* (Farbbild 79); Merkmale dort beschrieben.

14
Granite mit weniger Plagioklas als Kalifeldspat werden „Normalgranite" genannt. Diese Gruppe enthält sehr viele unbestimmbare Typen. Nur wenn das Gestein eine ins Auge fallende Besonderheit aufweist, besteht die Hoffnung, zu einem Ergebnis zu kommen. Möglichkeiten hierzu sind unter a) bis e) angegeben:
- a) Kalifeldspat-Augen „eingeregelt" (mit parallelen oder fast parallelen Längsachsen) 15
- b) Kalifeldspäte sehr groß, einige über 4 cm: siehe Übersicht 3
- c) Granite mit Pyterlit-Textur (Erklärung S. 132): *Nystad- und Åland-Pyterlite;* Merkmale siehe S. 132.
- d) Granite mit Myrmekit (Erklärung S. 87)3
- e) Granite mit fein- bis mittelkörniger Grundmasse und rauchfarbenem (bräunlichem) Quarz 16

15
- Plagioklase tiefrot, mit Zwillingsstreifung: *Perniö-Granit* (Farbbild 157).
- Plagioklase weiß bis bläulich, bis über 1 cm groß, mit Zwillingsstreifung: Im *Karlshamn-Granit* (Farbbild 91) ist Biotit in (sub)parallelen Streifen angeordnet, im *Roten Revsund-Granit* (S. 140) dagegen nicht.
- Plagioklase unauffällig oder bleichgrün: *Blekinge-Granite* (S. 138); *Arnö-Granit* (Farbbild 82).

16 {
Gestreifter Arnö-Granit (Farbbild 82) hat eine graue, mehr oder weniger weiß-gestreifte Grundmasse und sehr oft eine gewisse Einregelung der Kalifeldspäte. *Blekinge-Granite* (S. 138) haben eingeregelte Kalifeldspäte, aber keine Streifen in der Grundmasse, *porphyrischer Bohuslän-Granit* (Farbbild 76) und *Hedal-Granit* (S. 138) weder Einregelung noch Streifen.

17 {
Feinkörniger Biotit, streifenartig angeordnet: *Virbo-Granit* (Farbbild 55).

Biotit in sehr kleinen Mengen oder fehlend, so daß das Gestein fast nur aus Quarz und Kalifeldspat besteht   18

18 {
Finnische (darunter åländische) Pyterlite (S. 132) und *Haga-Granit* (Farbbild 66) haben dunkelgraue oder rauchbraune Quarze, jedoch nur eine Quarzfarbe in einem Block. *Vånga-Granit* (Farbbild 71) und *Götemar/Jungfrun-Granit* (S. 134) haben sowohl hellgraue als auch rauchbraune Quarze im selben Stein: Im Vånga-Granit sind sie in Streifen angeordnet; im Götemar/Jungfrun-Granit dagegen nicht.

Übersicht 3: Granite mit bis zu über 4 cm großen Kalifeldspäten

1 {
Die großen Feldspäte bilden voneinander getrennte „Augen"   2

Die großen Feldspäte sind nicht deutlich von anderen Feldspäten isoliert: *Uthammar-Granit* (Farbbild 53).

2 {
Die größten Feldspat-"Augen" bilden regelmäßige Ovale oder Kreise (d.h. sie sind eiförmig oder kugelrund)   3

Die größten Feldspäte bilden recht regelmäßige Vierecke, oder haben weniger regelmäßige Formen   4

3 {
Filipstad-Granite (Farbbilder 96, 148–149) und *Östgöta-Granite* (S. 130) haben in der Regel eine Mehrzahl von grauen/violetten/braunen Augen. Rote und rötliche Augen kommen vor. Quarz blau oder grau. *Nystad-Rapakivi und -Pyterlit* (Farbbilder 153, 154) haben helle, beige, rotbraune oder (selten) rote Augen; Quarze dunkelgrau oder rauchbraun, rund bis sechskantig. *Rödö-Rapakivi* (S. 136) hat tiefrote Feldspäte; Quarz hellgrau bis glasklar.

4 {
Die Mehrzahl der „Augen" braun/violett/grau: *Filipstad-Granite* (Farbbilder 96 –99, 148–149) und *Östgöta-Granite* (S. 130) haben hell- bis mittelgrauen oder blauen Quarz. Rote und rötliche Augen kommen vor.

Die Mehrzahl der „Augen" rosa, bleichbraun/beige oder weiß   5

Die Mehrzahl der „Augen" rot/tiefrot oder gelbbraun/rotbraun: *Varianten von Nystad- und Åland-Pyterlit* (S. 172, Farbbild 154) haben runde bis sechskantige, voneinander getrennte, dunkelgraue oder rauchbraune Quarze. *Porphyrischer Graversfors-Granit* (S. 136) hat tiefroten Kalifeldspat und blauen Quarz. Rote Kalifeldspäte, in der Regel mit Plagioklasringen, haben auch gewisse Varianten von *Östgöta-Granit* (S. 130).

5 {
Die Quarze deutlich voneinander getrennt, rund bis sechskantig, dunkelgrau bis rauchbraun: Varianten von *Nystad-Pyterlit* (S. 172).

Die Quarze haben weniger regelmäßige Formen oder sind nicht so deutlich voneinander getrennt; in der Regel sind sie auch heller   6

6 {
Plagioklase bis zu 1 cm groß, weiß oder bläulich mit gut ausgebildeten Zwillingsstreifen: *Karlshamn-Granit* (Farbbild 91) hat (sub)parallele, recht dünne Biotitstreifen; im *Revsund-Granit* (Farbbild 83) fehlen solche Streifen.

Plagioklase kleiner, unauffällig oder hellgrün: *Arnö-Granit* (S. 140).

Übersicht 4: Fein- und gleichkörnige Granite

Unter feinkörnig soll verstanden werden, daß die meisten Kristalle 3 mm oder kleiner sind. Derartige Granite werden als „Aplit-Granite" bezeichnet. Sie kommen an vielen Stellen vor. Die Herkunft einiger Typen kann man jedoch bestimmen.

1 {
Roter Granit mit Myrmekit: *Åland-Aplitgranit* (Farbbild 69)

Graue, hell bräuliche oder gedämpft rötliche Granite ohne Myrmekit   2

2 {
Quarze in kleinen Haufen, bräunlich: *Grauer Nystad-Granodiorit* (S. 172).

Quarze liegen vereinzelt   3
}

3 {
Kalifeldspäte „eingeregelt" (mit parallelen Längsachsen): *Spinkamåla/Halen-Granit* (Farbbild 77).

Kalifeldspäte nicht eingeregelt   4
}

4 {
Quarze hellgrau; Gestein sehr feinkörnig: *Stockholm-Granit* (Farbbild 78).

Quarze rauchbraun: *Bohuslän-Granit* (Farbbilder 74–76).
}

Übersicht 5: Schwarzweiße und schwarz-grau-weiße Granite

Beachten Sie bitte, daß „schwarzweiß" nur den ersten Eindruck wiedergibt. Bei näherem Hinsehen entdeckt man oft feine rötliche, bräunliche, grünliche oder bläuliche Nuancen. Viele unbestimmbare Typen. Die folgenden Gesteine sind jedoch identifizierbar:

1 {
Granite mit Kalifeldspat-"Augen" (porphyrische Granite)   2
}

2 {
Granite ohne große Kalifeldspäte   5

Braune, rötliche oder violette „Augen": *Porphyrischer Sala-Granit* (Farbbild 79); *Grauer Växjö-Granit* (Farbbild 62); *Arnö-Granit* (Farbbild 82); *Roter Revsund-Granit* (S. 140); Merkmale dort beschrieben.

Weiße oder graue „Augen"   3
}

3 {
Feinkörnige bis mittelkörnige Grundmasse   4

Grobkörnige Grundmasse: *Revsund-Granit* (Farbbild 84); *Grobkörniger Arnö-Granit* (S. 140); Merkmale dort beschrieben.
}

4 {
Stockholm-Granit (Farbbild 78) kann vereinzelte, weiße „Augen" mit in der Regel mehr als 10 cm Zwischenraum aufweisen. *Ytö-Granit* (Farbbild 156) hat scharf rechteckige, 1–4 cm große „Augen" mit 1–4 cm Zwischenraum. *Weißer finnischer Pyterlit* (S. 172) weiße „Augen" mit unregelmäßiger Begrenzung. *Gestreifter Arnö-Granit* (Farbbild 82) weiße, abgerundete „Augen" in einer Grundmasse mit über 50 % Quarz.
}

5 {
Blauer Quarz: *Uppsala-Granit* (Farbbild 81); *Sala-Granit* (Farbbild 80).

Rauchbraune Quarze in Haufen: *Grauer Nystad-Granodiorit* (S. 172).

Rauchbraune und/oder hellgraue, vereinzelte Quarze; Kalifeldspäte „eingeregelt" (mit parallelen Längsachsen): *Spinkamåla/Halen-Granit* (Farbbild 77).

Hellgrauer Quarz; Kalifeldspäte nicht eingeregelt: *Sala-Granit* (Farbbild 80); *Stockholm-Granit* (Farbbild 78).
}

Übersicht 6: Einteilung der Granite nach der Feldspat-Zusammensetzung

1 {
Granite, die anscheinend (oder fast) nur *eine* Art von Feldspat enthalten   2

Granite mit zwei deutlich verschiedenen Feldspäten, Kalifeldspat in größerer Menge als Plagioklas (Erklärung S. 26)   6

Granodiorite, d.h. Granite mit zwei Feldspäten, Plagioklas in größerer Menge als Kalifeldspat (Erklärung S. 26)   8
}

2 {
Diese Gruppe umfaßt aus praktischen Gründen sowohl die „sauren" Granite, die (fast) keinen Plagioklas enthalten, als auch die Typen, in denen beide Feldspäte fast dieselbe Farbe haben, so daß man sie schwer unterscheiden kann:

Quarz blau, violett, rauchbraun oder dunkelgrau/schwärzlich: siehe Übersicht   1

Quarz glasklar, weißlich, hell- oder mittelgrau   3
}

3 {
Feldspat weißlich: siehe Übersicht   5

Feldspat grau oder beigefarben   4

Feldspat rot, rosa oder rotbraun/gelb-braun   5
}

4 {
Rote Flecken „zufällig" über die gräulichen Feldspäte verstreut: *Hammer-Granit* (Farbbild 106).

Keine roten Flecken: *Nordmarkit* (Farbbild 109); *Ekerit* (Farbbild 107); Merkmale siehe dort.
}

5

Mit Myrmekit (Erklärung S. 87): *Åland-Aplitgranit* (Farbbild 69).

Ohne Myrmekit: *Nordmarkit* (Farbbild 109) hat in der Regel Augit statt Biotit. *Rote Småland-Granite* (Farbbilder 53–57) haben kein Augit nur Biotit in unregelmäßigen Haufen oder als Einzelkörner. *Vang-Granit* (Farbbild 105) enthält dunkle Minerale in runden Flecken.

6

Granite mit klar voneinander abgegrenzten „Augen" von Kalifeldspat, zum Teil mit Ringen, und mit einer „Grundmasse", die die „Augen" umgibt: siehe Übersicht 2

Granite mit „gleichmäßiger" Verteilung der Minerale, d.h. ohne Unterteilung in Grundmasse und „Augen"   7

7

Quarz blau, rauchbraun, violett oder dunkelgrau/schwärzlich: siehe Übersicht 1

Quarz hell- bis mittelgrau, weißlich oder glasklar: Von diesem Typ gibt es viele Granite. Man kann sie nur bestimmen, wenn sie irgendeine auffällige Besonderheit aufweisen. *Spinkamåla-Granit* (Farbbild 77) hat „eingeregelte" Kalifeldspäte, d.h. mit parallelen Längsachsen. Folgende Typen haben charakteristische Farbmuster (siehe Bilder): Rote Kalifeldspäte haben *Siljan-* und *Garberg-Granit* (Farbbilder 84–87), *Grimstad/Herefoss-Granit* (Farbbild 89) und *Vänge-Granit* (Farbbild 73). Hellere rötliche oder rosa bis beige/gelbbraune Kalifeldspäte haben z.B. *Vrådal-Granit* (Farbbild 88), *Drammen-Granit* (Farbbild 90), *Rosa Växjö-Granit* (Farbbild 63) und der *deformierte Småland-Granit* (Farbbild 64).

8

Mit Augen von Kalifeldspat, die von einer Grundmasse umgeben sind (porphyrisch): siehe Übersicht 2, Klammer 13.

Ohne Augen (nicht porphyrisch): *Uppsala-Granit* (Farbbild 81) hat blauen Quarz, *Sala-Granit* (Farbbild 80) grauen oder blauen Quarz, *Grauer Nystad-Granodiorit* (S. 172) rauchbraunen Quarz.

Tafeln 1–32, Inhalt

MAGMATITE, Nr. 1–115, Tafeln 1–25.

Vulkanite, Nr. 1–52, Tafeln 1–12.

Porphyre mit Quarzeinsprenglingen, Nr. 1–13. *Ignimbrite*, Nr. 13–22. *Porphyre ohne Quarzeinsprenglinge:* Dala-Porphyre, Nr. 23–37; Porphyre des Oslo-Gebietes, Nr. 38–43. *Basalte und Diabase*, Nr. 44–52, Tafeln 10–12.

Plutonite, Nr. 53–115, Tafeln 13–25.

Granite, Nr. 53–107, Tafeln 13–24. Darunter Typen aus Småland (53–64), Åland (66–69), Bohuslän und Blekinge (73–77 und 91), Uppland (73 und 78–82), Dalarna (70, 84–86 und 93), Jämtland (83 und 92), Värmland (94–104), Norwegen (87–90 und 107), Bornholm (105–106). *Syenite und verwandte Gesteine*, Nr. 108–115, Tafeln 24–25.

METAMORPHE GESTEINE, Nr. 116–123, Tafeln 25–27.

Hornfels, Nr. 116–117. *Amphibolit, Charnockit*, Nr. 118–120. *Gneis*, Nr. 121. *Gneisgranite*, Nr. 122–123.

SEDIMENTGESTEINE, Nr. 124–147, Tafeln 27–32.

Konglomerate, Nr. 124–127. *Sandsteine*, Nr. 128–135. „Zementstein", Nr. 136. *Kalksteine und Flint*, Nr. 137–147.

STEINE AUS DER OSTSEE UND VOM FINNISCHEN FESTLAND, Nr. 151–157, Tafeln 33–34.

Aus ökonomischen Gründen konnten die Steine nicht in natürlicher Größe abgebildet werden. In der Regel sind Porphyre, Basalte und Kalksteine in 90 %, Plutonite und Sandsteine in 75 % ihrer natürlichen Größe abgebildet. Abweichungen kommen vor. Die Größenverhältnisse sind auf allen Tafeln angegeben.

Die in den Gesteinsbeschreibungen *kursiv* hervorgehobenen Merkmale sind besonders für das Erkennen des Gesteins wichtig.

Vulkanite, Nr. 1–52

Porphyre mit eingestreuten Quarzkörnern, Nr. 1–13

Ein *Rhyolith* ist ein Lavagestein, das Quarz enthält. Die Porphyre Nr. 1–13 enthalten Quarz als Einsprenglinge; dagegen findet man bei Nr. 23–28 den Quarz in der Grundmasse, nicht als eingestreute Körner. Beide Gruppen von Porphyren sind Rhyolithe. Die erstgenannten sind die „sauersten".

Åland-Porphyre, Nr. 1–4

Die Åland-Inseln sind ein Magma-Massiv, das etwa 1650 Millionen Jahre alt ist. Es ist jünger als jede Faltung an dieser Stelle; daher findet man in den Gesteinen der Åland-Inseln keine Streifung, die durch Gebirgsdruck (Metamorphose) entstanden ist.

Das Magma der Åland-Inseln dürfte durch das Aufschmelzen alter kontinentaler Kruste entstanden sein. Das Magma enthielt mehr Kalium als in Graniten gewöhnlich zu finden ist. Bis zu 50 % des Gesteins können aus Kalifeldspat bestehen. Daraus resultiert die Grundfarbe dieser Granite und Porphyre (rot bis rotbraun) und das Vorkommen vieler großer Kalifeldspateinsprenglinge, so z.B. in Nr. 2.

Die Porphyre der Åland-Inseln finden sich entlang der Ränder des Granitmassivs, wo die Abkühlung rascher erfolgt, sowie in einigen kleineren Gebieten und in Gängen (= ausgefüllten Klüften). Es gibt einen allmählichen Übergang zwischen Granit und Porphyr und sehr geringe Unterschiede in der chemischen Zusammensetzung.

1–2. Åland-Quarzporphyr. Die Farbe der Grundmasse variiert zwischen rot und braun. Zahlreiche große (bis zu 1 cm), *runde, dunkelgraue bis fast schwarze* Quarzeinsprenglinge. Die weiße Farbe, die der Quarz von Nr. 2 zu haben scheint, rührt daher, daß es sich bei dem abgebildeten Stein um ein Geröll handelt, bei dem die Oberflächen der Quarzkörner zu feinem Pulver zerrieben worden sind. Im Inneren des Steins sind die Quarzkörner dunkel wie bei Nr. 1. Innerhalb der Quarzkörner sieht man oft *wurmförmige Einwüchse der Grundmasse*. Viele große

(oft über 1 cm) Einsprenglinge von Kalifeldspat. Diese können rot (Nr. 2) oder gelbbraun (Nr. 1) gefärbt und rundlich oder abgestumpft rechteckig sein. Gelegentlich enthalten sie Einschlüsse von Quarzkörnern (Nr. 2). *Plagioklas fehlt.* Wenige und kleine Flecken dunkler Minerale. Die Quarzporphyre stehen innerhalb recht kleiner Gebiete im Westteil der Åland-Inseln an, aber sie sind als Geschiebe häufig.

Verwechslungsmöglichkeit: Abarten des *Särna-Porphyrs* Nr. 12–13, die jedoch Plagioklas-Einsprenglinge enthalten. *Rödö-Quarzporphyr* (S. 108). – Nr. 1 und 2 sind Strandgerölle von Sjælland.

3–4. Granitporphyre, Åland. Unter Granitporphyr versteht man hier einen Übergangstyp zwischen Granit und Porphyr. Man findet solche Gesteine zum Beispiel an den Rändern von Granitmassiven. Alle Körner der Grundmasse sind unter der Lupe erkennbar. Bei Nr. 3 und 4 ist die Grundmasse fleischrot oder kräftig rotbraun. Die Einsprenglinge sind von derselben Art und Menge wie bei Nr. 1 und 2. Nr. 3 hat große Kalifeldspateinsprenglinge von fast derselben Farbe wie die Grundmasse, und die Quarzkörner sind von einem *schwarzen Ring aus Hornblende* umgeben. Deshalb soll diese Varietät hier als **Ringquarzporphyr** bezeichnet werden. Man findet sie ziemlich häufig als Geschiebe, aber ihr Herkunftsgebiet ist eine kleine Fläche auf Süd-Åland.

Beide fotografierten Geschiebe sind Strandgerölle aus Dänemark.

5. Glöte-Porphyr. Der Glöte-Porphyr hat seine Heimat in einem begrenzten Gebiet bei Linsäll und Glöte in Härjedalen, Schweden (vgl. Karte S. 77). Man betrachtet ihn als eine quarzreiche Variante des Bredvad-Porphyrs (Nr. 23). Da die Farbe der Grundmasse schwanken kann, kann der Glöte-Porphyr z.T. mit dem Roten Ostsee-Quarzporphyr verwechselt werden (Nr. 6), von dem er sich aber durch die bis zu *1 cm großen Einsprenglinge von Kalifeldspat*, die ein bißchen heller als die Grundmasse sind, sowie durch die wenige mm großen *vierkantigen, gelblichen Plagioklaskörner* unterscheidet (vielleicht nicht ganz deutlich auf dem Bild erkennbar; vgl. Farbbild 23a). *Graue Quarzeinsprenglinge* (im Roten Ostsee-Quarzporphyr in der Regel rauchbraune). Alter: ca. 1650 Millionen Jahre, Präkambrium. Anstehender Fels, Linsäll, Härjedalen.

90% nat. Gr.

Ostsee-Quarzporphyre, Nr. 6 – 7

V. MILTHERS ist es gelungen, die Herkunft der Roten Ostsee-Quarzporphyre zu bestimmen. Sie stammen vom Boden der Ostsee zwischen den Åland-Inseln und der Insel Hiumaa (= Dagö). Er fand heraus, daß Geschiebe dieses Gesteins im Südostteil der Insel Gotland zu finden waren, aber nicht im Nordwestteil. In Rußland fällt die Grenze des Verbreitungsgebietes der Roten Ostseeporphyr-Geschiebe zusammen mit der Grenze der Åland-Geschiebe. Wenn man diese beiden Grenzlinien rückwärts verlängert, treffen sie sich mitten in der Ostsee. Das Leitgeschiebe-Prinzip ist hier also „in entgegengesetzter Richtung" angewendet worden. Dieses Verfahren ist voll gerechtfertigt und wird z.B. auch bei der Erzprospektion in Finnland und Nordschweden angewendet. Die Kupfer-, Blei- und Goldvorkommen von Kristineberg und Boliden sind auf diese Weise gefunden worden.

6. Roter Ostsee-Quarzporphyr. Die Grundmasse ist dicht (d.h. man kann mit der Lupe keine einzelnen Körner erkennen). Ihre Farbe reicht von *kräftig rot über ziegelrot bis braunrot.* Die Farbe der Grundmasse genügt jedoch nicht, um das Gestein zu bestimmen. *Einsprenglinge von Quarz, 1–3 mm,* die in der Regel *rauchbraun sind. Die Quarzkörner sieht man am deutlichsten auf einer Bruchfläche,* wo sie wie kleine Glasscherben glänzen. Wenn man im Zweifel ist, muß man den Stein zerschlagen. *Nur eine Art Feldspateinsprenglinge,* nämlich *rote* Kalifeldspäte, 1 – 4 mm, vierkantig. Wenige, kleine Einsprenglinge eines schwarzen Minerals (Augit). In fast jedem Stein, selbst nur von Handgröße, sieht man cm-große *Einschlüsse (Xenolithe)* aus feinkörnigem Basalt. Diese können schwarz sein (Farbbild 6), sind aber öfter in einem grünlichen Ton angelaufen. Man kann die Basaltstückchen gut von den Einsprenglingen unterscheiden, da sie einen *hellen Reaktionsrand* aufweisen. Strandgeröll aus Sjælland.

Verwechslungsmöglichkeiten: *Glöte-Porphyr,* siehe Tafel 1. Dem *Bredvadporphyr,* Nr. 23, fehlen die Quarzeinsprenglinge. *Rödö-Quarzporphyr,* siehe unten.

Rödö-Quarzporphyr findet man selten. Seine Grundmasse kann rot, bräunlich oder schwarz/grau sein. Die Feldspateinsprenglinge sind bis zu cm-groß und *hell, wie im Åland-Quarzporphyr (Nr. 1). Die Quarzkörner sind weißgrau,* rund und oft cm-groß. Herkunftsgebiet siehe Karten auf Seite 43 und 77.

7. Brauner Ostsee-Quarzporphyr. 7a: Ein vergrößerter Ausschnitt. Das Herkunftsgebiet dieses Gesteinstyps konnte V. MILTHERS auf die gleiche Weise bestimmen wie für den Roten Ostsee-Quarzporphyr. Sein Heimatgebiet muß dicht unter der schwedischen Küste liegen, da man immer viele Uppland-Granite (Nr. 73 und 78–82) zusammen mit dem Braunen Ostsee-Quarzporphyr findet.

Die Farbe der Grundmasse variiert von olivbraun (graubraun) über schokoladenbraun bis rotbraun. Bis zu 2 mm große, *graue, unansehnliche Quarzeinsprenglinge, die man am deutlichsten auf einer Bruchfläche erkennen kann.* Auf der Ausschnittsvergrößerung 7a sieht man ein Quarzkorn links unterhalb der Mitte. Viele dicht beieinander liegende, 1–5 mm große Feldspatkörner von *zwei Arten:* Rosa/rötlich/rotbraune Kalifeldspäte und kleinere, fast weiße Plagioklase. Überaus viele *kleine (1–2 mm) Einsprenglinge schwarzer Minerale,* unter anderem Augit. Diese werden zuerst ausgewittert, so daß die Oberfläche eines Gerölls *dicht übersät mit kleinen Löchern ist.* Oft findet man Einschlüsse fremder Gesteine. Einen undeutlich umgrenzten Basaltklumpen sieht man oben im Bild.

Verwechslungsmöglichkeiten: Der *Rote Särna-Porphyr* (Nr. 12) hat weißgraue Quarzkörner. Die übrigen *Dala-Porphyre* (Nr. 17, 24–26, 29, 31–33, 36) haben keine Quarzkörner. Strandgeröll, Sjælland.

8. Högsrum-Porphyr. Der Högsrum-Porphyr ist ein Småland-Porphyr, siehe Text von Tafel 3. Bräunliche Grundmasse mit 2–4 mm breiten, dunklen Streifen, die oft gewellt sind. Eine Menge von kleinen, dichtliegenden Einsprenglingen, die meisten davon sind Kalifeldspäte, sowohl rote als auch weißliche, häufig gesprungen. Einzelne Plagioklaskörner (grünlich) und Quarzkörner. Die Einsprenglinge sind oft in Reihen angeordnet. Vorkommen: Ostküste von Småland. Fundort: Strand von Langeland (Dänemark).

7a

2,5 × vergr.

6

6 und 7: 90 %
nat. Gr.

7

8
Natürliche
Größe!

Småland-Porphyre, Nr. 8–11

Die meisten Porphyre aus Småland kann man leicht von anderen Gesteinsarten unterscheiden. Dagegen kann es schwer sein, die einzelnen småländischen Typen voneinander zu trennen.

Es ist von Interesse zu versuchen, die Typen von der schwedischen Ostküste von denen zu unterscheiden, deren Heimatgebiet im Binnenland liegt. Ein Verzeichnis der erkennbaren Ostküsten- und Binnenland-Geschiebe findet sich bei Tafel 14, Seite 132.

8. Högsrum-Porphyr, siehe Tafel 2.

9. Sjögelö-Porphyr, siehe Text nach Nr. 10.

10. Påskallavik-Porphyr. Alle Småland-Porphyre haben eine „saure" Zusammensetzung. Gewöhnlich finden sich *Einsprenglinge von Quarz.* Diese sind 1–4 mm groß, *rund* und oft blau, manchmal auch grau. *Bedenken Sie jedoch, daß sie auch fehlen können.* Die meisten und größten Einsprenglinge bestehen aus Kalifeldspat. Diese sind $^1/_2$-3 cm groß und *kurz und abgestumpft vierkantig, mit abgerundeten Ecken* („wie eine Fernsehröhre"). Ihre Farbe ist *hell gelbbraun* oder rosa. Sehr oft weisen sie eine *Zonierung* auf, wobei die Ränder eine hellere Färbung zeigen als das Innere. Die hellen Ränder bestehen aus Plagioklas. *Die Grundmasse ist feinkörnig,* das heißt, daß man in der Regel die einzelnen Körner darin mit der Lupe erkennen kann. Ihre Farbe variiert zwischen grau, braunviolett, schokoladenbraun und schwarzbraun. Viele kleine, schwarze Biotitkörner.

Man kann oft (aber nicht immer) sehen, daß die Porphyre einem Gebirgsdruck ausgesetzt waren. Dabei kann der Druck *die Feldspateinsprenglinge geknackt haben,* und die Biotitkörner in der Grundmasse können „eingeregelt" sein. Die Bruchlinien innerhalb der Einsprenglinge verlaufen parallel zueinander und streichen *in der Richtung des stärksten Druckes,* d.h. rechtwinklig zu den Biotitstreifen (Erläuterung siehe Seite 16). Verwechslungsmöglichkeiten: Der *Rhombenporphyr* (Nr. 39–41) hat immer einige bootförmige Einsprenglinge. Der *Rektangelporphyr* (Nr. 42–43) hat scharfkantige Plagioklaseinsprenglinge und keine Biotiteinsprenglinge. Fundort: Strand bei Tisvilde (Insel Sjælland, Dänemark).

9. Sjögelö-Porphyr. Ähnlich dem Påskallavik-Porphyr, aber die charakteristischsten Exemplare lassen sich von ihm durch die ausgeprägte (oft doppelte) Zonierung der Feldspateinsprenglinge, die rotbraune Grundmasse und die wenigen, meist kleinen, grauen Quarzeinsprenglinge unterscheiden. Gesprungene Feldspatkörner sind selten. Vorkommen: Binnenland von Ostsmåland. Fundort: Strand von Odsherred (Insel Sjælland, Dänemark).

Nymåla-Porphyr. Die Grundmasse wirkt aus der Entfernung fast schwarz und glanzlos (matt). Aus der Nähe zeigt sie braungrau/graurote, unregelmäßige Streifen. *Zwei Arten von Feldspateinsprenglingen:* a) *1–3 cm große, rosa Kalifeldspäte, die helle Kanten oder eine Randpartie voller Einschlüsse aufweisen,* b) *3–10 mm große, weißgrüne Plagioklaskörner in großer Zahl. Quarzeinsprenglinge fehlen in der Regel.* Vorkommen: Binnenland von Ostsmåland.

11. Emarp-Porphyr. Die wichtigsten Unterschiede gegenüber dem Påskallavik-Porphyr (Nr. 10) sind: *Die Grundmasse ist rosagrau bis rosa und wird durch die Verwitterung sehr hell, beinahe weißgrau.* Kalifeldspateinsprenglinge rosa bis fast weiß, oft gesprungen. *Einige hellgrüne, 2–8 mm große Plagioklaseinsprenglinge.* Sowohl im Binnenland von Ostsmåland, als auch an der Ostküste. Fundort: Strand, Langeland.

Särna-Porphyre, Nr. 12–13

Im nördlichen Teil von Dalarna, dicht an der norwegischen Grenze, finden sich einige Gebiete mit Porphyren mit Quarzeinsprenglingen. Die beiden abgebildeten Varietäten findet man recht häufig in Norddeutschland.

12. Roter Särna-Porphyr. Rote, dichte Grundmasse. $^1/_2$-5 mm große, runde, *hellgraue Quarzsprenglinge.* $^1/_2$-3 mm große, *sehr zahlreiche* Einsprenglinge von Kalifeldspat, wovon *die meisten weiß* sind (fast porzellanartig), einige jedoch rosastreifig oder hellbraun. Wenige grünliche Plagioklaskörner, z.B. ganz links am Rand des abgebildeten Steines (Fundort: Strand von Fyn, Dänemark). Einige Varietäten haben eine dunkle Grundmasse und/oder cm-große rote Kalifeldspäte. Verwechslungsmöglichkeiten: *Brauner Ostsee-Quarzporphyr,* Nr. 7, siehe dort. *Åland-Quarzporphyr,* Nr. 2, und *Rödö-Quarzporphyr* (S. 108). Den beiden letzten fehlen jedoch die Plagioklaskörner.

13. Violetter Särna-Porphyr. Das Gestein ist ein Ignimbrit, siehe Tafel 4. Die Grundmasse ist rotviolett oder graubraun, *streifig.* Quarzkörner sind rund, glasartig/grau, Feldspäte hell. Alle Körner variieren stark in der Größe. Strandgeröll aus Dänemark.

9

10

11

12

13

90 % nat. Gr.

Ignimbrite, Nr. 14–22

Ignimbrite sind eine besondere Gesteinsart, deren Entstehung man in Kapitel 3, Seite 35, nachlesen kann. Sie sind vulkanisch, aber man kann sie eigentlich nicht als Laven bezeichnen, da ihre Bestandteile als glühende Wolke durch die Luft transportiert worden sind. Sie bestehen aus einer dichten Grundmasse mit Einsprenglingen und fallen somit unter die Definition der Porphyre.

14. **Vergrößerter Ausschnitt eines Ignimbrits** eines seltenen Typs, der deutlich alle charakteristischen Merkmale dieser Gesteine aufweist. Er stammt aus dem Oslo-Gebiet.

Dunkle Bimsstein-Schlieren verlaufen schräg durch das Bild. Sie sind spindelförmig und oft an den Enden aufgespalten, wie ein Pinsel oder Pferdeschwanz. Gelegentlich kann man darin mit der Lupe Reste von Luftblasen erkennen. Die Hohlräume sind jedoch im Laufe der Zeit mit Mineralen ausgefüllt worden (siehe Nr. 20). Die Bimsstein-Schmitzen hatten während des Vulkanausbruches die Konsistenz eines Badeschwammes. Als sich das Gestein „gesetzt" hat und das Gas entwich, wurden sie durch die überlagernden Massen flachgedrückt und lagen daher waagerecht.

Außer den Bimssteinen zeigt Farbbild 14 eine Menge Bruchstücke älterer Gesteine, die zufälligerweise auf dem Weg der Glutwolke gelegen haben und dabei mitgerissen wurden. Die schwarzen Brocken sind Basalt, die roten Rhyolith. Viele der Brocken haben weiße *Reaktionsränder*. Das bedeutet, daß sie begonnen hatten, mit der umgebenden, rotglühenden Masse zu reagieren (d.h. zu schmelzen), als sich die Glutwolke „gesetzt" hat und die Masse abkühlte und erstarrte.

Die meisten Ignimbrite – aber nicht Nr. 14 – enthalten *Einsprenglinge*. Diese wurden in der Magmenkammer vor dem Ausbruch gebildet und bei der Explosion mitgerissen. Beachten Sie, daß weder die Einsprenglinge (in Nr. 16–22) noch die Brocken fremder Gesteine eine Orientierung aufweisen. Das zeigt, daß die Streifen in diesen Gesteinen *keine* Fließstrukturen sind.

15. **Ignimbrit aus Småland.** Rotbraune-graubraune Grundmasse, entweder mit kurzen, dunklen, undeutlichen Schlieren, oder mit hellen, rötlich/gelblichen, langen Streifen wie auf dem Bild. Kleine (wenige mm), helle Einsprenglinge von Plagioklas. „Fremde" Brocken von Quarzit und Porphyr sieht man häufig. Viele Typen, deren Herkunft oft schwer zu bestimmen ist. Alter ca. 1650 Millionen Jahre, Präkambrium.

16–19. Ignimbrite aus Dalarna

Für die Ignimbrite sowohl von Småland, Dalarna als auch vom Oslo-Gebiet gilt, daß jeder Ausbruch seinen eigenen Typ erzeugen kann, der sich von den älteren und jüngeren Typen desselben Vulkans unterscheidet. Daher ist es eine unübersehbare Aufgabe, die Herkunftsgebiete aller Ignimbritblöcke zu finden. Die Typen aus Dalarna und aus dem Oslo-Gebiet können sehr ähnlich aussehen, z.B. Nr. 19 und 20. Oft kann man nur sicher sein, wenn der Block Bruchstücke eines bekannten Gesteins enthält – wie z.B. Nr. 22.

Die Dala-Ignimbrite werden in der Literatur als *Hornstein-Porphyre* und *Älvdal-Porphyre* bezeichnet. „Hornstein" weist auf die glatte, fast flintartige Oberfläche hin. Zusammen mit anderen lokalen Gesteinen – z.B. dem roten Garberg-Granit Nr. 87 und dem grünen Särna-Tinguait Nr. 37 – wurden sie im Porphyrwerk von Älvdal zu Vasen und anderen Kunstgegenständen verarbeitet. Das Porphyrwerk, das in dem Ort Älvdal am Österdalälv lag, existierte von 1785–1867 und beschäftigte in seiner Blütezeit 50 Mitarbeiter. In der Nähe des Ortes finden sich verschiedene alte Porphyr-Steinbrüche, nach denen die Typen benannt sind.

Gemeinsame Eigenschaften der Dala-Ignimbrite: Dichte, schwarzviolett-schwarzbraune, flintartige Grundmasse. *Zwei Arten von Einsprenglingen*, 1–7 mm, oft vierkantig: *Rosa/hellbräunliche* Kalifeldspatkörner und *weiße oder grünliche* Plagioklase. In der Regel fehlen Quarzeinsprenglinge. Brocken fremder Gesteine (Xenolithe) kommen vor, aber nicht sehr häufig.

16. Blyberg-Ignimbrit. Übereinstimmende Züge der Dala-Ignimbrite: siehe oben. *Wenige, dünne, kurze, helle Streifen.* Kann 1–2 cm breite, nebelartige Streifen aufweisen. *Alle Einsprenglinge weiß oder grünlich;* einige können helle Ränder haben. Verwechslungsmöglichkeiten: Oslo-Ignimbrite, siehe z.B. Nr. 22. Der *Lönneberga-Porphyr* (Nr. 35) hat schwarze Biotitkörner. Der *Graue Porphyrit* (Nr. 36) hat grüne Aggregate. Fundort: Strand von Djursland, Dänemark.

17. Orrlok-Ignimbrit (= Schwarzer Orrlok-Porphyr). *Wenige, kurze, dunkelbraune Streifen,* die oft beim ersten Hinsehen schwer zu erkennen sind. *Viele, dicht liegende Einsprenglinge* (fast die Hälfte der Gesteinsmasse). *Die meisten Einsprenglinge rosa/hellbräunlich; einige wenige sind hübsch grün.* Das seltenste der vier abgebildeten Gesteine. Loser Block. Fundort: Älvdal, Dalarna.

14

1,5 × vergr.

15

16

17

18. Klittberg-Ignimbrit. Übereinstimmende Züge der Dalarna-Ignimbrite siehe Seite 112. *Dünne, weiße bis rosa Streifen.* Die meisten Einsprenglinge sind *weiß-grünlich; einige wenige sind rot.* Vorsicht vor Verwechslungen mit Ignimbriten aus dem Oslo-Gebiet, siehe Nr. 20. Block aus dem Porphyrwerk Älvdal, Dalarna.

19. Rännås-Ignimbrit. Übereinstimmende Züge der Dalarna-Ignimbrite siehe Seite 112. *Viele, oft recht dicht liegende, rote-rotbraune Streifen,* wovon einige 2–4 mm breit sind. *Die meisten Einsprenglinge sind rot; einige wenige sind weiß/grünlich.* Auch andere Typen aus Dalarna haben rötliche Streifen, siehe unten. Block aus dem Porphyrwerk Älvdal, Dalarna.

Andere Dala-Ignimbrit-Typen findet man häufig. Oft ist es unmöglich, sie von Gesteinen aus dem Oslo-Gebiet zu unterscheiden. Die beiden, deutlich verschiedenen Arten von Feldspateinsprenglingen (siehe S. 26) können jedoch als Hinweis dienen. Die Streifen variieren in der Breite und Farbe (weiß, beige, braun, rot). Der **Såvald-Dysberg-Ignimbrit** hat breite, oft viele cm lange, *nebelartige, unscharf begrenzte, rote/bräunliche „Flammenstreifen".* Relativ wenige Einsprenglinge, unter 10 % der Gesteinsmasse. Die meisten sind weißlich, einige wenige rot (rosa). Oft sieht man *dunkle (graue oder braune) „Schnüre" von Quarz in den „Flammenstreifen".* *Graue Quarzkörner kommen vor.*

20–22. Ignimbrite aus dem Oslo-Gebiet

Zahlreiche Typen kommen vor, deren Herkunftsgebiet oft unmöglich zu bestimmen ist, sofern sie nicht Bruchstücke bekannter Gesteinsarten enthalten (siehe Nr. 22). Auch Nr. 14 stammt aus dem Oslo-Gebiet.

Eine Karte des Oslo-Gebietes mit zugehöriger Erläuterung findet sich auf Seite 82. Eine lange Entwicklung endete mit dem explosiven Ausbruch eines halben Dutzend Ignimbritvulkane. Die Kreise (mit Porphyrsignatur) auf der Karte Seite 82 markieren die Herkunftsorte der verschiedenen Ignimbrite. Alter: Perm, ca. 250 Millionen Jahre.

Der braune Ignimbrittyp Nr. 20 ist selten. Er ist hier als „Warnung" mit aufgeführt, weil er den Dala-Ignimbriten so ähnlich sieht. Gefunden wurde dieses Stück in der Schublade einer Gesteinssammlung, versehen mit dem Etikett „Klittberg-Porphyr". Die Beschreibung jenes Gesteins: „weiße bis rosa Streifen und meist weiße Einsprenglinge", erlaubt jedoch nicht, einen Stein mit braunen Streifen und gelben Einsprenglingen als „Klittberg-Porphyr" zu akzeptieren. Dieser Fall lehrt uns, daß die Untersuchung der Gesteine sehr genau durchgeführt werden muß. Eine oberflächliche Ähnlichkeit reicht nicht aus zur Bestimmung – sie führt in die Irre!

21. Drammen-Ignimbrit (Drammen-Quarzporphyr). Er ist leicht zu erkennen und wird häufig gefunden. Der Ortsname Drammen gibt sein Herkunftsgebiet an. Die Grundmasse ist *graubraun.* Viele dicht liegende, kleine (2–5 mm) Einsprenglinge von *Quarz (grau)* und *Feldspat (beige, hellbraun).* Dazu 1–5 cm lange, hell- oder dunkelbraune Ignimbritstreifen (= Bimsstein-Kleckse) und häufige Brocken fremder Gesteinsarten, meist Basalt (schwarz), einige jedoch auch braun. Die hellen und schwarzen Körner in der grauen Zwischenmasse lassen das Gestein wie ein Stück Terrazzo-Fußboden aussehen. Strandgeröll, Westjütland.

Schwarze Ignimbrite wie Nr. 22 werden häufig gefunden. Die Herkunft dieses Exemplares kann bestimmt werden, da man in der oberen Hälfte des Steines ein Stück Rhombenporphyr (Nr. 39–40) erkennt. Rechts unter dem Rhombenporphyr-Brocken sitzt ein kleineres Stück eines feinkörnigen Porphyrs. Die Ignimbrit-(= Bimsstein-)Streifen sind dünn und hell und verlaufen schräg nach rechts unten. Fundort: Strand von Hundested, Sjælland.

Unter den Ignimbriten des Oslo-Gebietes, die man in Norddeutschland finden kann, ist auch der **Lathus-Ignimbrit** aus der Caldera von Bærum: *Die Grundmasse ist schwarzblau oder violett.* Viele 1–3 mm große, helle Einsprenglinge. Quarzeinsprenglinge fehlen. *Dunkle, $^{1}/_{2}$–1 cm große Einschlüsse eines Fremdgesteins.*

90% nat. Gr.

18

19

20

21

22

Porphyre ohne Quarzeinsprenglinge, Nr. 23–43

Dala-Porphyre, Nr. 23–33 und 36–37

Aus Dalarna stammen – auch wenn sie hier nicht mit aufgeführt sind – ebenfalls die Nummern 12–13 und 16–19. Der Glöte-Porphyr (Nr. 5) wird zu den „Dala-Porphyren" gerechnet, obwohl er seine Heimat im Härjedalen hat.

Eine Karte von Dalarna, mit Erläuterungstext, finden Sie auf S. 80. Das Alter der Dala-Porphyre beträgt ca. 1650 Millionen Jahre (Präkambrium).

Die Porphyre werden hier nach ihrer chemischen Zusammensetzung untergliedert: Gesteine mit *vielen Kalifeldspateinsprenglingen* (rosa, rot gestreift oder hellbräunlich) sind zuerst aufgeführt (Nr. 23–28). Gesteine, die *keine oder fast keine Kalifeldspateinsprenglinge* aufweisen, finden Sie unter den Nummern 29–33 und 36.

Bitte beachten Sie: Der Månsta-Porphyr, Nr. 24, hat wenige, kleine Quarzeinsprenglinge. Da der Quarz auch fehlen kann, und da das Gestein den übrigen Dala-Geschieben ähnelt, ist es hier abgebildet und nicht auf den Tafeln 1–3.

Zuletzt steht ein grüner Porphyr, Nr. 37, mit einer besonderen chemischen Zusammensetzung.

23–23a. Bredvad-Porphyr. Nr. 23 zeigt die ursprüngliche Farbe dieses Gesteins. Nr. 23 a ist von der Verwitterung gebleicht worden. Der Bredvad-Porphyr ist der am häufigsten gefundene Dala-Porphyr, da sein Herkunftsgebiet das größte ist (1150 km²).

Die Grundmasse des Bredvad-Porphyrs ist ziegelrot oder rotbraun, in verwittertem Zustand hellrot (Nr. 23a). *Keine Quarzeinsprenglinge.* Zwei Sorten Feldspateinsprenglinge, beide 1–5 mm: 1) Kalifeldspäte, die undeutlich zu sehen sind (Nr. 23a), weil sie nur wenig heller als die Grundmasse sind; 2) weniger, *hell gelbgrüne Plagioklase*, die herauswittern und *kleine, vierkantige Vertiefungen* hinterlassen (Nr. 23a). 0,1–1 mm große grüne Körner von Epidot können vorkommen. Ganz wenige, kleine dunkle Einsprenglinge.

Der Bredvad-Porphyr hat dieselbe chemische Zusammensetzung wie der Garberg-Granit (Nr. 87) und ist das zugehörige Lavagestein, das entstanden ist, wo das granitische Magma an die Erdoberfläche drang.

Der Bredvad-Porphyr ist in seinem Herkunftsgebiet von einem dichten System von Klüften

durchsetzt. Das bewirkt, daß die Geschiebe in der Regel klein sind. Die durchschnittliche Größe liegt bei 7 cm (siehe S. 56).

Verwechslungsmöglichkeiten: *Roter Ostsee-Quarzporphyr* (Nr. 6) *und Glöte-Porphyr* (Nr. 5) haben Quarzeinsprenglinge. Nr. 23 und 23 a sind Strandgerölle aus Dänemark.

24. Månsta-Porphyr. Viele Einsprenglinge, weiße (Plagioklase) und rötliche (Kalifeldspat). Kleine schwarze Einsprenglinge von Hornblende und Biotit. *Echte Quarzeinsprenglinge gibt es nicht, aber in den ca. 5 cm großen, grünlichen, feinkörnigen Aggregaten finden sich graue Quarzkörner.* Fundort: Anstehendes bei Åsen, Dalarna.

25. Der **Åsen-Porphyr** oder **Oxåsen-Porphyr** ist eine typische Variante der einsprenglingsreichen Porphyre, die den Höhenrücken südlich des Ortes Åsen am Österdalälv (Dalarna) aufbauen. Andere Varianten sind Nr. 24 und 26. Die Grundmasse ist röter als unsere Nr. 26, der Kåtilla-Porphyr. Zwei Arten von Feldspateinsprenglingen: 1) weiße oder hellrote, längliche Kalifeldspäte *mit Querstreifen*, 2) 2–10 mm große *einfarbig hellgrüne Plagioklase*. Kleine schwarze Einsprenglinge von Hornblende (länglich) und von Biotit (rundlich). Keine Quarzeinsprenglinge. Verwechslungsmöglichkeiten: siehe Nr. 26. Strandgeröll von Tisvilde (Insel Sjælland, Dänemark).

26. Der **Kåtilla-Porphyr** ist eine weitere typische Variante der einsprenglingsreichen Porphyre aus dem Höhenrücken südlich des Ortes Åsen am Österdalälv (Dalarna). Er ähnelt dem Åsen-Porphyr (Nr. 25). Längliche, bis zu 1 cm große Kalifeldspäte mit *roten Querstreifen. Zweifarbige, gelbe und grünliche Plagioklaskörner*. Kleine schwarze Einsprenglinge von Biotit (rundlich) und Hornblende (länglich). Grundmasse stärker bräunlich als Nr. 25. Siehe auch Farbbild 27, Tafel 7. Strandgeröll von Drösselbjerg (Insel Sjælland, Dänemark).

Verwechslungsmöglichkeiten der einsprenglingsreichen Dala-Porphyre: *Brauner Ostsee-Quarzporphyr* (Nr. 7) und *Särna-Porphyr* (Nr. 12–13) haben Quarzeinsprenglinge, die in Nr. 24–26 fehlen. Die *Porphyrite* (Nr. 29–33) enthalten eine Menge Plagioklaseinsprenglinge, während die Kalifeldspateinsprenglinge fast völlig fehlen.

Der **Rote Orrlok-Porphyr** ist ein einsprenglingsreicher Dala-Porphyr, der Nr. 25–26 ähnelt, aber nahezu quadratische Kalifeldspäte enthält, ca. 1 cm in jeder Richtung.

23

23 a

90% nat. Gr.   25

24   26

26a. Ausschnittsvergrößerung von Nr. 26, Kåtilla-Porphyr. Das Bild ist lehrreich zum Studium der Feldspäte. In den länglichen Kalifeldspateinsprenglingen erkennt man rote und dunkle Lamellenstreifen. Diese rühren daher, daß der rote Farbstoff (Hämatit) sich an den Spaltflächen der Kristalle festgesetzt hat. Die Plagioklaskörner sind gelb oder grüngrau. Das Gelbe ist natriumhaltiger, das Grüne calciumhaltiger Plagioklas. Daraus, daß man die grünliche (Ca-)Farbe oft mitten im Korn findet, erkennen wir, daß der Calcium-Feldspat den höchsten Schmelzpunkt besitzt und daher zuerst auskristallisiert. Später kann sich der natriumreichere Feldspat als eine Hülle um das Korn legen. Da Natrium- und Calcium-Feldspat in beliebigem Mischungsverhältnis auftreten können, finden wir oft einen *allmählichen Übergang* zwischen den beiden Arten der Zusammensetzung – und damit auch zwischen den beiden Farben.

Hier und da findet man grünliche Körner von calciumhaltigem Plagioklas im Inneren der Kalifeldspäte. Die grünen Körner konnten nicht weiterwachsen, als sie vom Kalifeldspat eingeschlossen wurden. Hier handelt es sich *nicht* um einen allmählichen Übergang. Kalium- und Calcium-Feldspat können sich nicht vermischen. Diese Art Einschlüsse beweist, in welcher Reihenfolge die Kristallisation abgelaufen ist.

Quer durch das Bild verläuft oben ein gelblicher (bis schwach hellgrüner) Streifen. Das ist ein Gang (eine Spaltenfüllung) von *Epidot*, der lange nach der Erstarrung des Magmas gebildet worden ist.

27. Heden-Porphyr. Dieses Gestein findet man in kleinen Vorkommen entlang der Westgrenze des Dala-Gebietes. Die Grundmasse ist rotbraun bis dunkelbraun, nicht dicht; *die einzelnen Körner darin kann man mit der Lupe unterscheiden.* Verstreute Einsprenglinge, oft mit mehr als 1 cm Zwischenraum. Quarzkörner fehlen. Zwei deutlich unterscheidbare Arten von Feldspat: 1) 1 –10 mm große, rötlich-gelbbraune Kalifeldspat-Kristalle, die oft *einspringende Winkel* aufweisen. Hieran kann man erkennen, daß es sich um Zwillingskristalle handelt; Beschreibung siehe S. 26. 2) Etwas kleinere (2–7 mm), weiße Plagioklaskörner. Schwarze, biotithaltige Aggregate (2–4 mm), oft mit zungenförmiger (zerlappter) Begrenzung. Ab und zu enthalten sie auch helle Partien. Nadelförmige Körner von Hornblende, 1–2 mm. Strandgeröll von Drøsselbjærg, West-Sjælland.

28. Tandsjöborg-Porphyr. 28a: vergrößerter Ausschnitt. Tandsjöborg ist eine Station der schwedischen „Inlandsbahn" in der allernordöstlichsten Ecke von Dalarna (siehe Karte der Herkunftsgebiete auf S. 80). Der Porphyr ähnelt dem Venjan-Porphyrit (Nr. 29–30). Sowohl der Venjan-Porphyrit als auch der Tandsjöborg-Porphyr haben eine *rosagraue bis graubraune Grundmasse* und sehr viele Einsprenglinge. Beide enthalten keine Quarzkörner und führen zwei Sorten schwarzer Einsprenglinge: rundliche Biotitkörner und lange (nadelförmige) Hornblende-Kristalle. *Der Tandsjöborg-Porphyr enthält Einsprenglinge von drei oder vier verschiedenen Arten von Feldspäten,* nämlich 1) eine große Anzahl *weißer,* oft fast quadratischer, *rosa-geflammter oder -gestreifter* Kalifeldspäte (1–4 mm), 2) weniger, aber *große* (bis zu 2 cm), ins Auge springende, *klar apfelgrüne* Kristalle von Ca-Plagioklas, 3) und 4) *zonare,* 3–15 mm große Plagioklas-Kristalle mit *weißen bis beigefarbenen Kanten und einem bräunlichen oder silbergrauen Inneren* (siehe Nr. 28a). *Weder die Einsprenglinge vom Typ 1 noch die vom Typ 3 oder 4 findet man im Venjan-Porphyrit.* Fundort: Anstehendes von Tandsjöborg, Schweden.

29–30. Venjan-Porphyrit. Dieses Gestein findet man häufiger als Nr. 28, dem es ähnlich sieht. Die Farbe der Grundmasse schwankt zwischen fast *hellrot* über *rosagrau* (Nr. 29) und graubraun bis zu reinem *Grau* (Nr. 30). Die Einsprenglinge machen immer *deutlich mehr als die Hälfte der Gesamtmasse des Gesteins* aus. Die Zwischenräume zwischen ihnen sind nie größer als 3 mm. Zwei Arten Plagioklaskörner: *viele weiße/gelbliche* (1–10 mm) von Natrium-Plagioklas und *weniger, große* (2–12 mm) *gelbgrüne/schmutziggrüne* von Ca-Plagioklas. Ab und zu sieht man *einzelne* Körner von rosafarbigem Kalifeldspat. Runde bis sechseckige schwarze Körner von Biotit (1–3 mm) und lange (nadelförmige) Körner von Hornblende (1–4 mm). Oft sieht man große (1–2 cm) *grün-schwarze Aggregate* von Hornblende, Epidot und Chlorit. Die graue, feinkörnige Varietät (Nr. 30) findet sich vor allem im südlichen Teil des Vorkommens (siehe Karte des Herkunftsgebietes, S. 80). Verwechslungsmöglichkeiten: *Tandsjöborg-Porphyr* (Nr. 28), siehe oben. *Grauer Porphyrit* (Nr. 36) und *Lönneberga-Porphyr* (Nr. 35), siehe Tafel 8. Die Steine Nr. 29 und 30 sind Strandgerölle aus West-Sjælland.

2,5 × vergr.   26 a

27

28

28 a

2,5 ×
vergr.

27, 28, 29, 30: 90 % nat. Gr.

29   30

31–33. Grönklitt-Porphyrit (Roter Porphyrit, Orsa-Porphyrit) bildet ein Vorkommen von 400 km² bei Orsa, nordwestlich des Siljan-Sees. Die Farbe der Grundmasse variiert von *ziegelrot* (Nr. 31) über *pflaumenfarbig* bis *graubraun* (Nr. 33). *Zahlreiche, 1–4 mm große Plagioklaseinsprenglinge von einer oder zwei Arten, gelbbraun/weißgelb* (Nr. 31, 33) *und/oder gelbgrün/graugrün* (Nr. 32). Einige sind *länglich (leistenförmig)*, andere haben eine eher unregelmäßige Form. Durch die Verwitterung werden sie weiß. Gelegentlich findet man einige große, hellrote Kalifeldspatkörner. Verschiedene kleine, schwarze Körner, vor allem von Hornblende und Augit. Viele 3–10 mm große *schwarz-grüne Aggregate (Flecken)* aus Hornblende, Epidot und Chlorit. Diese wittern heraus und hinterlassen *unregelmäßige, grüne Vertiefungen in der Gesteinsoberfläche*. Aggregate dieser Art finden sich in den meisten Dala-Porphyren, aber im Grönklitt-Porphyrit sind sie besonders charakteristisch und zahlreich. Verwechslungsmöglichkeiten: Der Grönklitt-Porphyrit ist mit dem *Grauen Porphyrit* verwandt (Nr. 36), und kann nicht immer von diesem unterschieden werden. Der *Braune Ostsee-Quarzporphyr* (Nr. 7) hat Quarzeinsprenglinge und keine grünen Flecken (Vertiefungen). Die *übrigen rotbraunen Dala-Geschiebe* (Nr. 24–28) enthalten viele Einsprenglinge von Kalifeldspat. Strandgerölle von Sjælland.

34. Kullait. Ein äußerst eigentümliches Porphyrgestein, das an zwei Stellen in Schonen in Form von Gängen im Gneis vorkommt, nämlich im Kullen (daher der Name) und im Romeleåsen bei Dalby, östlich von Lund. Die Grundmasse besteht aus knapp 1 mm großen, *kräftig roten Kalifeldspäten* und – in den Zwischenräumen zwischen diesen – *grauschwarzem/graugrünem Biotit und Chlorit*. Die Körner kann man leicht mit bloßem Auge erkennen. Hier und dort (links unten im Bild) finden sich längliche, etwa 1–2 cm große *Einsprenglinge von Kalifeldspat*. Hier und da (rechts im Bild) außerdem große *Klumpen* von rotem Kalifeldspat oder weißem Kalkspat, mehrere cm im Durchmesser. Dabei handelte es sich anscheinend ursprünglich um Hohlräume, die später ausgefüllt worden sind. Auf Grund der geringen Größe seines Herkunftsgebietes wird der Kullait sehr selten gefunden. Strandgeröll vom Kullen, Schonen.

35. Lönneberga-Porphyr. Auf Grund seines Aussehens wurde dieser Småland-Porphyr nicht auf Tafel 3, sondern hier, neben Nr. 36 abgebildet, weil er leicht mit diesem verwechselt werden kann. Die Grundmasse ist schwarz. Hier

und dort (unten im Bild) findet man *Partien ohne Einsprenglinge*. Das Gestein kann gestreift sein und erinnert daher an einen Ignimbrit. Bei weitem die meisten Einsprenglinge sind Plagioklas. Das sind *weiße* und *0,1–6 mm große* Körner (Lupe empfehlenswert!). Sie haben beinahe *zufällige Formen* (ähnlich Porzellanscherben); rechteckige oder leistenförmige Körner sind selten. Hier und dort findet man einige graugrüne Feldspatkörner oder – selten – millimetergroße graue Quarzkörner. *Viele schwarze Biotitkörner.* Alter: ca. 1600 Millionen Jahre (Präkambrium). Verwechslungsmöglichkeiten: dem *Blyberg- und Orrlok-Ignimbrit* (Nr. 16, 17) fehlen die Biotitkörner. *Grauer Porphyrit* (Nr. 36) enthält schwarzgrüne Aggregate. *Oslo-Basalte* (Nr. 44–46) enthalten deutlich leistenförmige Feldspäte. Vom *Venjan-Porphyrit* (Nr. 30) unterscheidet er sich durch die Farbe der Grundmasse. Herkunft: Lönneberga, im Binnenland von Ostsmåland. Strandgeröll von Røsnæs.

Fagerhult-Quarzporphyr. Der Fagerhult-Quarzporphyr hat eine grauschwarze Grundmasse und 1–5 mm große, weiße (oder leicht hellbraune) Plagioklaseinsprenglinge in Scherben- oder Splitterform, ähnlich wie der Lönneberga-Porphyr. Der deutlichste Unterschied zu diesem besteht darin, daß man im Fagerhult-Quarzporphyr mit mehreren cm Zwischenraum *runde, 1–3 mm große, blaugraue Quarzkörner* findet. Herkunftsort: Fagerhult, Binnenland von Ostsmåland, siehe S. 130.

36. Grauer Porphyrit. Der am stärksten basische Dala-Porphyr, beinahe basaltisch. Er ist auf der Karte auf S. 80 nicht ausgegliedert; man findet ihn an verschiedenen Stellen in den Gebieten, für die Vorkommen von Grönklitt- und Venjan-Porphyrit angegeben sind. Die Grundmasse ist tiefgrau bis schwarzviolett, eine Variante auch rotbraun. Zahlreiche, dicht liegende Einsprenglinge von Plagioklas, oft länglich (leistenförmig), 1–3 mm groß und gelbbraun bis graugrün. *Viele schwarze Einsprenglinge* von Augit und Biotit. *Schwarzgrüne Aggregate* von Augit, Hornblende und Chlorit. Das Gestein kann Olivin enthalten (klare, gelbgrüne Körner, Härte 7). Goldschimmernde Körner von Pyrit (Schwefelkies) können vorkommen. Verwechslungsmöglichkeiten: *Blyberg-* und *Orrlok-Ignimbrit* (Nr. 16–17) haben keine schwarzen Einsprenglinge. Der *Lönneberga-Porphyr* (Nr. 35) und die *Oslo-Basalte* (Nr. 44–46) können dem Grauen Porphyrit sehr ähnlich sehen; ihnen fehlen zwar die Aggregate, aber die Basalte können grüne Flecken anderer Art enthalten. Fundort: Anstehendes, Sönnberg, Vansbro, Dalarna.

90% nat. Gr.

Grüne, alkalische Porphyre. Bei den Porphyren ist die grüne Farbe selten; sie zeugt von einer außergewöhnlichen chemischen Zusammensetzung. Nr. 37 stammt aus Dalarna, Nr. 38 aus dem Oslo-Gebiet. In beiden Fällen geht die Farbe der Grundmasse zurück auf mikroskopisch kleine Körner von *Aegirin* (siehe Rahmen). Sowohl in Nr. 37 als auch in 37 a und 38 sieht man schwarze, nadelige Kristalle desselben Minerals. Aegirin kommt nur in Magmagesteinen vor, die einen hohen Anteil an Natrium enthalten. Derartige Gesteine werden als *alkalisch* bezeichnet; sie sind ein Eldorado für Mineraliensammler – man kann fast sagen, daß sie von seltenen Mineralen „nur so wimmeln".

37. Särna-Tinguait. Der Begriff Tinguait ist auf S. 81 erklärt. Das Herkunftsgebiet ist auf die Umgebung von Särna in Dalarna begrenzt, wo Tinguait-Gänge die Porphyre durchziehen. Die Grundmasse ist blaugrün/graugrün durch Aegirin (siehe Rahmen). Fünf Arten von Einsprenglingen kommen vor; einige davon können jedoch auch fehlen: 1) *Aegirin*, schwarze, nadelige Kristalle, 1 mm bis zu mehrere cm lang. 2) Natriumhaltiger Kalifeldspat, weiße oder gelbliche Körner, 1–5 mm. 3) *Nephelin*, grau, 1–10 mm große Kristalle ohne Spaltbarkeiten, mit einer Tendenz zu sechseckiger Ausbildung (den größten davon sieht man etwa in der Bildmitte). 4) *Cancrinit*, ein seltenes, natriumhaltiges Mineral, das ca. 1 mm große, formlose, rötliche bis gelbgraue Flecken bildet, vor allem in der oberen Bildhälfte, sowie Ringe um Nephelinkörner. 5) Biotit, runde oder sechseckige schwarze Körner, 1–10 mm.

37a: Vergrößerter Ausschnitt der Verwitterungsrinde von Nr. 37. Durch die Verwitterung wird der Särna-Tinguait mit einer charakteristischen, gelblichen Kruste mit rotbraunen Flecken überzogen. Diese Kruste sieht man auch unten

rechts im Farbbild 37. Bei den gelben Körnern handelt es sich um Feldspat. Die größten Aegirinkristalle sind schwarz, die kleineren *mit einer kräftig rotbraunen Farbe angelaufen*. Es ist dieselbe rotbraune Farbe, die in Flecken bei der Verwitterung vorkommt. Die Kruste ist staubartig locker und fällt nach und nach ab. Der Särna-Tinguait wird selten gefunden. Alter: ca. 280 Millionen Jahre (Karbon). Loser Block, Särna, Dalarna.

Oslo-Porphyre, Nr. 38–43

38. Grorudit. Zur Erläuterung vgl. den Abschnitt über „grüne alkalische Porphyre" und S. 81. Das Gestein kommt in Gängen vor. Grüne Grundmasse. Helle, ab und zu rosa gefärbte, Einsprenglinge von natriumhaltigem Kalifeldspat, 1–10 mm groß. *1–2 mm große schwarze Nadeln von Aegirin*, siehe Rahmen. Rostbraune Flecken können vorkommen; sie resultieren aus der Verwitterung von Aegirin in der Grundmasse. Kann von Särna-Tinguait (Nr. 37) dadurch unterschieden werden, daß die Einsprenglinge von Biotit, Cancrinit und Nephelin fehlen. Strandgeröll von Røsnæs.

39–41. Rhombenporphyr. Das wichtigste Leitgeschiebe des Oslo-Gebietes; wahrscheinlich das am leichtesten zu bestimmende skandinavische Leitgeschiebe.

Eine Beschreibung des Oslo-Gebietes mit Karte finden Sie auf S. 81–83. Rhombenporphyr und Larvikit (Farbbilder 112–113) sind zwei der Gesteine, die den größten Teil des Gebietes bedecken (Rhombenporphyr: 1150 km²; Larvikit: 1700 km²). Der Rhombenporphyr ist eine Lava, der Larvikit ein Plutonit; ihre chemische Zusammensetzung ist jedoch gleich. Kalifeldspat und Plagioklas kommen in etwa gleich großen Mengen vor. Im Rhombenporphyr findet man den *Plagioklas als Einsprenglinge*, während der Kalifeldspat in der Grundmasse vorkommt. Die Einsprenglinge sind in der Regel hell, 0,5–3 cm groß, und einige davon sind auf jeden Fall *rhomben- oder bootförmig ausgebildet*. Diese Form ist äußerst ungewöhnlich und nur von zwei anderen Stellen auf der Erde bekannt (Kebnekaise in Nordschweden und Mount Erebus in der Antarktis). Die Rhomben sind mitunter zonar, mit einem hellen Außenrand und fleckigem Inneren (Nr. 39). Sie können entsprechend der Fließrichtung der Lava eingeregelt sein. Zwillingskristalle kommen vor (z.B. in Farbbild 39 links); diese können sternförmig ausgebildet sein. Außer Plagioklas sieht man nur schwarze Einsprenglinge,

Fortsetzung S. 124

Minerale im Tinguait

Aegirin, $NaFeSi_2O_6$. Nadelige, schwarze Kristalle mit quadratischem Querschnitt. Pulverfarben grün; verwittert rostbraun. Härte 6.

Nephelin, $Na_3K(AlSiO_4)_4$. Die Kristalle bilden sechseckige Prismen. Keine Spaltbarkeiten. Gräulich, bräunlich, rötlich. Härte 6. Fettglanz. Verwittert sehr schnell.

Cancrinit, $Na_6Ca_2(AlSiO_4)_6CO_3(OH)_2$. Selten idiomorphe Kristalle. Gelbgrau, rotbraun. Härte 5.

37

38

90% nat. Gr. (außer 37a)

39

40

37a   2×
vergr.

41

meist (kleine) von Biotit, sowie einige von Augit. Die schwarzen Körner können fehlen. Die Farbe der Grundmasse variiert zwischen hellbraun, dunkelbraun, rotviolett und schwarz.

Die Anzahl und Größe der Einsprenglinge variiert von Lavadecke zu Lavadecke. Das Gestein kommt in zwei Gebieten vor, von denen Vestfold das größere ist; in diesem treten auch die meisten verschiedenen Varianten auf. Alter: 250 Millionen Jahre (Perm). Verwechslungsmöglichkeiten: *Småland-Porphyre* (Farbbilder 9–11) haben keine rhombischen Einsprenglinge. Farbbilder 39–40: Strandgerölle, Dänemark.

Nr. 41 ist ein **intrusiver Rhombenporphyr**, d.h. ein Typ, der in Gängen vorkommt, mitunter in erheblicher Entfernung vom eigentlichen Oslo-Gebiet. Einen Gang kann man über hunderte von Kilometern bis nach Bohuslän verfolgen, einen anderen in Richtung Nordwesten bis zum Sperillen-See. Die Grundmasse ist *rotbraun, schwarzfleckig.* Die Körner darin kann man mit bloßem Auge erkennen. Die Einsprenglinge sind *gelblich bis hellblau.* Strandgeröll, Drøsselbjerg, Westsjælland.

42–43. Rektangelporphyr. Eine einzige Porphyrlage nördlich von Oslo hat rechteckige Plagioklaseinsprenglinge. Die Grundmasse ist schwarz. Einige schwarze Einsprenglinge von Augit. Der Rektangelporphyr ist stärker basisch als der Rhombenporphyr und bildet den Übergang zu diesem zum Basalt (Nr. 44–46). Beachten Sie, daß die Übergänge zwischen Lavagesteinen niemals fließend sind, sondern immer stufenweise erfolgen. Man kann daher sagen, daß der Rektangelporphyr eine Zwischenstufe zwischen Basalt und Rhombenporphyr darstellt. Verwechslungsmöglichkeiten: *Småland-Porphyre* (Nr. 9–11) haben stumpfkantige Einsprenglinge. *Öje-Diabas* (Nr. 47) hat eine gröbere Grundmasse. Nr. 42 und 43 sind Strandgerölle aus Dänemark.

Basalte und Diabase, Nr. 44–52

44–46. Basalte aus dem Oslo-Gebiet. Karte S. 82. Die Basalte liegen an den meisten Stellen unter den Rhombenporphyren (Nr. 39–40), so daß die Fläche, an denen sie an der Oberfläche anstehen, relativ klein ist (220 km^2). Die meisten Varianten haben Einsprenglinge und fallen damit unter die Porphyre. Daß man diese Bezeichnung nicht verwendet, liegt daran, daß sich der Begriff „Basalt" für diese Gesteine eingebürgert hat.

Die Grundmasse ist feinkörnig oder dicht, schwarz. Plagioklaseinsprenglinge haben eine Länge von 2–30 mm und eine Breite von 0,3–3 mm. Sie sind immer *leistenförmig*, nicht als Platten ausgebildet. Sie sind in der Regel hell (weißlich), gelegentlich grünlich. Zwillingskristalle, die *Sterne bilden*, sieht man häufig (Nr. 44). Kurze, breite, *schwarze* (gelegentlich violette) *Einsprenglinge von Augit* sind häufig; man findet sie aber nicht so oft mit den Plagioklaskörnern zusammen (Nr. 46). Wenn nur die Augitkörner vorkommen, ist das Herkunftsgebiet unsicher. In Farbbild 44 sieht man viele 2–5 mm große, rundliche, *grüne bis rostfarbene Flecken*. Viele mögen vor Jahrmillionen Einsprenglinge von Olivin gewesen sein. Sie sind inzwischen durch die Verwitterung umgewandelt worden, entweder zu dem grünlichen, weicheren Mineral *Serpentin* oder zu einer rostfarbigen Masse. Frische, unverwitterte Olivine sind in den Oslo-Basalten nicht zu finden.

Gaslöcher sind nicht selten (siehe Farbbild 45). Im Laufe der Zeit sind die meisten von ihnen mit Mineral-Kristallen ausgefüllt worden, die von durchsickerndem Wasser ausgefällt worden sind (= *Mandeln*). Die Mandeln können hell sein (weiß, gelblich, rötlich). Grünliche Mandeln bestehen aus dem Silikatmineral *Seladonit*. Diese Mandelfüllungen kann man oft daran erkennen, daß sie einen *hellen Rand* haben. Das sieht man besonders bei Nr. 45, aber auch bei Nr. 44.

Alter: 250 Millionen Jahre (Perm).

Verwechslungsmöglichkeiten für Oslo-Basalte: *Grauer Porphyrit* (Nr. 36), *Lönneberga-Porphyr* (Nr. 35), siehe dort.

Einige Minerale in Oslo-Basalten
Seladonit ist ein Glimmermineral, das dieselbe Zusammensetzung aufweist wie Glaukonit:
$(K,Na,Ca)(Fe,Mg)_2(Al,Si)_4O_{10}(OH)_2$. Weiche Masse. Glaukonit siehe S. 95.
Serpentin, $Mg_3Si_2O_5(OH)_4$, grünes Mineral, der formlose Massen bildet. Seifen- bis Fettglanz. Härte 4 (Olivin: Härte 7). Für Serpentinklumpen, die die ursprünglichen Plätze des Olivins einnehmen, gebraucht man den Ausdruck: *Pseudomorphosen nach Olivin.*

42

43

44

45

90% nat. Gr.
(außer 46)

²/₃ nat. Gr.

46

47. Öje-Diabas (Öje-Basalt). An vielen Stellen in Schweden und Norwegen (und auf Bornholm) kommen Diabase mit rechteckigen, bis zu mehrere cm großen Einsprenglingen von Plagioklas vor, so wie der Stein in Farbbild 47. Bei fast allen Diabasen hat die Grundmasse eine *ophitische Textur*. Das bedeutet, daß tafel- oder leistenförmigen Plagioklaskristalle (weiß) darin eine Art Gitter bilden. Die Maschen des Gitters sind ausgefüllt mit Augit (schwarz). Die Augitkristalle sind um die Plagioklasleisten herumgewachsen (siehe Abb. 68). Nr. 51 (Åsby-Diabas) weist eine besonders grobe ophitische Textur auf.

Der Öje-Diabas (Öje-Basalt) aus Dalarna bildet das größte Vorkommen von Basalt mit Plagioklasen und ophitischer Textur in Südskandinavien. Die Grundmasse ist schwarzgrün/schwarzgrau/schwarzviolett, *koksartig*. Sie kann in frischem Zustand dunkle Plagioklase enthalten, so daß die ophitische Textur schwer zu erkennen ist, selbst wenn man die einzelnen Körner mit der Lupe unterscheiden kann. In verwittertem Zustand sind die Plagioklas-Leisten heller. Die Plagioklaseinsprenglinge bilden *plattige*, 1–9 cm lange Kristalle. Sie sind *zufällig orientiert*, so daß man einige im Längsschnitt, andere im Querschnitt sieht. Sie sind meistens *hellgrün*, gelegentlich auch weißgrau, und *voller Einschlüsse, die den Körnern ihre unregelmäßige Querstreifung geben*. Große Partien der Grundmasse weisen keine Einsprenglinge auf.

Der obere Teil der Lavadecken war ursprünglich reich an Gasblasen. Im Laufe der Zeit haben sich aus durchsickerndem Wasser Minerale als „Mandeln" in diesen Hohlräumen abgesetzt. Die häufigsten Mandeln bestehen aus einer *schwarzen, weichen Masse von Chlorit* oder aus *Quarz mit kon-*

zentrischen, farbigen Streifen (= Achat). Die Mandeln können von 1 mm bis zu über 20 cm groß sein. Einsprenglinge und Mandeln finden man nicht oft zusammen. Wenn beide Merkmale fehlen, ist das Gestein nicht bestimmbar. Das Hauptvorkommen in Dalarna ist auf S. 80 dargestellt.

Alter: ca. 1200 Millionen Jahre (Präkambrium). Verwechslungsmöglichkeiten: *Andere Diabase*, siehe oben. *Oslo-Basalte* (Nr. 44–46) haben leistenförmige, nicht plattige Einsprenglinge. Der *Rektangelporphyr* (Nr. 43) hat eine dichte Grundmasse. Bruchstück eines großen Blockes, Kronborg, Helsingør.

48. Kinne-Diabas. Die Entstehung und Verbreitung dieses Gesteins haben wir auf S. 45 beschrieben. Seine Textur erinnert stark an das Beispiel in Abb. 68b: Grauschwarze, *2–8 mm große Augitkristalle mit rundlichem Umriß sind von vielen kleinen* (ca. 1 mm langen) Plagioklas-Leisten durchwachsen. Die Augitkristalle werden oft als „Nester" bezeichnet. *Zwischen den „Nestern" findet man Olivinkörner,* die gerade noch mit der Lupe erkennbar sind. Viele davon sind zu Serpentin umgewandelt worden (vgl. Tafel 10), oder zu Rost.

Olivin verwittert rascher als Augit und Plagioklas. Das Ergebnis ist, daß *verwitterte Blöcke eine unregelmäßige Oberfläche aufweisen, auf der die „Nester" als Erhebungen („Knoten") hervortreten. Die Zwischenräume haben einen grünlichen oder rostbraunen Ton.* Die verwitterte Gesteinsoberfläche ist leichter zu erkennen als eine frische Bruchfläche.

Alter: 250 Millionen Jahre (Perm). Verwechslungsmöglichkeiten: *Särna-Diabas* (siehe unten). Nr. 48: Strandgeröll von Odsherred, Nr. 48a: am Strand von Hundested, Dänemark.

49. Särna-Diabas. Siehe Karte S. 80. Der Särna-Diabas hat dieselbe Textur wie der Kinne-Diabas (siehe oben), aber die „Augitnester" sind größer, etwa 2–4 cm. An einigen Stellen im Herkunftsgebiet können sie jedoch auch kleiner als 1 cm sein. Dann kann man das Gestein nicht vom Kinne-Diabas unterscheiden, aber das hat auf die statistische Auswertung der Geschiebezählungen keinen Einfluß. Die Verbreitung der Olivinkörner ist nicht auf den Zwischenraum zwischen den „Nestern" beschränkt, sondern reicht in gewissem Maße in diese hinein. Die rostfarbene Marmorierung auf dem Bild stammt von verwittertem Olivin. Die Größe der „Knoten" auf der Gesteinsoberfläche in Farbbild 48a und 49 kann man durch Vergleich mit dem Schlüsselbund abschätzen. Alter: ca. 1200 Millionen Jahre (Präkambrium). Geschiebe am Nordstrand von Helsingør, Dänemark.

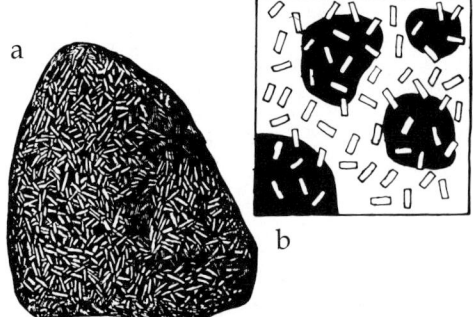

Abb. 68. Ophitische Textur; a) in einem Strandgeröll (nach NOE-NYGAARD); b) Prinzipskizze (nach HAMILTON et al.).

47

47

48

47, 48:
⁵⁄₆ nat. Gr.

48 a

Durchm. ca. 1 m

Durchm. ca. 0,5 m

49

50. Hyperit-Diabas. Kleine Vorkommen und Gänge in der zerdrückten Zone, die vom Romeleåsen in Schonen über Värmland bis nach Kongsvinger in Norwegen verläuft.

Sämtliche Körner in diesem Gestein sind schwarz, gelegentlich mit einem schwach bräunlichen oder violetten Schimmer. *Korngröße: 2–15 mm.* Auf einer Bruchfläche sieht man vor allem die Lichtreflexe der *schwarzen, leistenförmigen Plagioklaskristalle,* siehe Farbbild 50. Zwischen den Plagioklasen findet man u.a. Körner von Erzmineralen und braunvioletten Olivin. Hyperit ist zäh und verwittert nicht leicht. Er wird z.B. für die Herstellung von Grabsteinen und Statuen gebrochen. Im Taberg (Småland) ist der Hyperit reich an Ilmenit (siehe Rahmen) und wurde als Eisenerz abgebaut. Alter: ca. 1570 Millionen Jahre (Präkambrium). Verwechslungsmöglichkeiten: Eine andere grobkörnige, völlig schwarze Gesteinsart kommt in Schweden und Norwegen vor, nämlich der „Schillerstein" oder *Peridotit.* Er enthält jedoch keine Plagioklas-Leisten. Fundort von Nr. 50: Anstehendes bei Lönsboda, Schonen.

51. Åsby-Diabas. Der Åsby-Diabas ist kein ideales Leitgeschiebe, da er außerhalb seines Hauptverbreitungsgebietes in Dalarna (Karte S. 80) an verschiedenen anderen Stellen vorkommt, z.B. in Jämtland und bei Gävle.

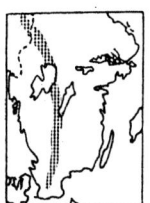

Abb. 69. In dem schraffierten Gebiet finden sich zahlreiche kleine Vorkommen von Hyperit.

Abb. 70. Magnetitkristall.

Erzminerale im Diabas
Magnetit (Magneteisenstein) Fe_3O_4. Schwarz. Metallglanz, etwa wie die Bruchfläche von Gußeisen. Härte 6. Magnetisch. Kristallform: Oktaeder („Doppelpyramiden"). **Ilmenit** (Titaneisen) $FeTiO_3$. Schwarz. Metallischer Glanz. Nicht magnetisch. Härte 5,5. Sechseckige Kristalle. **Pyrit** (Schwefelkies) FeS_2. Gelb mit Messingglanz. Härte 6. Kristalle: Würfel oder regelmäßige Polyeder.

Wichtigste Kennzeichen: Das *sehr grobe, ophitische Muster* (der Begriff ist bei Tafel 11 erläutert). Die Plagioklas-Leisten können über 1 cm lang sein. In Gängen kann die Korngröße geringer sein; das Gestein ist dann unbestimmbar. Man findet immer mehrere mm große, *gelbe Körner von Olivin* (siehe Farbbild 51) und *metallisch glänzende Körner* von Eisenerz (Magnetit oder Ilmenit, siehe Rahmen). Goldglänzende Körner von Pyrit kommen ebenfalls vor.

Die Verwitterung führt dazu, daß die Feldspat-Leisten gitterartig über ihre Umgebung hervorstehen. Alter: ca. 1200 Millionen Jahre (Präkambrium). Verwechslungsmöglichkeiten: *Granat-Amphibolit* (Nr. 119) kann bei oberflächlicher Betrachtung ähnlich aussehen, vor allem, wenn er nicht gestreift ist. Aber der Granat-Amphibolit enthält Granat und keine Olivin- und Erzkörner. *Nephelin-Syenit* (Nr. 115) aus dem Oslo-Gebiet zeigt in verwittertem Zustand eine ähnliche Oberfläche. Fundort: Anstehendes bei Nordingrå, Schweden.

52. Schonen-Basalt. Nr. 52: Strandgeröll. 52a: Vergrößerung eines Olivinkorns in Nr. 52. 52b: Bruchstück eines Feldsteines. Die Grundmasse ist *dicht* (Körner nicht mit bloßem Auge unterscheidbar), *zäh, schwarz. Einsprenglinge von grünem Olivin,* 1 mm–1 cm groß. Außer diesen Einsprenglingen findet man mehrere cm große Klumpen von Olivin (Nr. 52b). Die Klumpen bestehen aus einer Vielzahl von Kristallen und enthalten gelegentlich auch schwarze Körner von Augit. Das bezeugt, daß sie Bruchstücke eines fremden Gesteins, *Peridotit,* darstellen, die beim Vulkanausbruch aus der Erdkruste mitgerissen worden sind. Die Lava muß aus großer Tiefe aufgedrungen sein. Die Körner und Klumpen von Olivin wittern heraus und hinterlassen *Hohlräume an der Gesteinsoberfläche* (Nr. 52). Farbbild 52a zeigt, wie der Olivin in einem solchen Hohlraum zum Teil zu Rost umgewandelt worden ist; einige grüne Reste sind jedoch zurückgeblieben. Steine aus einer Moräne oder von Feldern, sind oft von einer dicken *braunen oder graubraunen Verwitterungskruste überzogen* (Nr. 52b). Bei Strandgeröllen ist diese Kruste durch das Rollen in der Brandung beseitigt (Nr. 52). Herkunft: Ca. 80 kleine Vulkanschlote im Gebiet zwischen Söderåsen und Ringsjön in Schonen (siehe auch S. 46). Alter: 140 Millionen Jahre (Jura). Überall ist der Basalt zu 20–30 cm breiten Säulen erstarrt (siehe Abb. 35). Geschiebe können daher nicht größer sein als die Breite dieser Säulen. Farbbild 52b zeigt ein Strandgeröll von Sjælland.

50

52a
2,5 ×
vergr.

90% nat. Gr.
(außer 52a)

51

52b

52

Plutonite, Nr. 53–115

Småland-Granite, Nr. 53–64

Das östliche Småland ist ein Teil des „Filipstad-Granitstreifens", der 1650 Millionen Jahre alt ist. Die småländischen Granitgebiete umfassen ca. 14 000 km² mit vielen Gesteinstypen, die jedoch in „Familien" untergliedert werden können, deren Mitglieder gewisse Ähnlichkeiten aufweisen.

Die roten Småland-Granite, Nr. 53–57, *haben eine außerordentlich charakteristische rotbraune Farbe,* die Granite aus anderen Gebieten nur selten erreichen. *Rotbrauner Kalifeldspat und hellgrauer oder blauer Quarz dominieren vollständig.* Plagioklas kann fehlen, oder er findet sich in geringen Mengen. Die grünlichen oder grünbraunen Flecken (Nr. 54, 64) bestehen aus *Chlorit,* entstanden aus der Umwandlung von Biotit. *Biotit ist das einzige schwarze Mineral.*

53. Uthammar-Granit. Zusammensetzung siehe oben (unter „Die roten Småland-Granite"). Grobkörnig. Rotbraune Kalifeldspatkristalle; *viele davon bilden 1 cm breite und 2 cm lange, gleich große Rechtecke.* Eine große Zahl hiervon sind Karlsbader Zwillinge. Einige haben einen Durchmesser bis zu 5 cm. Bei der Verwitterung nimmt der Kalifeldspat eine matte, gelbrote/graurote Farbe an. Quarzkörner 3–6 mm, weiß mit einem milchigen Schimmer, seltener blaßblau. Anstehendes von Uthammar, schwedische Ostküste.

54. Vånevik-Granit. Zusammensetzung siehe oben (unter „Die roten Småland-Granite"). Grobkörnig. Quarz in ca. *1–3 cm großen Aggregaten (Haufen), himmelblau bis dunkel violettblau, meist mit einem milchigen Schimmer.* Die blaue Farbe im Bild ist übertrieben. Biotit in 1 mm-1 cm großen Haufen (keine Streifen). Braungrüne Chloritflecken. *Hier und dort sieht man mehr als millimetergroße, braune Titanitkristalle mit gutausgebildeten Kristallformen (Lupe benutzen!).* Titanit siehe S. 146. Verwechslungsmöglichkeiten: *Roter Graversfors-Granit* (Nr. 72) hat keine Titanitkristalle oder Chloritflecken. Pflasterstein, Birkerød, Dänemark.

Virbo-Granit besteht, aus der Entfernung gesehen, aus *schwarzen, feinkörnigen Biotitstreifen, die sich zwischen den 1–4 cm großen, kräftig rotbraunen Kalifeldspatkristallen hindurchwinden.* Quarz findet man in zwei Formen, die beide innerhalb der Biotitstreifen liegen: (a) 1–4 mm große, weißliche, *„hagelzuckerartige" Haufen kleiner Körner,* (b) hellgraue oder bläuliche, 1–3 mm große Einzelkörner. Plagioklas fehlt entweder völlig oder kommt in Form von einzelnen, weißen Körnern vor. Farbbild 55 ist

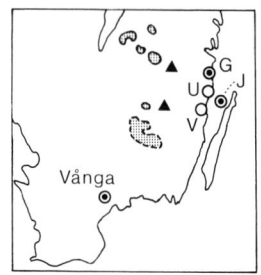

Abb. 71. Herkunftsgebiete einiger südschwedischer Gesteine. Raster: Grauer Växjö-Granit. Dreiecke: Lönneberga und Fagerhult, siehe Nr. 35 (Lönneberga ist das nördliche Dreieck). G = Götemar; J = Jungfrun; U = Uthammar; V = Vånevik und Virbo.

untypisch. Anstehendes von Saltvik, Ostküste von Småland.

Götemar-Granit wird auf S. 134 beschrieben.

56–57. Gewöhnliche rote Småland-Granite mit grauem und blauem Quarz. Beschreibung siehe oben (unter „Die roten Småland-Granite"). Weniger gut als Leitgeschiebe geeignet als Nr. 53–55, da sie sehr weit verbreitet sind. Zwei Strandgerölle von Gilleleje, Sjælland.

58–60. Småland- und Östgöta-Granite mit Kalifeldspat-"Augen" mit Augenringen machen südöstliche Fortsetzungen des Filipstad-Granitgebietes aus, siehe S. 78, Karten S. 77, 79. Selbst wenn gewisse Varianten dem Filipstad-Granit sehr ähneln, kann man doch einige als Leitgeschiebe verwenden. **Nr. 58, Mariannelund-Granit** (siehe Karte S. 78) enthält *viele dicht liegende, 0,5–2 cm große, blaß gelbbraune (beige) Feldspataugen,* gelegentlich mit einem rosa Schimmer. Die meisten Augen sind abgerundet, weniger sind viereckig. *Einige (nicht alle) haben einen hellen Plagioklasring.* Der Quarz ist ganz hell milchigblau oder weißgrau.

Nr. 59 und 60 haben zahlreiche, fast weiße Plagioklaskörner in einer schwarzen Grundmasse. Dieses Kennzeichen ist typisch für Östergötland, aber findet sich auch im Filipstad-Granitgebiet am nördlichen Ende des Vätter-Sees (siehe Nr. 179). Die Farben der Feldspataugen und dieselben sind im Filipstad-Granit (rot, braun und grauviolett). Vgl. Text auf S. 148 und 170. Nr. 58, 59 und 60 sind Steine von Kronborg bei Helsingør, Insel Sjælland, Dänemark.

Die småländische „Familie" von Graniten mit Augenringen umfaßt außerdem **Nr. 100,** den **Kinda-Granit** und **Nr. 94,** den **Barnarp-Trikoloregranit.**

53

54

³/₄ nat. Gr.

55

56

57

58

59

60

61–62. Grauer Växjö-Granit. Verbreitung siehe S. 130. „Schwarz-grau-weißer", fein- bis mittelkörniger Granit mit *Kalifeldspataugen in rosa, braunvioletten oder braunen Farbtönen.* Die Augen haben oft eine *unregelmäßige Form und können innerhalb ein und desselben Blockes von sehr verschiedener Größe sein* (3 mm-4 cm). Sie sind ungleichmäßig verteilt, oft mit vielen Zentimetern Zwischenraum. Plagioklas in 1–4 mm großen, weißlich/gräulichen Körnern, *in viel größerer Menge als Kalifeldspat.* Die meisten Plagioklaskörner haben unklare Grenzen; einige sind deutlich viereckig. Quarz hellgrau, in begrenzter Menge, in wenige mm großen Körnern, die schwer zu erkennen sind. *Dunkle Minerale machen bis zu 40 % des Gesteins aus.* Sie sind in kleinen Haufen angeordnet, die *gleichmäßig verteilt sind und ein feines Fleckenmuster ergeben.* Hier und dort sieht man zusammenhängende schwarze „Landschaften". Ein Teil Hornblende. Verwechslungsmöglichkeiten: *Kristinehamn-Granit* (Nr. 101–104 und 122) hat „Augen", die von gleicher Größe und gleichmäßig verteilt sind, mit wenigen cm Zwischenraum. Der *Sala-Granit* (Nr. 79) und der *Järna-Granit* (S. 146) enthalten weit mehr Quarz. Strandgeröll, Gilleleje, Dänemark.

63. Rosa Växjö-Granit. *Die Kalifeldspäte bilden eine zusammenhängende Masse, die in undeutlich abgegrenzten Flächen zwischen gedämpftem Rosa und gelblichen Farben changiert.* Ist ein Steine überwiegend rosa, mit einem Farbton etwa wie Nr. 64. *Viele „leuchtende", weiße bis hellgelbe, 1–3 mm große Plagioklase.* Quarz grau. Biotit in der Regel in 0,5–1 cm großen, rundlichen Flecken. Dieser Typ ist im Landesinneren in Südost-Småland weit verbreitet. Strandgeröll, Langeland, Dänemark.

64. Deformierter Småland-Granit. Viele Småland-Granite zeigen Spuren einer gewissen Verformung (einer schwachen Metamorphose). Die Quarzkörner in Farbbild 64 sind so kräftig zerdrückt worden, daß sie weiße Streifen bilden. Unter der Lupe betrachtet erinnern die Quarzklumpen an Streuzucker. Die Kalifeldspat-Partien sind zentimetergroß oder größer und zeigen hübsch reflektierende Spaltflächen, sind aber bei näherem Hinsehen aufgespalten in kleinere Körner. 2–4 mm große, gelbliche Plagioklaskörner. Die grünlichen Flecken sind Chlorit (= umgewandelter Biotit). In der Vergrößerung (Abb. 82) erkennt man deutlich die charakteristischen Züge. Strandgeröll, Gilleleje, Dänemark.

Anmerkung: Der Name „Roter Växjö-Granit" wird sowohl auf Nr. 56–57, als auch auf Nr. 63 angewendet. Um Verwirrung zu vermeiden, habe ich andere Bezeichnungen gewählt. In der deutschen Literatur wird Nr. 64 als „Vislanda-Granit" bezeichnet; dieser Name ist im Schwedischen unbekannt.

Übersicht über Gesteinstypen aus dem Landesinneren von Småland und von der Ostküste

Ostküste: Nr. 8 Högsrum-Porphyr, Nr. 53 Uthammar-Granit, Nr. 54 Vånevik-Granit, Nr. 55 Virbo-Granit, Götemar/Jungfrun-Granit (siehe unten).

Binnenland: Nr. 9 Sjögelö-Porphyr, Nymåla-Porphyr, Nr. 35 Lönneberga-Porphyr, Fagerhult-Quarzporphyr, Nr. 58–60 Småland-Augengranite, Nr. 61–62 Grauer Växjö-Granit, Nr. 63 Rosa Växjö-Granit.

Sowohl an der Küste als auch im Binnenland: Nr. 10 Påskallavik-Porphyr, Nr. 11 Emarp-Porphyr, Nr. 56–57 Roter Småland-Granit.

Granite mit Pyterlit-Textur, Nr. 65–66 und 154

Es kann verwirren, daß die Bezeichnung „Rapakivi" in der Literatur für zwei Granittypen verwendet wird, die anscheinend sehr verschieden sind. Die Erklärung dafür ist, daß sie in der Regel zusammen vorkommen. Unter „Rapakivi" soll in diesem Buch der am meisten verbreitete Typ mit den Plagioklasringen um die „Augen" aus Kalifeldspat verstanden werden (siehe Tafel 15). Für den anderen Typ hat WAHL 1925 die Bezeichnung Pyterlit vorgeschlagen. Ein Pyterlit ist ein Granit, der *meistens aus Quarz und Kalifeldspat besteht,* und in dem *die Quarzkörner in Kränzen (Ringen) um die großen Feldspäte herum liegen. Die Quarzkörner liegen vereinzelt, sind rund oder haben die Tendenz zu sechseckiger Ausbildung;* siehe Farbbild 66 und 154.

65. Åland-Pyterlit und Pyterlit aus den Nystad-Massiven, Finnland; siehe auch Nr. 154. Kalifeldspäte von *braunrot-gelbroter Farbe* dominieren (es gibt aber auch ziegelrote und rosafarbene Exemplare). Die Quarzkörner liegen *vereinzelt.* Sie sind *dunkelgrau,* gelegentlich dunkel rauchfarben, rundlich oder sechseckig. *Sie sind in Kränzen um die großen Feldspäte herum oder in Flocken zwischen diesen angeordnet.* Oft findet man auch runde „Rapakivi-Augen" mit Plagioklasringen in den Blöcken. Daneben findet sich Plagioklas als *1–4 mm große, schmutzig grünbraune/rotbraune, vereinzelte Körner.* Verbreitet schwarze Biotitflecken.

66. Der Haga- oder Mariehamn-Granit von der Hauptinsel Ålands ist eine mittel- bis feinkörnige Pyterlit-Variante mit ca. *0,5 cm großen, roten bis*

Fortsetzung S. 134

61

62

63

64

³/₄ nat. Gr.

65

66

gelbroten Kalifeldspäten und 2–4 mm großen, dunkelgrauen Quarzkörnern. Biotit findet sich in kleinen Flecken. *Plagioklas fehlt.* Verwechslungsmöglichkeiten: *Götemar-Jungfrun-Granit* hat rauchbraune und hellgraue Quarze, und der *Ragunda-Granit* hat weißliche Quarze (siehe unten). Geschiebe, Dänemark.

Götemar-Jungfrun-Granit von der Ostküste Smålands (siehe S. 130) weist eine Pyterlit-Textur auf ähnlich wie Nr. 66, aber die Kalifeldspäte sind *tiefrot/rotbraun,* und der *Quarz variiert zwischen rauchbraun und hellgrau* (beide Farbtöne kommen in demselben Stein vor). *Plagioklas und Biotit fehlen.* Kalifeldspäte 1–3 cm groß; Quarze 1–10 mm. Jungfrun-Granit, von der Insel Blå Jungfrun im Kalmarsund, wurde handelsüblich als „Virgo" bezeichnet. Die Insel ist heute ein Naturschutzgebiet.

Ragunda-Granit hat 1 cm lange, rechteckige, gelbbraune/blaßrote Kalifeldspäte, umgeben von 1–3 mm großen, *hellgrau/weißlichen* Quarzkörnern. Einige Kalifeldspäte haben helle Plagioklasringe. Herkunft siehe Karten auf S. 43 und 77.

67. Åland-Rapakivi. 67a: Stein mit leicht verwitterter Oberfläche. 67b: Ausschnittsvergrößerung. Kalifeldspäte machen bis zu 50 % des Gesteins aus und finden sich teils in der Grundmasse, teils als 0,5–3 cm große, *ovale „Augen" mit Plagioklasringen.* Die Kalifeldspäte changieren zwischen *gelblichen, rotgelblichen und kräftig roten Farben* (von Ocker über Roastbeef-Rot bis Braunrot). Die Augen können rot oder gelblich sein; sie sind in der Regel heller als die Grundmasse. Rechteckige Augen können vorkommen (untergeordnet), siehe Nr. 67a. *Plagioklas* ist in frischem Zustand *graugrün,* wird aber *weißlich im Zuge der Verwitterung* (siehe Nr. 67a). Er findet sich teils in den Augenringen, teils in Form selbständiger, viereckiger oder abgerundeter, 2–8 mm großer Körner.

Alle Granite von den Åland-Inseln mit Ausnahme der Pyterlite und des Haga-Granits haben eine *myrmekitische Textur.* Die Farbbilder 67 b und 69 a zeigen diese Textur in zweieinhalbfacher und vierfacher Vergrößerung. In den Åland-Gesteinen kann man sie normalerweise nur mit der Lupe erkennen. Eine entsprechende Textur in Großausgabe (einige cm große Körner) findet man in Pegmatiten; hier werden sie *Schriftgranit* genannt. Das Prinzip besteht darin, daß *kleine Körner („Fische") von Quarz quer durch größere Kristalle von Feldspat gewachsen sind.* In Farbbild 69 a sieht man einige große, graue und schwarze, runde und un-

regelmäßig geformte Quarz- und Biotitkörner. Der Rest ist eine bleichrosa bis rote Masse aus Kalifeldspat. In diese Masse eingelagert sind viele feine, längliche, oft kommaförmige dunkle „Zeichen". Diese sind auf dem Bild 1–5 mm lang, in der Natur also 0,25–1 mm. *Das sind die „Quarzfische" des Myrmekits.* Auf Farbbild 67 b sieht man einige große, gelbliche Partien. Das sind die hellen Kalifeldspataugen, vergleichbar Farbbild 67a. Zwischen diesen „Augen" liegt eine gelbrote Feldspatmasse. *Die dunklen, dicht liegenden, tropfen- oder kommaförmigen Flecken darin sind die „Quarzfische" des Myrmekits* (vgl. S. 87).

Myrmekit findet sich auch in Graniten aus anderen Gegenden (siehe *Rödö-Granit* S. 144 und Nr. 70). Das Myrmekitmuster in den Åland-Gesteinen wird nur von Kalifeldspat und Quarz gebildet, *nicht von Plagioklas.* Die „Quarzfische" *sind länglich; viele von ihnen haben gebogene Seiten.* Konkave (nach innen gebogene) Kornflanken kommen vor. Der Quarz ist *dunkelgrau, oft fast schwarz,* selten heller. Er tritt teils im Myrmekit auf, teils in Form eigenständiger, *rundlicher bis elliptischer,* unter 0,5 cm großer Körner.

Die Rapakivi-Textur kommt in verschiedenen Massiven in Finnland und Schweden vor; sie ist auch aus Brasilien und Grönland bekannt. Das Alter des Åland-Massivs beträgt 1650 Millionen Jahre (Präkambrium). Verwechslungsmöglichkeiten: *Andere Rapakivi-Typen* (vgl. *Rödö-Granit,* S. 144, *Rödö-Rapakivi,* S. 136 und *Nystad-Rapakivi,* Nr. 153). Andere Granite mit Augenringen: *Filipstad-Granit* (Nr. 94–100), *Småland-Granite* (Nr. 58–60), *Siljan-Granit und Garberg-Granit* (Nr. 84–87). 67 a und b: Strandgerölle, Sjælland.

68. Grobkörniger Åland-Granit und **69. Åland-Aplitgranit.** Rapakivi-Augen fehlen, aber das *Myrmekitmuster ist deutlich mit dem bloßen Auge oder mit der Lupe erkennbar. Quarzkörner innerhalb des Musters sind länglich,* und viele von ihnen haben *gebogene Flanken. Die Quarze sind dunkelgrau, fast schwarz. Deutliche Plagioklaskörner fehlen.* In dem grobkörnigen Granit (Nr. 68) findet sich Biotit in Klumpen bis zu 1 cm. Im Aplit-Granit (Nr. 69) *fehlt der Biotit fast völlig.* Das Gestein besteht fast ausschließlich aus Kalifeldspat und Quarz. Hohlräume (Drusen) sieht man häufig. Quarz- und Feldspatkörner ragen in Form hübsch ausgebildeter Kristalle in diese hinein. Der Aplit-Granit ist kräftig rot, fleischrot, braunrot oder gelbbraun. Siehe auch Nr. 69a, Tafel 16. – Nr. 68 und 69: Geschiebe, Dänemark.

67

67a, 68, 69:
³/₄ nat. Gr.

Natürliche Größe!

67a

67b

2,5 × vergr.

68

69

69a. Ausschnittsvergrößerung des Åland-Aplitgranits. Darin zeigt sich die Myrmekit-Textur. Man sieht deutlich die Hinweise, die belegen, daß der Stein von den Åland-Inseln stammt (siehe Beschreibung S. 134). An einigen Stellen finden sich kleine „Blumen" aus länglichen Quarzkörnern, die von einem Zentrum aus in alle Richtungen strahlen. Strandgeröll, Rågeleje.

70. Siljan-Rapakivi. Der Siljan-Granit (Nr. 84–86) kann Myrmekitmuster aufweisen und wird in diesem Fall oft mit dem Åland-Rapakivi verwechselt. Bei näherem Hinsehen erkennt man jedoch die Unterschiede: 1) Die großen *Quarzkörner sind mittel- bis hellgrau* oder leicht bläulich (im Åland-Granit dagegen dunkelgrau/schwarz). 2) Die Quarzbröckchen im Myrmekit sind nicht länglich, wie im Åland-Rapakivi, sondern *kurz, eckig, oft fast quadratisch* ausgebildet. Krumme Flanken, wie im Åland-Rapakivi, findet man fast nie. 3) Der Granit hat „Augen" aus rotem Feldspat mit gelben Rändern, aber die Augen sind viereckig und treten in großen Abständen auf (im Åland-Rapakivi sind sie meist oval und dominieren das Erscheinungsbild). Die Augenringe können nur aus Plagioklas bestehen. Hieraus kann man schließen, *daß es sich bei dem Gelben um Plagioklas handelt.* (Im Åland-Rapakivi ist Plagioklas graugrün.) 4) Wenn man so auf die richtige Spur geführt worden ist, sieht man auch, daß der *Plagioklas am Myrmekitmuster beteiligt ist;* auch das gibt es nicht im Åland-Rapakivi. Der vorliegende Stein ist ein Siljan-Granit mit Myrmekit, also ein *Siljan-Rapakivi.* Herkunft: Dalarna. Fundort: Strand bei Hundested, Dänemark.

Rödö-Rapakivi. Ziegelrote bis braunrote, *dicht liegende* Kalifeldspat-Augen, 2–5 cm im Durchmesser. Die meisten sind *kugelrund, mit undeutlichen Augenringen,* und mit vielen Einschlüssen von Quarz und Hornblende. *Die kleineren (cm-großen) „Augen" sind stärker viereckig und haben oft dunkle Ringe aus Plagioklas. Der Quarz ist weißgrau, in bis zu 1 cm großen Körnern.* Zwischen den „Augen" findet man Myrmekitmuster. Die „Quarzfische" sind – im Gegensatz zum Åland-Rapakivi – *nicht länglich.* Aggregate von Kalkspat kommen vor. Vgl. *Rödö-Granit,* S. 144.

71. Vånga-Granit. In Chemismus und Farbe identisch mit dem *Götemar-Jungfrun-Granit* (S. 134). Herkunft siehe S. 130. *Quarz rauchfarben, hier und dort im Stein auch hell- bis mittelgrau.* Nur wenig Biotit und Plagioklas. Kalifeldspäte bilden *hier und da rotbraune, 2–4 cm große „Augen". Die Zwischenmasse zwischen den „Augen" besteht fast nur aus* ebenso rotbraunem Kalifeldspat und aus Quarz und ist leicht gestreift. Anstehendes bei Vångaberget, Schonen.

72. Roter Graversfors-Granit. Das Gestein besteht *fast ausschließlich aus hochrotem Feldspat und blauem Quarz,* der meist einen milchigen Schimmer aufweist. Sowohl Feldspat als auch Quarz bilden *zusammenhängende Partien mit sehr unregelmäßiger Begrenzung.* Der Plagioklas ist in frischem Zustand rot, wird aber durch die Verwitterung weißlich. Verwechslungsmöglichkeiten: *Vånevik-Granit* (Nr. 54); der Graversfors-Granit hat jedoch keine Titanit-Kristalle. *Vänge-Granit* (Nr. 73) hat feinkörnige Quarzaggregate, der Graversfors-Granit 0,5 cm große Einzelkörner.

Brauner Graversfors-Granit ist dunkelbraun mit violettblauem Quarz. **Porpyrischer Graversfors-Granit** hat 3–8 cm große, tiefrote Kalifeldspäte, 1–2 cm große bräunliche Plagioklaskörner und blauen Quarz. Beide Typen sind hübsch und leicht zu erkennen, werden aber nur selten gefunden.

73. Vänge-Granit (Uppland, Schweden). Das Gestein wird dominiert von *ziegelrotem, rosa oder blaß graurotem Kalifeldspat.* Der größte Teil von diesem Mineral bildet *„zerfetzte", mittel- bis grobkörnige Partien mit unregelmäßiger Begrenzung.* Plagioklas in zahlreichen, 1–5 mm großen, weißen, rotgelben oder hellrosa Körnern, die viereckig oder unregelmäßig geformt sind. Die Plagioklas-Körner können als „Inseln" im Quarz auftreten; die meisten liegen aber *innerhalb der Kalifeldspat-Kristalle oder an deren Rändern.* Die beiden Feldspat-Farben erzeugen ein „marmoriertes" Detailmuster. *Quarz* kommt in *sehr großer Menge* vor; er macht bis zu 40 % des *Gesteins* aus. Besonders auf Bruchflächen fällt ins Auge, daß *der Quarz feinkörnige „Füllmassen" (Aggregate) bildet,* worin die Einzelkörner unter 1 mm groß und hellgrau sind (ab und zu leicht bläulich oder bräunlich). Der Quarz liegt in *0,5–3 cm großen verzweigten „Nestern", die mehr oder minder zusammenhängen.* Hier und dort sieht man einzelne größere Quarzkörner. Biotit in verstreuten, bis zu 1 cm großen Klumpen. Hornblende selten. Verwechslungsmöglichkeiten: Ein ähnlicher Kontrast zwischen großen Feldspäten und feinkörnigem Quarz wie im Vänge-Granit findet sich verbreitet in Gneisen und deformierten Graniten (siehe S. 174), aber der *Vänge-Granit hat keine Streifung.* Småland-Granite (Nr. 53–63) und Siljan-Granit haben überwiegend große, vereinzelte Quarzkörner. Anstehendes bei Västerby, Uppland, Schweden.

69a

70a

4 × vergr.

71

70

Natürliche Größe

2 × vergr.

71, 72, 73: ³/₄ nat. Gr.

72

73

74–76. Bohuslän-Granit. 74: hellgraue Variante; 75: bräunliche Variante; 75a: rotbräunliche Variante, Ausschnittsvergrößerung; 76: porphyrischer Bohuslän-Granit.

Der Bohuslän-Granit ist das größte und jüngste Granitgebiet in Westschweden (Alter: ca. 900 Millionen Jahre). Das Massiv umfaßt 120 x 15 km und reicht als „Østfold-Granit" bis nach Norwegen hinein. Der **Hedal-Granit** (Norwegen) ähnelt im Aussehen der Nr. 76, aber hat im frischen Zustand graue (nicht bräunliche) Quarze.

Der Bohuslän-Granit ist *fein- bis mittelkörnig*, d.h. er hat nur wenige Körner über 3 mm. Er wirkt *gleichkörnig;* in großen Abständen findet man jedoch einige längliche Kalifeldspäte bis zu 1 cm (in der Mitte am linken Rand von Nr. 74 und 75). *Die Quarze sind rauchfarben* (graubraun, bräunlich). Sie können auch grau sein; in dem Fall ist das Gestein aber unbestimmbar, vgl. Nr. 77 und 78. Kalifeldspäte wechseln zwischen hellen (Nr. 74), bräunlichen (Nr. 75) und gedämpft rötlichen Farben. Eine Variante ist porphyrisch, mit gut 1 cm großen, hellrosa oder gelblichen Feldspäten (Nr. 76). Die Plagioklaskörner sind klein, hell, 1 –2 mm. Der Granit ist *nicht gestreift.* Verwechslungsmöglichkeiten: Spinkamåla-Granit (Nr. 77a-d); Stockholm-Granit (Nr. 78), Hedal-Granit (siehe diese). Nr. 74 und 75a: Pflastersteine, Helsingør; Nr. 75: Strandgeröll Ulbjerg, Himmerland; Nr. 76: Anstehendes, Orreklapp, Bohuslän (Schweden).

77. Spinkamåla-Granit (Blekinge). Dieser Landesteil und der kristalline Teil von Bornholm bestehen überwiegend aus Gneis der gotischen Gebirgskette, aber hier und dort wird dieses Gestein durch Vorkommen jüngerer Granite unterbrochen (Alter: ca. 1400 Millionen Jahre).

In Farbe und Korngröße ähnelt der Spinkamåla-Granit auffällig dem Bohuslän-Granit (Nr. 74–75). Betrachtet man nur die Oberfläche eines Geschiebes, kann man sie nicht sicher unterscheiden. Dazu muß man den Stein zerschlagen. Wenn man die Bruchflächen im Licht dreht, entdeckt man, daß *fast alle Kalifeldspäte als längliche Karlsbader Zwillinge ausgebildet sind* (vgl. Erläuterung auf S. 175). Die meisten sind *2–5 mm lang* (in groben Varianten bis zu 1 cm). *Sie sind „eingeregelt"* (die Längsachsen verlaufen weitgehend parallel). Auf den Fotografien reflektieren bei jedem der Steinbrocken zwei bis drei Kristallflächen gleichzeitig. Wenn man den Stein bewegt, und die Körner der Reihe nach aufleuchten, kann man sehen, daß mehr Feldspäte parallel liegen, als das Foto zeigt. Plagioklaskörner millimetergroß, hell.

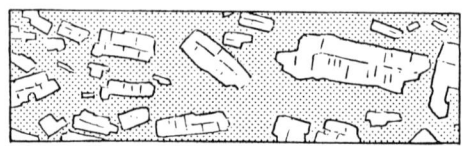

Abb. 72. Skizze „eingeregelter" Karlsbader Zwillinge von Kalifeldspat in einem recht grobkörnigen Blekinge-Granit. Zur Verdeutlichung sind nur die Zwillinge dargestellt, die übrigen Mineralkörner sind weggelassen. Natürliche Größe (siehe Text).

Quarzkörner 1–3 mm. Heller und dunkler graue Quarze kommen nebeneinander im selben Stein vor. Man findet auch bläuliche oder rauchbraune Quarzkörner. *Der Spinkamåla-Granit wirkt in frischem Zustand hellgrau,* siehe Nr. 77d. Durch die Verwitterung läuft er gelblich oder bräunlich an (Nr. 77a-c).

Alle Blekinge-Granite haben „eingeregelte" Karlsbader Zwillinge von Kalifeldspat. Das gilt auch für den grobkörnigen Karlshamn-Granit (Nr. 91). *Übergangstypen verbinden diesen mit dem feinkörnigen Spinkamåla-Granit.* Die Zwischenformen können graue, bräunliche oder rote Kalifeldspäte und gelblichen, bräunlichen oder bläulichen Quarz enthalten. Der **Halen-Granit** ist grau und hat 1–2 cm lange Kalifeldspäte und rauchbraunen Quarz. Der **Jämshög-Granit** ist noch gröber, mit 2–3 cm langen, braun/roten Kalifeldspäten.

Normalerweise kann man die Blekinge-Granite von Bohuslän-Granit durch die Quarzfarbe und die „Einregelung" unterscheiden. *Perniögranit* Nr. 157) hat tiefrote Plagioklase. Nr. 77a, b und c sind Strandgerölle von Gilleleje. 77 d stammt aus dem Anstehenden von Bälganet, Blekinge.

Uppland-Granite, Nr. 78–83

Uppland-Granite umfassen vor allem die Gesteinstypen Nr. 78–82, aber auch den Vänge-Granit (Nr. 73). Sie sind sehr alt, bis zu ca. 1900 Millionen Jahre (Präkambrium). Siehe Erläuterungen auf S. 49. Man findet sie in „baltischen" Moränen, gemeinsam mit dem Braunen Ostsee-Quarzporphyr (Nr. 7).

78. Stockholm-Granit. Der Stockholm-Granit bildet ein paar hundert kleine Massive, die mitten im Gneis in der Umgebung von Stockholm liegen. Alter: ca. 1800 Millionen Jahre. Der abgebildete graue Typ ist *feinkörnig und gleichkörnig;* die Kristallgröße beträgt *1–2 mm.* Plagioklas weißlich,

Fortsetzung S. 140

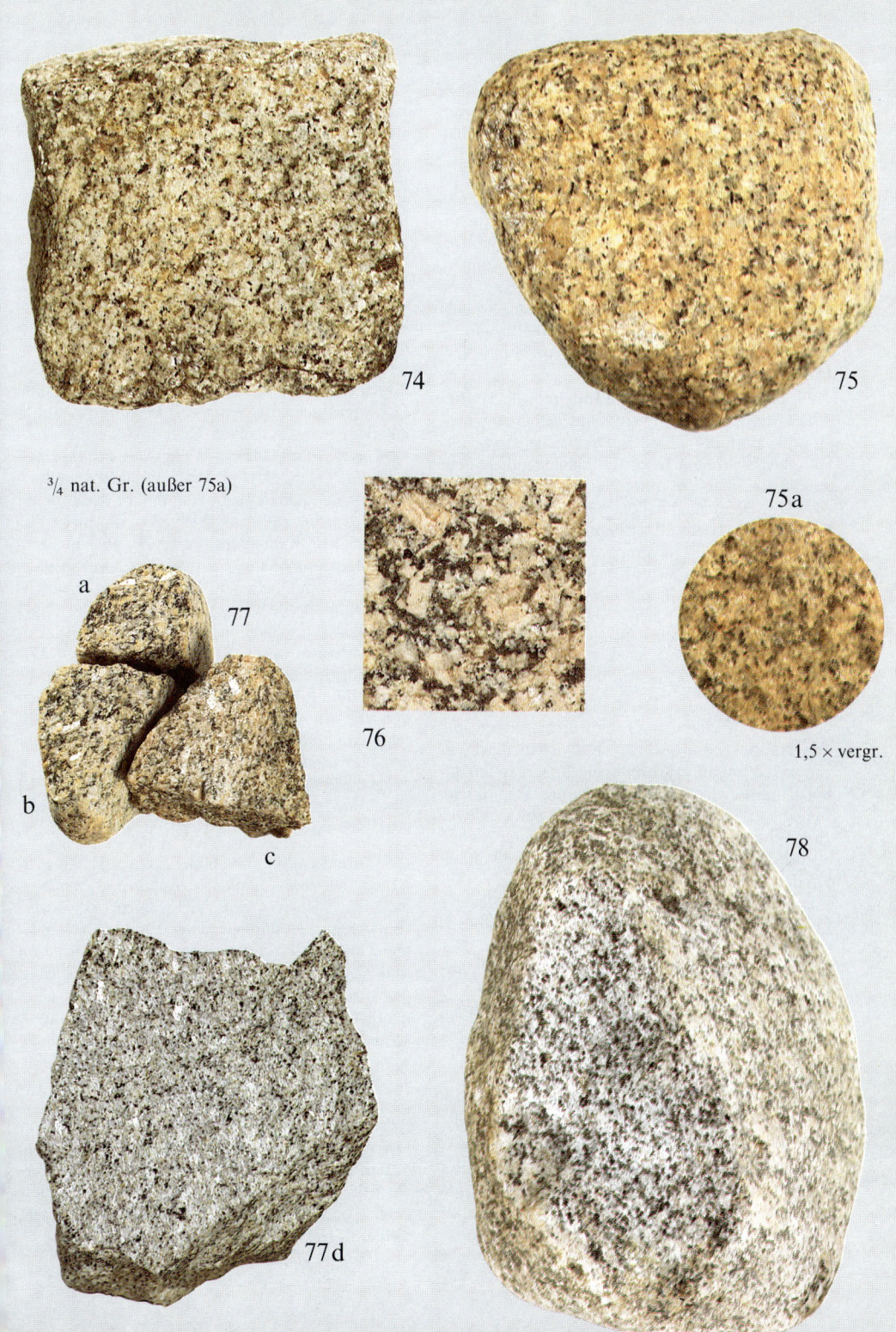

74

75

³/₄ nat. Gr. (außer 75a)

75a

a

77

76

b

c

1,5 × vergr.

78

77d

Kalifeldspat und Quarz *hellgrau.* Es ist schwer, die Minerale anhand ihrer Farbe zu unterscheiden. *Es gibt keine bräunlichen Farbtöne, weder im Quarz noch im Kalifeldspat* (das ist das wichtigste Unterscheidungsmerkmal zum Bohuslän-Granit). Die Gesteinsoberfläche kann jedoch gelbbraun anlaufen (wie im Bild). Biotit in kleinen, oft bronzefarbenen Körnern, die „eingeregelt" sein können. Häufig findet man Geschiebe mit einigen weit auseinander liegenden, 1–2 cm großen, weißen Feldspäten und/oder mit Xenolithen (Resten) eines dunklen Gneises. Strandgeröll von Hundested, Dänemark.

79. Porphyrischer Sala-Granit und **80. Weißer Sala-Granit.** Das wichtigste Kennzeichen der Sala-Granite sind die *Plagioklaskörner, die klein (1–3 mm) und leuchtend weiß* sind, gelegentlich aber auch *grünlich in der Mitte.* Sie haben *selbständige, viereckige* Formen und *liegen in Flocken zusammen* (siehe Nr. 79a) oder *bilden Kränze* um die 0,5–1 cm großen, schwarzen Klumpen von Biotit und Hornblende. Quarz kommt in rundlichen Körnern von 2–5 mm vor und *füllt außerdem die Zwischenräume zwischen allen Plagioklas-Vierecken aus, so daß die Plagioklase in einer Quarzmasse schwimmen* (siehe Nr. 79a). *Der Quarz macht bis zu 40 % des Gesteins aus.*

Der *Weiße Sala-Granit* (Nr. 80) ist am weitesten verbreitet. In einem trockenen Stein wirken alle drei Hauptminerale weiß. Nr. 80 ist in feuchtem Zustand fotografiert worden; die Quarze treten dabei als graue Flächen in Erscheinung. Plagioklase: siehe oben. Der Kalifeldspat ist weißgrau, schwer zu erkennen, und findet sich in geringerer Menge als die Plagioklase. Die schwarzen Flecken können Streifen bilden.

In der *porphyrischen Variante* (Nr. 79) bildet der Kalifeldspat gedämpft rote Augen; diese können stärker verstreut auftreten als in dem Bild. Der Quarz ist oft blau. Plagioklase: siehe oben. Verwechslungsmöglichkeiten: *Småland-Granite* (Nr. 59–60); *Järna-Granit,* siehe Beschreibung auf Tafel 21. Nr. 79: Strandgeröll, Fakse Ladeplads; Nr. 80: Strandgeröll von Ristinge, Langeland, Dänemark.

81. Uppsala-Granit. Das Gestein *wirkt „schwarzweiß", aber dunkler als Nr. 80. Die Quarze sind blau.* Sie können auch grau sein, aber dann ist das Gestein unbestimmbar. *Die Feldspäte ähneln sich, und die Grenzen zwischen den einzelnen Körnern sind schwer zu erkennen.* Plagioklas weißlich; Kalifeldspat kann schwach bräunlich/grünliche oder gelbliche Farbtöne aufweisen. Durch die Verwitterung

können Flecken mit rotbraunem Kalifeldspat entstehen. Die schwarzen Minerale sind *Biotit und Hornblende;* sie machen 30–40 % des Gesteins aus und bilden oft Streifen. Sehr oft sieht man Einschlüsse (Xenolithe) eines dunklen Fremdgesteins. Strandgeröll, Fakse Ladeplads, Dänemark.

82. Arnö-Granit. Dieser Granit hat *weißgraue* Kalifeldspat-Augen, die gewöhnlich *1–5 cm* lang sind, aber bis zu 12 cm lang werden können. Sie können einen rosa Schimmer aufweisen (rechts im Bild). Der Arnö-Granit tritt in zwei Varianten auf, zwischen denen es Übergänge gibt: Der **Gestreifte Arnö-Granit** (Bild) ist am häufigsten. Er besteht aus einer *mittel- bis feinkörnigen,* dunklen oder schwarzweißen Grundmasse, die *dominiert wird von Quarz in braungrauen bis farblosen, halb durchsichtigen, 1–5 mm großen, abgerundeten Körnern.* Die dunkle Farbe stammt von *feinkörnigem* Biotit. *Unregelmäßige weiße Streifen, die meist aus Körnern von Kalifeldspat bestehen, aber in Farbbild 82 leider fehlen. Plagioklas in bescheidenen Mengen,* weiß oder hellgrün. Verwechslungsmöglichkeit: *Schwarzweiße Augengneise* haben in der Regel zerdrückte, d.h. weißliche Quarzkörner. Strandgeröll, Fakse (Insel Sjælland, Dänemark). Der **Grobkörnige Arnö-Granit** ist nicht abgebildet. Er ähnelt dem Revsund-Granit (Nr. 83), aber läßt sich von diesem unterscheiden: 1) Die großen Kalifeldspäte bestehen *nicht oft aus Karlsbader Zwillingen, aber wenn das der Fall ist, ist die Trennfläche in Längsrichtung des Kristalls fast immer undeutlich.* 2) *Plagioklas in kleinen Mengen, in der Regel hellgrün* (vgl. Text zu Nr. 83).

83. Revsund-Granit bildet große Massive in Nordschweden. Kalifeldspat-Augen *1–15 cm lang, weißgrau oder blaugrau.* Viele (nicht alle) sind rechteckig. Sie können eingeregelt sein (parallele Längsachsen aufweisen). *Die Mehrzahl davon sind Karlsbader Zwillinge* (vgl. S. 175). *Grundmasse grobkörnig.* Quarzkörner 1–10 mm groß, grau, gelegentlich leicht bläulich oder braungelb/gelbgrau. *Plagioklase weiß oder leicht bläulich, bis zu 2 cm große Kristalle, die oft eine kräftige Zwillingsstreifung aufweisen* (vgl. S. 26). Biotit bildet gelegentlich bis zu zentimetergroße, schwarze oder bronzefarbene Kristalle. Granat kann vorkommen, sowohl im Revsund-Granit als auch im Arnö-Granit. Die Variante **Björna-Granit** hat rosa Kalifeldspäte. Verwechslungsmöglichkeit: *Grobkörniger Arnö-Granit* (siehe oben). Strandgeröll von Tisvilde (Insel Sjælland, Dänemark).

79

81

80

82

83

79 a   1,5 × vergr.

Dala-Granite Nr. 84–87

Außer Nr. 84–87 stammt auch der Järna-Granit (Nr. 93) aus Dalarna. Nr. 70 ist eine Variante des Siljan-Granits. Karte von Dalarna siehe S. 80.

84–86. Siljan-Granit.

Nr. 84a ist ein Bruchstück an der Grenze zu einem Nachbargestein; 85 ist ein trockenes Geröll; 86 ist eine hellere Variante. Siehe auch Nr. 70.

Der Siljan-Granit ist in seiner typischen Ausbildung (Nr. 84) leicht zu erkennen. Die klaren Farben und scharfen Korngrenzen machen ihn zu einem beliebten Objekt, wenn man die verschiedenen Minerale in einem Granit zeigen will. Kalifeldspat macht knapp die Hälfte der Masse aus, *Plagioklas ist bedeutend schwächer vertreten* (ca. 20 %), und Quarz zu 30–35 %. Die *knallrote Farbe* in Nr. 84 ist typisch für Dala-Granite und kommt nur an wenigen anderen Stellen in Skandinavien vor. Die Farbe ist *einheitlich*, im großen und ganzen ohne Nuancen, was sonst selten vorkommt. Die Hauptmenge der Kristalle tritt nicht isoliert in „Augen" auf, sondern bildet ein zusammenhängendes Muster, von dem Nr. 85 einen guten Eindruck vermittelt. Hier und dort, oft mit vielen cm Zwischenraum, findet man vereinzelt *viereckige, rote* „Augen" mit *gelben oder weißen Ringen aus Plagioklas*. In Nr. 84 sind die Augen wenige Millimeter groß; gelegentlich können sie jedoch bis zu 2 cm groß werden. Das schönste Beispiel sieht man in Nr. 84a, gleich an der Gesteinsgrenze. An einigen Stellen in Nr. 86 sieht man *unvollständige Augenringe*, bei denen der helle Plagioklas nur *einen Teil* des Kalifeldspat-Kristalls umgibt. Es gibt *zwei Arten von Plagioklaskörnern:* Die meisten sind *gelb oder weiß* (Na-Plagioklas). Die weniger häufigen Ca-Plagioklase sind *grünlich – in der Regel mit hellen Rändern* (siehe vor allem Nr. 86). Die Quarzkörner sind 2–5 mm groß, *grau*, zuweilen *violett* (einige der Körner in Nr. 86), seltener schwach hellblau (in Nr. 84). Die weißlichen Quarzfarben in Nr. 84 und 85 rühren daher, daß es sich um abgenutzte Oberflächen handelt, bei denen der Quarz zerdrückt worden ist. Im Inneren des Steins sind die Quarze grau, wie in Nr. 84a oder 86. Biotit in feinen Körnern (wenige mm) oder in *schwarzgelben oder schwarzgrünen Haufen (Aggregaten)* (siehe Nr. 84).

Das Geröll Nr. 85 wurde in trockenem Zustand fotografiert. Aus der Entfernung wirken die Farben von Quarz und Plagioklas fast gleich, so daß der Stein rot-weiß aussieht.

Varianten mit hell ziegelrotem Kalifeldspat (Nr. 86) sind nicht selten. Mit Ausnahme der Farben entsprechen die charakteristischen Merkmale des Gesteins denen in Nr. 84.

Siljan-Granit mit Myrmekit siehe Nr. 70.

Verwechslungsmöglichkeiten: *Vänge-Granit* (Nr. 73), *Småland-Augengranit* (Nr. 59), *Grimstad-Granit* (Nr. 89), *Rödö-Granit* (unten), *Perniö-Granit* (Nr. 157), *Åland-Rapakivi* (Nr. 67); siehe dort.

Nr. 84: Geschiebe von Kronborg, Helsingør. Nr. 84a, 85 und 86 sind Strandgerölle von Gilleleje, Dänemark.

87. Garberg-Granit.

Nahe verwandt mit dem Siljan-Granit. *Kalifeldspat mit kräftig roter Farbe* dominiert das Aussehen des Gesteins. *Zwei Arten Plagioklas: Die meisten Körner sind weiß* (1–4 mm groß), *weniger sind grün mit hellen Rändern* (2–5 mm groß). Die Hauptmenge der Kalifeldspäte hat *keine Augenringe;* aber hier und dort findet man *wenige mm große, rote „Augen" mit weißem Plagioklasring* (häufiger als im Siljan-Granit). Biotit – wie im Siljan-Granit – teils in millimetergroßen Einzelkörnern, teils in Form von *schwarzweißen Aggregaten*. Das Bild zeigt einige von diesen (z.B. ganz rechts). Die Unterschiede zwischen Siljan-Granit und Garberg-Granit sind: 1) Der Garberg-Granit ist *porphyrisch*, d.h., daß einige der Kalifeldspat-Kristalle *groß* sind, *von 1–3 cm*, während der Rest – zusammen mit den übrigen Mineralen – eine *„Grundmasse" aus feinen Körnern bildet*, die meisten 1–2 mm groß. 2) *Nur wenige und kleine Quarzkristalle* sind mit bloßem Auge zu erkennen (1–2 mm, grau oder *violett*). Einige sitzen links vom höchsten Punkt des Farbbildes 87.

Als einer der dekorativsten schwedischen Granite ist G. zur Herstellung von Kunstgegenständen verwendet worden (vgl. S. 112). Anstehendes von Garberg, Dalarna. Verwechslungsmöglichkeiten: *Perniö-Granit* (Nr. 157), *Rödö-Granit.* Der **Rödö-Granit** ist ein *ziegelrot/tiefroter, porphyrischer Granit mit zentimetergroßen roten „Augen" von Kalifeldspat*. Zwischen den „Augen" sitzt eine feinkörnige, *rote* Grundmasse mit *Myrmekit*, der unter der Lupe sichtbar ist. Sowohl die „Quarzfische" als auch die „ganzen", 1–5 cm großen Quarzkörner sind *hellgrau bis fast glasklar* (im Siljan-Granit und Åland-Granit grau/dunkelgrau). Plagioklas in *gelbweißen*, 2–5 mm großen Körnern. *Hier und dort milchweiße, 1–10 mm große Aggregate von Kalkspat.* Bis zu zentimetergroße, grünlich bis gelblich gefärbte Klumpen von Chlorit (der auch fehlen kann). Herkunftsgebiet: Rödö bei Sundsvall, siehe Karte Abb. 51.

84

84a

85

86

87

³/₄ nat. Gr.

Norwegische Granite, Nr. 88–93

Die bisher veröffentlichte Leitgeschiebe-Literatur beschreibt aus Norwegen keine Gesteine außer denen des Oslo-Gebietes. Der Verfasser glaubt, daß ein gewisses Interesse auch an der Bestimmung von Geschieben aus anderen Gebieten besteht. Nach Diskussionen mit Geologen, die die norwegischen Verhältnisse kennen, habe ich mich entschlossen, insgesamt vier norwegische Gesteine abzubilden, die nicht aus dem Oslo-Gebiet stammen. Zwei davon sind die Granite Nr. 88 und 89; die beiden übrigen sind die Nummern 110 und 125.

Rote Sørland-Granite, Nr. 88–89. Westlich des Oslo-Gebietes, zwischen diesem und der Eisscheide, findet man einige kleine Granitmassive mit großen, roten Feldspäten. Nördlich und östlich von Oslo kommen solche Granite nicht vor. Erst bei Trysil, an der schwedischen Grenze, treffen wir wieder einen Granit mit roten Augen („Trikolore-Granit", Nr. 94–97).

88. Vrådal-Granit. *Vielleicht* erkennbar an seiner Grobkörnigkeit und den frischen, reinen, hellen Farben. 1–4 cm große rosa Kalifeldspäte. Quarz hellgrau, in cm-großen Körnern. Plagioklas weiß. Anstehendes, Vrådal, Norwegen.

89. Feinkörniger Herefoss-Granit. Eine Variante des Grimstad-Granits. Kalifeldspäte hell ziegelrot. Viereckige Kristalle sind selten. Zwischen den Kalifeldspat-Kristallen bilden die übrigen Minerale eine netzartig verteilte, feinkörnige Masse. Das „Netz" wird dominiert von *schwarzem Biotit, schmutziggelbem Plagioklas und graubraunem (rauchfarbenem) Quarz.* Quarzkörner 1–5 mm groß, aus der Entfernung schwer zu erkennen. Die „Maschen des Netzes" weisen bis zu 2 cm breite *Verdickungen auf, die schwarzgelben Aggregaten ähneln.* Hier und dort findet man Ansätze von Plagioklasringen um Kalifeldspäte. Hornblende selten. Gerölle haben eine blanke Oberfläche. Verwechslungsmöglichkeit: *Siljan-Granit hat viereckige Augen.* Strandgeröll, Ulbjerg Klint, Himmerland.

90. Drammen-Granit. *70 % des Gesteins bestehen aus Kalifeldspat* in fleischroten oder hell braunroten Partien, die in der Regel zusammenhängen und hier und dort augenartig aussehen können; Kristalle können mehrere cm groß sein. Quarz in 3–10 mm großen Körnern, die typischerweise *in Reihen angeordnet sind, wie unvollständige Ringe* um einige der großen Kalifeldspäte. Die Reihen und Ringe sieht man auf dem ganzen Bild; man kann sie aber beim ersten Hinsehen übersehen. Plagioklas in *weißen Flecken,* 3–10 mm groß. Die wenigen, kleinen Körner von Biotit liegen in den Quarzringen. Anstehendes von Svelvik, Norwegen.

91. Karlshamn-Granit, Blekinge. Die Kalifeldspäte sind hell rötlich oder gelbbräunlich, *augenartig, die größten bis zu 5 cm,* die kleinsten um 1 cm groß. Meist sind sie mehr oder weniger „eingeregelt" (ihre Längsachsen liegen parallel). Das kann man auf dem Bild nicht erkennen. Viele von ihnen sind Karlsbader Zwillinge (vgl. S. 175). *Plagioklas weiß oder schwach bläulich, in bis zu zentimetergroßen Körnern, mit kräftiger Zwillingsstreifung,* die unter der Lupe zu sehen ist. Quarz in grauen oder *braungrauen Körnern* unter 1 cm. *Biotit in schmalen, einige cm langen Streifen.* Die Variante **Eringsboda-Granit** hat weiße Augenringe um die Kalifeldspäte. Verwechslungsmöglichkeiten: *Augengneise.* In diesen sind aber in jedem Fall einige der Mineralkörner zerdrückt, z.B. Feldspäte in kleinere Körner zerbrochen oder Quarze zu einer weißen, feinkörnigen Masse umgebildet. *Das ist im Karlshamn-Granit nicht der Fall.* Die Streifung verhindert eine Verwechslung mit anderen grobporphyrischen Graniten. Der **Fellingsbro-Granit** aus Mittelschweden hat gelblich/grünliche Plagioklase, 1–3 cm große, länglich rechteckige rosa Kalifeldspäte, bräunlich/gelblichen Quarz und keine Streifen. Für Übergangstypen zum Spinkamåla-Granit siehe S. 138. Alter: 1420 Millionen Jahre. Quader aus der Festungsmauer von Kronborg, Dänemark.

88

89

90

³/₄ nat. Gr.

91

92. Rätan-Granit. 92a: Ausschnittsvergrößerung. Herkunft: Härjedalen, Schweden. Das Gestein kommt in zwei Hauptvarianten vor, von denen die abgebildete (Grüner Rätan-Granit) leicht erkennbar ist. Der Kalifeldspat bildet 1–2 cm große, abgerundete, oft elliptische „Augen"; er ist *rosagrau oder rosaviolett* (ab und zu auch bräunlich). Oft nimmt die bräunliche oder graue Färbung zur Mitte der Kristalle allmählich zu. Mit der Lupe sieht man *winzig kleine Einschlüsse von hellem Plagioklas* nahe der Augenränder. Die Einschlüsse können sich zu Augenringen sammeln (an zwei Stellen im Bild). *Plagioklas in bedeutend größerer Menge als Kalifeldspat,* in weiß/gelblichen und *hellgrünen, 1– 3 mm großen Körnern mit selbständiger Viereckform.* (Einige können größer sein, bis zu 1 cm). Viele davon sind *zonar,* d.h. die Kanten haben eine andere Farbe als das Innere der Körner. Man sieht grüne Körner mit hellen Kanten und helle Körner mit klaren (durchsichtigen) Kanten. Wenige, kleine Quarzkörner, grau oder schwach bläulich. *Braune und schwarze, 1–3 mm große Titanitkristalle kommen in großer Zahl vor* (siehe Rahmen). Bei der Betrachtung mit der Lupe hat man in der Regel mindestens ein Titanitkorn im Blickfeld (siehe Nr. 92a). *Die dunklen Minerale bilden mehr oder weniger deutliche Streifen. Hornblende in rechteckigen, schwarzen Körnern.* Verwechslungsmöglichkeiten: *Järna-Granit,* siehe unten. Gewisse *Augengranite aus Ostsmåland* sehen ähnlich aus, aber haben keine zonaren Plagioklase. Block aus dem Glacis der Festung Kronborg, Dänemark.

Abb. 74. Weißer Järna-Granit. Wegeinschnitt bei Nås, Dalarna.

augen. Plagioklas in weit größerer Menge als Kalifeldspat; weiße, 1–3 mm große, viereckige Körner von Na-Plagioklas haben den größten Anteil. Einige Körner haben eine grünliche Mitte von Ca-Plagioklas. *Dunkle Minerale in großer Menge. Viele, bis zu 1 cm große längliche Rechtecke von Hornblende.* Viele Quarzkörner, 2–4 mm groß, hellgrau/klar, gelegentlich leicht bläulich. *Schwarzweiße, feinkörnige, bis zu 1 cm große Aggregate in großer Zahl* (fehlen bei Nr. 92).

93. Rotgrüner Järna-Granit. Farbenfreudige Gesteine wie dieses findet man an der Grenze zwischen Siljan- und Järna-Granit. *Einfarbige, kräftig rote, 1–3 cm große Kalifeldspataugen ohne Augenringe.* Zwei Sorten von Plagioklaskörnern: 1–4 mm große, *weiß/gelbliche Kristalle von Na-Plagioklas, oft in viereckiger Form,* und größere, unregelmäßigere, *grünliche Körner von Ca-Plagioklas, oft mit hellen Rändern. Quarze blau. Viele schwarze längliche Hornblende-Rechtecke.* Nur wenige rote Körner in der Grundmasse. Titanitkörner sind häufig (siehe Rahmen). *Grünschwarze, feinkörnige Aggregate* von Biotit und Chlorit sind besonders häufig. Derartige Aggregate findet man in den meisten Dala-Gesteinen. Strandgeröll von Gilleleje, Dänemark.

Värmland-Granite und verwandte Gesteine, Nr. 94–104

Nr. 94 und 100 sind nicht aus Värmland, sondern aus Småland und Östergötland.

94–97. „Trikolore-Granite" sind *Granite mit blauen Quarzen und roten Kalifeldspäten mit weiß/gelben Augenringen.* Sie kommen sowohl in Småland (südlich des Vätter-Sees) als auch im Filipstad-Granitgebiet in Värmland und im angrenzenden Teil Norwegens vor (Karten Abb. 52 und 53). Man kann die Geschiebe der einzelnen

---

Titanit, CaTiSiO$_5$, bildet braune, gelbe oder schwarze Kristalle in Form flacher „Briefumschläge", Rhomben oder „Kompaßnadeln" (siehe Skizze). Härte 5,5. Kräftiger Glanz (kein Metallglanz). Findet sich in kleinen Körnern in vielen Graniten.

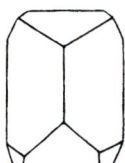  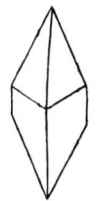

Abb. 73. Titanitkristalle; links „Briefumschlag", in der Mitte „Kompaßnadel", rechts Rhombus.

Weißer Järna-Granit hat verstreut liegende, *einfarbige* hellrosa, in der Regel *viereckige* Kalifeldspat-

Fortsetzung S. 148

92

92 a
3 × vergr.

93

³/₄ nat. Gr. (außer 92a)

94

95

Herkunftsgebiete nicht sicher unterscheiden. Es gilt jedoch die Faustregel, daß sich im **Trysil-Trikoloregranit** (Värmland bis Norwegen) meistens rote, braune, graue und violette Feldspataugen gemeinsam in demselben Stein finden, während im **Barnarp-Trikoloregranit** (Småland) rote (oft eher rosa) Augen stark in der Überzahl sind. Im Barnarp-Trikoloregranit kann sowohl in der Grundmasse als auch in einigen der „Augen" ein grün/braungrüner Schimmer von Epidot sichtbar sein, aber auch dieses Merkmal ermöglicht keine hundertprozentig sichere Unterscheidung. (Bezüglich der Epidot-Farbe siehe S. 85). **Nr. 94** ist ein „Barnarp-Trikoloregranit", während **Nr. 97** mit den gedämpften Farben ein typischer „Trysil-Trikoloregranit" ist. Strandgerölle von Odsherred, Skodsborg und Helsingør, Dänemark.

96–99 und **148–149** (S. 171). **Filipstad-Granit** findet man außer als Trysil-Trikoloregranit **(Nr. 97)** noch in vielen anderen Varianten. Die Verbreitung einiger dieser Varianten ist auf der Karte auf S. 78) dargestellt.

96 und **148–149. Südlicher Filipstad-Granit** tritt in typischer Ausbildung (Nr. 148, S. 171) im Kortfors-Massiv nordöstlich des Vätter-Sees auf. Verbreitungsgebiet siehe Karte S. 78. Kalifeldspataugen 1–6 cm groß, in der Regel abgerundet, oft ganz rund. *Die meisten sind grauviolett, grau oder braun; einige rote finden sich jedoch fast immer, besonders unter den kleineren. Einige (selten alle) haben auffällige weiße Augenringe aus Plagioklas.* Gewöhnlich treten mehrere Augengrößen und Augenfarben zusammen in einem Stein auf. Dunkle Varianten, die nur grauviolette Augen haben, finden sich gelegentlich. Quarz blau oder grau. *Grundmasse schwarz oder schwarzfleckig* mit mehr oder weniger vielen, 1–5 mm großen, weißen Plagioklaskörnern. In **Nr. 149** vom Wasshammar-Massiv (S. 171) gibt es so viele Plagioklase, daß sie an Sterne an einem Nachthimmel erinnern. **Nr. 96** enthält nur schmale Streifen von Grundmasse, aber die Farben sind typisch für einen Südlichen Filipstad-Granit. Es ist charakteristisch für die Verwandtschaft zwischen den Varianten, daß Nr. 96 auch zu der Beschreibung des „Trikolore-Granits" paßt! Die *Granite von Östergötland* sind mit dem Filipstad-Granit nah verwandt, vor allem mit Nr. 149 (siehe dort, sowie bei Nr. 59–60).

98–99. Braunvioletter Filipstad-Granit. *Braune bis violette, abgerundete, 1–6 cm große Kalifeldspataugen mit weißen, gelben oder gedämpft brandgelben Augenringen und in der Regel Streifen in derselben Farbe wie die Augenringe innerhalb der Augen.* Die Grundmasse ist gelb/graugelb, in dunklen Varianten grau, mit schwarzen Flecken oder Streifen und oft mit brandgelben Partien. Sowohl die brandgelben (orange) als auch die graugelben Körner sind Plagioklase. (Na-Plagioklas kann orange aussehen, Ca-Plagioklas nie). Quarz grau, selten blau. Verwechslungsmöglichkeiten: Übergangstypen zum *Kristinehamn-Granit* (Nr. 101–104) und *Kinda-Granit* (Nr. 100) sind nicht selten. Der Kristinehamn-Granit hat sehr wenig Quarz und nur wenige „Augen" von über 2 cm. Unterscheidungsmerkmale zum Kinda-Granit siehe dort. Verbreitungskarte auf S. 78. Strandgeröll von Gilleleje, Dänemark.

100. Kinda-Granit, Östergötland (Karte S. 79). Der Kinda-Granit ist nahe verwandt mit Nr. 99 und verzahnt sich mit ihm durch Übergangstypen. Vom Aussehen kann man die Geschiebe in der Regel nach folgenden Merkmalen unterscheiden: 1) Kinda-Granit hat *immer blauen Quarz.* Im Filipstad-Granit ist die Kombination braune Augen/blauer Quarz selten. 2) Der Kinda-Granit hat *nur braune Feldspat-Augen*, der Filipstad-Granit hat oft Augen verschiedener Farbe in demselben Stein. 3) Markante Farbstreifen, die *quer durch* die Augen verlaufen, findet man im Filipstad-Granit, aber nicht im Kinda-Granit. 4) Im Kinda-Granit sind die Augenringe in der Regel unvollständig ausgebildet, aber wo sie vorkommen, sind sie von einem *klaren Orangeton.* 5) Der Kinda-Granit hat 1–3 mm große, oft viereckige Plagioklaskörner in der Grundmasse. Einige von diesen, oder alle, haben einen *klaren Orangeton.* Der Filipstad-Granit hat entweder keine orangefarbenen Körner in der Grundmasse, oder sie sind blaß und haben unscharfe Grenzen. Der Kinda-Granit wird häufig als Geschiebe gefunden, da sein Herkunftsgebiet groß ist (ca. 2000 km²). Der *Kristinehamn-Granit* gleicht dem Kinda-Granit, aber er enthält viel weniger Quarz. Strandgeröll von Tisvilde, Dänemark.

Östgöta-Granite mit rötlichen Augenringen kommen in der Umgebung von Linköping und am Vätter-See in Östergötland vor (siehe Karte S. 79). Die Grundmasse ist schwarz. Feldspat-Augen haben dieselben Farben wie im Filipstad-Granit (grauviolett, braun, rötlich). *Auf frischen Bruchflächen ist auch der Plagioklas rötlich.* Augenringe und selbständige Plagioklaskörner sind daher schwer zu erkennen. *Durch die Verwitterung werden sie jedoch weiß und dadurch gut sichtbar.* Die Geschiebe ähneln dadurch Nr. 59, 60 oder 149.

96

97

98

99

³/₄ nat. Gr.

100

101–104 und 122. Kristinehamn-Granit läßt sich in zwei Hauptvarianten unterteilen, den deutlich gestreiften *Gneisartigen Kristinehamn-Granit* (Nr. 122, S. 158) und den ungestreiften oder schwächer gestreiften *Braunfleckigen Kristinehamn-Granit* (Nr. 101–104).

101–104. Braunfleckiger Kristinehamn-Granit. Das Gestein hat *abgerundete, unter 1,5 cm große Kalifeldspat-Augen mit einem recht regelmäßigen Abstand untereinander von einem oder einigen wenigen cm.* Die Augenfarbe ist meist *dunkelbraun/braunviolett* (Nr. 101, 103), aber abweichend davon mitunter auch hellviolett (Nr. 103), hell gräulich (Nr. 102) oder karamellbraun (Nr. 104). In ein und demselben Block sieht man oft Augen in verschiedenen Farbtönen. *Augenringe fehlen in der Regel*, aber können hier und da vorkommen. Oft findet man außerhalb der zentimetergroßen „Augen" auch einige kleinere, rostbraun/orangefarbene oder rote Feldspäte (Durchmesser: 2–5 mm). Diese sind am deutlichsten und rotesten auf frischen Bruchflächen zu sehen. Beispiele: siehe Nr. 122. Sie werden durch Anlaufen gebleicht (siehe Nr. 101). *Plagioklas macht 25–40 % des Gesteins aus, d.h. einen höheren Anteil als der Kalifeldspat* (granodioritische Zusammensetzung). Die Plagioklase sind gelbbraun/gelbgrau bis gelbgrün/weißgrün und bilden *formlose Massen*, in denen Einzelkörner selten zu erkennen sind. *Die wenigen und kleinen Quarzkörner (0,5–2 mm) sind gleichmäßig verteilt.* Die Zwischenräume zwischen ihnen können mehrere Zentimeter betragen. Sie können weiß (Nr. 101) oder grau sein, aber sie fallen trotz ihrer Kleinheit ins Auge, *wenn sie blau gefärbt sind* (Nr. 103, 104). *Dunkle Minerale (Biotit und Hornblende) sind reichlich vorhanden,* oft als große Flecken (Nr. 102). Die schwarzen Rechtecke in Nr. 102 und 104 sind Hornblende. Die Grundmasse kann gestreift sein. Die Bilder zeigen Oberflächen großer Blöcke. Hier sind durch die Verwitterung im Laufe der Zeit Biotit und Hornblende herausgelöst worden. *Auf Bruchflächen dominieren die schwarzen Minerale stärker als in den Bildern.* Braune oder gelbschimmernde, wenige mm große Titanit-Körner (siehe S. 146) sind weit verbreitet. Häufig sieht man große Einschlüsse (Xenolithe) eines dunklen, feinkörnigen Gesteins (Nr. 103). Verwechslungsmöglichkeiten: *Grauer Växjö-Granit* (Nr. 62) hat Augen von verschiedener Größe, die unregelmäßig verteilt sind. Streifen fehlen. *Braunvioletter Filipstad-Granit* (Nr. 99) und *Kinda-Granit* (Nr. 100) haben mehr und größere Quarzkörner, oft in Flocken. Es gibt Übergangstypen zwischen dem Kristinehamn-Granit und Nr. 100 und 97. Alter: 1650 Millionen Jahre. Blöcke im Glacis von Kronborg, Helsingør.

Gneisartiger Kristinehamn-Granit ist als **Nr. 122, S. 158** abgebildet. Dieser Typ hat im großen und ganzen dieselben Farben und dieselbe Mineralverteilung wie der Braunfleckige Kristinehamn-Granit (siehe oben). Der wichtigste Unterschied besteht darin, daß *sowohl Plagioklas, als auch Quarz und dunkle Minerale zu einer feinkörnigen Masse zerdrückt worden sind* (das kann man mit der Lupe erkennen). *Die Quarzkörner sind klar oder weißlich und ähneln kleinen Stücken von zerdrücktem Glas.* Sie sind schwer mit bloßem Auge zu erkennen. Die kleinen, orangefarbenen oder roten Feldspäte sind oft auffällig. In der häufigsten Untervariante sind die schwarzen Streifen nicht durchgehend, sondern laufen in dünnen Spitzen aus. Im „Bändertyp" bilden sie dagegen durchgehende, gewellte Bänder. Anmerkung: Der „Bändertyp" wird in der deutschsprachigen Literatur als „Flasergneisgranit", der andere als „Augengneis" bezeichnet.

Bornholm-Granite, Nr. 105–106

Siehe auch Bornholm-Gneis (Nr. 121). Alter des Granits: ca. 1400 Millionen Jahre (siehe S. 51).

105. Vang-Granit. Gedämpft rötliche Feldspäte. *Viele dicht liegende, rundliche, schwarze Aggregate (Klumpen), die alle etwa den gleichen Durchmesser von 3–5 mm haben.* Die Klumpen bestehen aus mehreren Mineralen, die man unter der Lupe nicht unterscheiden kann (Biotit, Hornblende, Titanit, Magnetit usw.). Einige der Minerale sind radioaktiv. Das Schwarze kann zu Streifen ausgepreßt sein, die genau denselben Durchmesser haben wie die Klumpen. Hellgraue, abgerundete Quarzkörner, 1–3 mm. Kalifeldspäte bilden hier und dort (nicht in allen Blöcken) grau-bräunliche „Augen" von 1 cm und mehr. Diese können von dunklen Augenringen umgeben sein. Strandgeröll von Tisvilde, Sjælland, Dänemark.

106. Hammer-Granit. Beide Feldspäte sind gräulich; Kalifeldspat bildet bis zu 1–2 cm große Kristalle, Plagioklase sind kleiner. Quarz hellgrau. Das wichtigste Kennzeichen ist, daß die *Kornoberflächen mit einem korallenroten Farbstoff bedeckt sind, der auffällige, millimetergroße Flecken bildet oder, wo er weniger konzentriert auftritt, rosafarbene Partien ergibt.* Der gleiche Farbstoff findet sich auch im Bornholm-Gneis (Nr. 121). *Die dunklen Minerale treten gesammelt in großen, unregelmäßigen Flecken mit hellen Rändern auf.* Anstehendes bei Hammeren, Bornholm.

101

102

103

104

³/₄ nat. Gr.

105

106

107. Ekerit. 107a: Ausschnittsvergrößerung. Herkunft: Oslo-Gebiet, beim Eikeren-See (siehe Karte auf S. 82). Mittel- bis feinkörnig. Über die Hälfte des Gesteins besteht aus *gelblich/beige/sandfarbenem* oder schwach rosa Kalifeldspat. *Reichliche Mengen Quarz*, bis zu 30 %, in 2–3 mm großen, hellgrauen Körnern. *Plagioklas fehlt.* Die schwarzen Minerale sind eine Varietät von *Hornblende*, sowie *1–3 mm lange, nadelige Kristalle von Aegirin* (beschrieben bei Tafel 9). Ab und zu sieht man bronzegelbe Körner eines seltenen Glimmer-Minerals: Astrophyllit. An einigen Stellen (oben im Bild) kommen *längliche, unregelmäßige Streifen mit größeren Kristallen* von Quarz, Feldspat und Hornblende vor. Ekerit ist nahe verwandt mit dem *Nordmarkit* (siehe unten) und dem *Drammen-Granit* (Nr. 90). Der Drammen-Granit enthält jedoch Plagioklas und führt keinen Aegirin. Nr. 107: Strandgeröll von Ulbjerg Klint, Jütland. Nr. 107a: Anstehendes bei Li, Norwegen.

Syenite und verwandte Gesteine, Nr. 108–115

108–109. Nordmarkit. Vorkommen: Oslo-Gebiet, teils in einem großen Gebiet nördlich von Oslo (Nordmarka), teils in kleineren Gebieten bei Skien, insgesamt etwa 1400 km² (vgl. Karte S. 82). *Enthält extrem hohen Anteil an Kalifeldspat, bis zu 90 % des Gesteins.* Die Farbe ist *gelbbraun* (Nr. 109), *hell rosa* (Nr. 108) oder *fast weiß*. Einige Feldspäte können grau aussehen (siehe Nr. 109). *Plagioklas fehlt.* Die Korngröße schwankt zwischen 2 mm (feinkörnig) und etwa 1 cm (grobkörnig). Der Nordmarkit wird zu den Syeniten gerechnet, obwohl er *einen gewissen Anteil an Quarz enthält, bis zu 15 %*, in deutlich erkennbaren, hellgrauen, 2–5 mm großen Körnern. Die schwarzen Minerale sind in der Regel *Hornblende* in Säulenform und *Augit* in kürzeren, breiteren Kristallen. Gelegentlich findet man *Biotit* anstelle des Augit. Im übrigen kann es interessant sein, den Stein mit der Lupe nach selteneren Mineralen zu untersuchen, die oft in hübschen geometrischen Formen auftreten. Man kann *Magnetit* in millimetergroßen Oktaedern finden, *Apatit* (Calciumphosphat) in sechseckigen, langen, bräunlichen oder grünlichen Säulen, *Titanit* in spindel- oder keilförmigen braunen Körnern sowie *Aegirin* in langen, schwarzen Nadeln, die rostig sein können. (Magnetit siehe Tafel 10; Aegirin Tafel 9; Titanit Tafel 21). Verwechslungsmöglichkeiten: Der Nordmarkit ist mit dem *Drammen-Granit* (Nr. 90) und dem *Ekerit* (Nr. 107) verwandt, aber der Drammen-Granit führt Plagioklas und keine Augit/Hornblende, und der Ekerit führt wesentlich mehr Quarz und Aegirin als der Nordmarkit. Der *Larvikit* (Nr. 112–113) kann gelbbraun ausfallen, aber ihm fehlt der Quarz, und er hat gestreifte oder gefleckte Feldspäte. 108 und 109: Fundort Bovbjerg Klint, Jütland, Dänemark.

110. Høvringit = Høvringsvatn-Monzonit. Herkunft: ein ca. 2 x 3 km großes Massiv in der Nähe von Evje, Setesdal, Südnorwegen. Ein *Monzonit* ist ein Plutonit mit ungefähr gleichen Mengen von Plagioklas und Kalifeldspat (in einem Syenit überwiegt dagegen der Kalifeldspat). Feinkörniges Gestein (Korngröße ca. 1 mm) mit ausgeprägtem einheitlichem Muster. *Alle Kennzeichen muß man mit der Lupe bestimmen;* sie sind daher im Bild nicht gut zu erkennen. Beide Feldspäte sind *grau,* der Plagioklas etwas heller als der Kalifeldspat. *Schwarze Körner* von Hornblende, gelegentlich zusätzlich Biotit. *Große Mengen von unter 1 mm großen, braunen Titanitkörnern* (Erläuterung siehe Tafel 21). Eine Spur Quarz (wenige Prozent). Schwarze Aggregate kommen vor. Verwechslungsmöglichkeiten: *Stockholm-Granit* (Nr. 78) hat weiße Körner (Plagioklas) und keinen Titanit (kann aber braunen Biotit führen). Alter: 900 Millionen Jahre (Präkambrium). Loser Block, Setesdal, Norwegen.

111. Vaggeryd-Syenit. Ca. *1 cm große, fast quadratische (d.h. eigentlich würfelförmige) Kristalle von Kalifeldspat, die gleichmäßig verteilt sind,* in Abständen von 0–10 mm. Hier und dort bilden sie ein schachbrettartiges Muster (stoßen mit den Ecken aneinander). Ihre Farbe variiert zwischen hell rotbraun über *rosa* bis *weißgrau.* Weißgraue Kristalle mit rosa Rändern kommen häufig vor. Auf der Oberfläche des Steins läuft der Kalifeldspat gelbbraun an. Zwischen den Kalifeldspäten liegt eine „Grundmasse" *schwarzer, unregelmäßig begrenzter, fast netzartig verbundener, feinkörniger Partien.* Der größte Teil der dunklen Masse sind kleine Biotitkörner (1 mm oder kleiner). Sie hängen nur schwach zusammen. Deshalb fällt das Gestein durch einen Hammerschlag leicht zu Grus auseinander. Hier und dort sieht man größere Biotitkristalle. Man kann zuweilen mit der Lupe innerhalb der Grundmasse Körner von Hornblende (schwarz, rechteckig), Augit (grünlich), Titanit (braun; siehe S. 146), Apatit (braune Säulen) oder Granat (rötlich) unterscheiden. Das Gestein kann gestreift sein. Anstehendes bei Vaggeryd, Småland, Schweden.

107

107a

Schwach
vergr.

108

109

³⁄₄ nat. Gr. (außer 107a)

110

111

112–114. Larvikit. 112: dunkle Variante; 113: helle Variante. 113 a ist ein poliertes Exemplar der „blau schillernden" hellen Variante. Herkunft: Oslo-Gebiet, teils von einem großen Gebiet bei Larvik und teils von einem kleineren unmittelbar nördlich von Oslo; insgesamt 1700 km². Der Larvikit scheint auf den ersten Blick nur aus *zwei Bestandteilen* zu bestehen, nämlich *grauen (oder schwärzlichen) Feldspäten in großen (bis zu 4 cm langen) Kristallen* und *1–5 mm großen, schwarzen Mineralhaufen*. Das wichtigste schwarze Mineral ist Augit. Daneben kommt Biotit vor, der bronzefarben aussehen kann. 88 % des Gesteins bestehen aus einem Feldspat, der kompliziert aufgebaut ist. Die Farbbilder 113 und 113 a zeigen, daß die *grauen Kristalle von unregelmäßigen hellen Streifen und Flecken durchsetzt sind, und daß die Ränder heller sind als das Innere.* Das hellere ist Kalifeldspat, das dunkler graue Material ist Plagioklas. Beim Erstarren der Feldspäte war die Temperatur so hoch, daß die beiden Minerale gemeinsame Kristalle bilden konnten. Bei niedrigeren Temperaturen können sich die beiden Feldspäte nicht vermischen. Innerhalb der Mischkristalle neigen die beiden Feldspäte dazu, sich zu trennen, und zwar durch die Wanderung einzelner Atome innerhalb der festen Gesteinsmasse. So hat sich im Laufe der Zeit der Kalifeldspat stärker in den Streifen und Flecken angesammelt, der Plagioklas in den dunkleren Partien (= Perthit; siehe Farbbild 81).

Wenn man Glück hat, findet man einen Larvikit, dessen Feldspäte blau schimmern, wenn man sie in einem bestimmten Winkel zum Licht hält. Diese Form der Reflexion wird als „Schillern" bezeichnet. Sie entsteht dadurch, daß das Licht von staubfeinen Kristallen des einen Feldspats innerhalb des anderen Feldspats zurückgeworfen wird. Das blaue Schillern ist der Grund dafür, daß der Larvikit abgebaut und als Fassadenstein und Grabstein verwendet wird (auch in Norddeutschland).

Die parallelen Linien innerhalb des blauen Kristalls (Nr. 113a) sind *Zwillingslamellen* – innerhalb der Teile der Kristalle, die aus Plagioklas bestehen (siehe Erläuterung auf S. 26 und Farbbild 80).

Durch die Verwitterung werden die Feldspäte gelbbräunlich; das sieht man auf den Farbbildern 112 und 113. Das ganze Gestein kann gelb oder rotbraun werden. Larvikit in dieser Gestalt wird als „Tønsbergit" bezeichnet, nach dem Ort Tønsberg. Man kann ihn mit dem Nordmarkit verwechseln (siehe Text zu Nr. 109).

Unter den übrigen Larvikit-Varianten gibt es auch einen Typ, der *selbst* blaugrau oder blau

ist (ohne das Licht schillernd zurückzuwerfen). Er kann bootsförmige Feldspatkristalle aufweisen, was die nahe Verwandtschaft mit dem Rhombenporphyr (Nr. 39–41) verrät. Die dunkle Variante (Nr. 112) wird für Fassaden bevorzugt. Sie kommt zwischen Larvik und Brevik vor. Nr. 112 und 113 sind Geschiebe aus Nord-Jütland. Nr. 113: Block aus Tjølling, Norwegen.

114. Porphyrischer Larvikit. Das Gestein hat 2–3 cm große, graue, längliche Kristalle („Einsprenglinge") von Plagioklas in einer „Grundmasse" aus gelbrotem Kalifeldspat mit Korngrößen von wenigen mm. In der „Grundmasse" liegen schwarze Körner von Biotit und Augit. Diese Larvikit-Variante findet man in der Gegend westlich von Tønsberg. Strandgeröll, Ulbjerg Klint, Jütland.

115. Nephelin-Syenit (Foyait) aus dem Vorkommen bei Larvik, Oslo-Gebiet, siehe Karte S. 82. Ein *Nephelin-Syenit* ist ein Plutonit (Tiefengestein) mit syenitartiger Zusammensetzung (d.h. ohne Quarz), sowie mit einem hohen Gehalt an Natrium. Bezüglich der Verwandtschaft mit anderen Gesteinen siehe S. 83. Der abgebildete „Foyait" kommt in Gängen vor, die vom Massiv ausstrahlen.

Auf dem Bild sieht man drei Minerale, die unterschiedlich gefärbt sind: Etwa 50 % des Steins bestehen aus *weißen Plagioklasleisten*, wenige mm breit, aber über 1 cm lang. Etwa 30 % sind *Nephelin* in braunen oder gräulichen, kurzen und breiten, etwa 0,5 cm großen Körnern. Nephelin ist ein natriumhaltiges Mineral (siehe Beschreibung bei Tafel 9); es hat keine Spaltbarkeiten und zeigt einen fettigen Glanz. Schließlich sieht man schwarze, unregelmäßig begrenzte Körner von *Augit.* Nephelin verwittert rascher als die beiden anderen Minerale und bildet auf diese Weise Gruben zwischen den hervorstehenden Feldspatleisten auf der Gesteinsoberfläche. *Das Gestein hat eine schwache Fließtextur,* die sich darin äußert, daß die Feldspäte „eingeregelt" sind. Der Foyait kann mit dem *Åsby-Diabas* (Nr. 51) verwechselt werden, der eine ähnliche Verwitterungsoberfläche mit Gruben und Leisten aufweisen kann. Im Åsby-Diabas fehlt jedoch der Nephelin, und er zeigt auch keine „Einregelung".

Nr. 115 ist ein Strandgeröll aus Nord-Jütland.

Lardalit kommt im Nephelinsyenit-Massiv bei Farrisvann nördlich von Larvik vor (siehe Karte S. 82). Das Gestein weist dieselben Minerale und dieselben Farben auf wie der Foyait, aber ist grobkörniger und hat keine „Einregelung".

116. Hornfels wird zusammen mit Nr. 117 auf Tafel 26 beschrieben.

112

113

³/₄ nat. Gr.

113a

114

115

116

Metamorphe Gesteine, Nr. 116–123

116–117. **Hornfels** wird bei der *Kontaktmetamorphose* aus Tonschiefer gebildet. Das bedeutet, daß der Schiefer in ähnlicher Weise „gebacken" wird, wie man Ziegelsteine brennt, wobei die Erhitzung durch Lava oder ein nahegelegenes Plutonit-Massiv erfolgt ist. Die Temperatur war sehr hoch, um 900–1000°C, aber der Druck war nicht groß.

Hornfels ist *dicht* und hat eine glatte, samtartige Oberfläche. Er ist zäh und zeigt beim Zerspringen scharfe, flintartige Bruchkanten. Er läßt sich nur schwer mit dem Messer ritzen.

Die Streifen sind alte Sedimentschichten, die verblüffend gut erhalten geblieben sind. Gelegentlich sind sie allerdings doch etwas verwischt, mit graduellen Übergängen zwischen den Farben. Dies gilt besonders, wenn diese *grün* sind (Nr. 116). Das Grüne sind kleine Glimmerkörner, die bei dem „Backvorgang" neu gebildet worden sind. Es kann auch neugebildeter Feldspat auftreten (rot, rotviolett) und Hornblende oder Augit (schwarz). Aber alle Kristalle sind *mikroskopisch klein* und stören in der Regel die Struktur nur wenig. Die Schlüsse, die man aus den Streifen des Steins Nr. 117 ziehen kann, sind auf S. 91 beschrieben.

Nicht jeder Hornfels hat deutliche Schichtungsstreifen: Die Lagen können unterbrochen sein. Neugebildete rote und grüne Klumpen können das Bild stören.

Eine Voraussetzung für die Bildung von Hornfels in größerem Umfang besteht darin, daß *Plutonite* so dicht an die Erdoberfläche aufdringen, daß „frische" Sedimentgesteine aufgearbeitet werden können. In Südskandinavien ist das im Oslo-Gebiet geschehen. Wo der Drammen-Granit und der Larvikit im Oslo-Gebiet gegen die Kambrosilur-Schichten grenzen, ist der Schiefer in einer bis zu 2 km breiten Zone am Rande des Plutonits in Hornfels umgewandelt. Nr. 116–117 sind Strandgerölle von Hundested, Sjælland.

118. Varberg-Charnockit. Ein *Charnockit* ist ein spezielles metamorphes Gestein, daß unter sehr hohem Druck und bei hoher Temperatur entstanden ist. Ein „hochmetamorphes" Gestein kann keinen Glimmer enthalten: Die eingebauten Wassermoleküle im Atomgerüst des Glimmers würden herausgepreßt werden. Der Varberg-Charnockit ist ein *mittelkörniges, dunkel grünliches Gestein mit 1–2 cm langen, „eingeregelten", schwarzen Streifen von Hornblende.* Die Hauptmasse besteht aus Feldspat (schmutziggelbem Plagioklas und grünlichem Kalifeldspat). Quarzgehalt: 2–20 %. *Erdbeerrote Granate* der Variante *Pyrop* sind mit der Lupe deutlich zu erkennen. Außerdem kann man *Pyroxene* finden; meistens in Form von *Hypersthen, der dunkelbraun mit gold- oder bronzescheinenden Spaltflächen ist,* gelegentlich auch *Diopsid* (längliche, grünliche, seidig glänzende Kristalle). Charnockitblöcke zeigen fast immer eine *dicke, gelbbraune Verwitterungskruste.* Fundort: Anstehendes bei Varberg, Halland, Schweden.

119–120. Granat-Amphibolit ist ein „statistisches" Leitgeschiebe. Das Gestein findet man sowohl in Norwegen (siehe Karte auf S. 77) als auch in Värmland sowie in einem Streifen von dort bis nach Hässleholm in Schonen. Bei weitem die meisten Geschiebe stammen jedoch von vielen kleinen Massiven innerhalb des Gebietes von West-Småland und Halland, das auf der Karte (S. 77) eingezeichnet ist. An den meisten Stellen ist der Granat-Amphibolit wahrscheinlich durch Metamorphose von Basalt/Diabas entstanden.

Ein *Amphibolit* ist ein metamorphes Gestein mit *Hornblende* als Hauptmineral. Darüber hinaus enthält der Granat-Amphibolit Quarz und Biotit, sowie *weißen Plagioklas in unregelmäßigen Flecken oder Streifen* und runde, *rote/rotbraune/rotviolette Granate* (Almandin; siehe S. 88). Die Granate können einen Durchmesser von 1 mm bis 5 cm erreichen. In Halland sind Granate abgebaut und als Schleifmittel genutzt worden. Nr. 119 und 120: Strandgerölle von Tisvilde, Dänemark.

121. Bornholm-Gneis. Fein- bis mittelkörnig, mit schlecht ausgebildeten Kristallformen. *Die schwarzen Streifen (Schlieren) sind 1–3 cm lang und scharf abgegrenzt. Die Oberfläche der Körner ist mit einem korallenroten Farbstoff bedeckt, der auffällige, millimetergroße Flecken und, wo er weniger konzentriert auftritt, rosafarbene Partien ergibt.* Der Stoff findet sich auch im Hammer-Granit (Nr. 106). Wenn man im Zweifel ist, muß man mit der Lupe prüfen, ob man *roten Quarz im Stein findet* (roter Feldspat ist nicht entscheidend). Der Farbstoff kann fehlen; der Gneis ist dann grau und nicht identifizierbar. Strandgeröll von Skodsborg, bei Kopenhagen.

117

118

Natürliche
Größe!

³/₄ nat. Gr. (außer 118)

119

120

121

Gneisgranite waren ursprünglich Granite, in denen viele Körner auf Grund des Gebirgsdrucks zu einer feinkörnigen Masse zerdrückt worden sind, aber in denen trotz allem einige unzerdrückte Körner (vor allem von Kalifeldspat) übriggeblieben sind.

122. Gneisartiger Kristinehamn-Granit. Text siehe Seite 150. Geschiebe vom Ufer des Sees Ullvättern, südlich von Filipstad (Schweden).

123. Åmål-Gneisgranit. Die *0,5–2 cm großen, abgerundeten Feldspäte* fallen ins Auge wegen ihrer *ziegelroten bis feuerroten Farbe.* Die Augen können linsenförmig ausgedrückt oder viereckig sein. Die Zwischenmasse ist feinkörnig und *fein gestreift.* Die dominierenden Streifen bestehen aus *Plagioklas; sie changieren zwischen gelben und rotbräunlichen Farbtönen,* und stellenweise scheinen sie wie Flammen aus den roten „Augen" hervorzubrechen. Hier und dort kleine, gelbe „Augen" von Plagioklas. Bei einer näheren Betrachtung dieses Musters sieht man, daß *Plagioklas in größerer Menge vorkommt als Kalifeldspat. Die Quarze sind blaugrau* und finden sich *sowohl als Streifen als auch als unzerdrückte, 2–5 mm große Körner.* Biotit und Hornblende in *dünnen, schwarzen, stellenweise grünlichen Bändern.* Verwechslungsmöglichkeiten: Es gibt viele Gneise mit roten Augen. Man muß überprüfen, ob Quarz und Plagioklas die besonderen Farben und das spezielle Muster aufweisen, die typisch für dieses Gestein sind. Block aus einem Steinbruch bei Åmål, Schweden.

Sedimentgesteine, Nr. 124–147

Konglomerate, Nr. 124–127

124a. Rhombenporphyr-Agglomerat (-Tuff) und **124b Rhombenporphyr-Konglomerat.** Die Gesteine kommen auf kleinen Inseln an der Ostseite des Oslofjords vor, aber sind als Leitgeschiebe so häufig, daß man annehmen muß, daß sie am Meeresboden stärker verbreitet sind.

Das Konglomerat enthält verschieden große Bruchstücke, zwischen 1 mm und 2 m. Diese liegen in einer *feinkörnigen, rötlichen Zwischenmasse,* die hauptsächlich aus verkitteter vulkanischer Asche

(Tuff) besteht. Die Gesteinsstücke sind *kantig oder haben abgerundete Ecken;* sie sind fast nie wirklich rund. In Nr. 124b kann man erkennen, daß die größten davon *Rhombenporphyre* sind (Nr. 39–40). Stücke anderer Gesteine werden nie gefunden. Nr. 124a besteht aus einer chaotischen Anhäufung kantiger, kleiner Gesteinsbruchstücke. Losgerissene Rhomben sieht man gelegentlich mitten dazwischen. Alle Übergänge zwischen den beiden Typen kommen vor. Man erklärt das eigentümliche Aussehen des Konglomerats damit, daß es nicht von einem normalen Fluß abgelagert worden sei, sondern beim extrem starken Abfluß als Folge kurzzeitiger Starkregen in einem Wadi in der Wüste der Perm-Zeit. Die kleinsten Brocken können Aschebestandteile und kleine vulkanische Bomben sein, die niedergefallen sind und sich mit dem Geröll des Wadis vermischt haben. Dadurch kann man mit Sicherheit sagen, daß das Konglomerat aus dem Perm stammt, da die Vulkane nur zu dieser Zeit aktiv waren. Strandgerölle von Hundested, Dänemark.

125. Biskopåsen-Konglomerat (Biri-Konglomerat). Dieses Gestein aus der Gegend des Mjøsa-Sees in Norwegen ist ein Bestandteil der „Sparagmit-Formation", einer mehrere hundert Meter mächtigen Schichtenfolge aus der Zeit kurz vor Beginn des Kambriums (Eokambrium = Vendium).

Die Gerölle können bis zu kopfgroß werden und sind zusammengekittet durch eine graue, sandige Zwischenmasse. Unter den Geröllen (Klastika) sind Granit, Gneis und Helleflint in der Minderzahl. *70 % der Blöcke sind weiße bis hellgraue Quarzite und schwarze Sandsteine.* Die Quarzite stammen wahrscheinlich aus dem Grundgebirge von Telemarken, wo die hoch aufragenden Gipfel des Gausta, Lifjell und Blefjell aus diesem Material bestehen. Die schwarzen Sandsteine sind Bruchstücke einer älteren Lage der Sparagmit-Formation. Die Farbe zeugt von einem gewissen Gehalt an organischer Substanz, z.B. Algenresten. Echte Fossilien aus so alten Gesteinen sind aus dem fennoskandischen Raum unbekannt. Der Stein stammt aus dem Anstehenden bei Biri, Norwegen.

122

123

124a

³/₄ nat. Gr.

124b

125

126. Flintkonglomerat. Beachten Sie bitte, daß der fotografierte Block in Wirklichkeit knapp 30 cm lang ist. Das Flintkonglomerat kommt *immer* zusammen mit Geschieben aus dem Oslo-Gebiet vor, *niemals* zusammen mit baltischen Geschieben. Daher muß man annehmen, daß das Herkunftsgebiet nördlich von Jütland liegt, da das Gestein aus dem Untergrund Dänemarks nicht bekannt ist. Es handelt sich um eine typische Strandablagerung, von derselben Art, wie sie auch in der heutigen Zeit gebildet wird: *Gerölle von Flint und Quarzit* liegen, gelegentlich im Abstand von einigen Zentimetern, in einer Zwischenmasse von gutgerundeten Sandkörnern. Sand und Steine sind später durch Quarz verkittet worden, ausgefällt aus dem Sickerwasser. Man weiß, daß das Konglomerat im letzten Abschnitt des Tertiärs gebildet worden sein muß. Man hat nämlich einige interessante Hohlräume in dem Gestein gefunden. Plastikabgüsse dieser Hohlräume haben gezeigt, daß darin ursprünglich Blätter, Zweige und Zapfen von Nadelbäumen gesteckt haben. Das organische Gewebe ist längst verschwunden. Ein Plastikabguß zeigte einen Kiefernzapfen, bei dem die Art bestimmt werden konnte: *Pinus herningensis*, den man aus der dänischen Braunkohle kennt. Auf diese Weise konnte man das Alter des Gesteins auf ca. 5–10 Millionen Jahre bestimmen.

Innerhalb der Konglomerate findet man sowohl weißen als auch grauen Flint. Der Quarzit kann aus Norwegen stammen, wahrscheinlich aus Telemarken; ähnlich wie bei Nr. 125. Die Quarzite sind weiß, rosa oder grau.

Flintkonglomerat-Geschiebe findet man in Dänemark häufig in Moränen der *vorletzten* Eiszeit, seltener dagegen in Ablagerungen der *letzten* Eiszeit. Hat womöglich das Eis der Saale-Eiszeit es geschafft, das Gestein in seinem Herkunftsgebiet vollständig abzutragen? – Wir wissen es nicht. In Norddeutschland wird das Flintkonglomerat nur selten gefunden. Der Block stammt von Fasterholt, Jütland.

127. Digerbergs-Konglomerat. Zwischen den Lava-Bänken von Dalarna liegen Schichten von Sedimentgesteinen. Einige von diesen sind Konglomerate, die *Gerölle von Dala-Porphyren* enthalten. Dadurch kann man sie sicher identifizieren und als Leitgeschiebe verwenden. Oben in dem abgebildeten Stein sieht man ein kleines Stück eines roten Grönklitt-Porphyrits (Nr. 31) und gleich darunter einen Brocken von Bredvad-Porphyr (Nr. 23).

Außerdem findet man Granite, Quarzite (im Bild zuunterst) und Amphibolite. Alter: ca. 1600 Millionen Jahre. Strandgeröll von Langeland, Dänemark.

Sandsteine, Nr. 128–135

Die Herkunft der Sandsteine kann man gelegentlich bestimmen, wenn sie Versteinerungen enthalten. Farbe und Korngröße allein können selten aufzeigen, wo ein Geschiebe herkommt, aber mitunter geben sie doch einen Fingerzeig, wenn man sie mit anderen Hinweisen kombiniert.

Rote Sandsteine ohne Versteinerungen, wie Nr. 128, sind in Süßwasser oder in einer Wüste abgelagert worden. Es sind „statistische" Leitgeschiebe; man trifft sie *weitaus am häufigsten in baltischen Moränen*. Die meisten Exemplare, die wir finden, sind während des *unteren Kambriums*, vor 570 Millionen Jahren, über dem Grundgebirge abgelagert worden, kurz bevor Fossilien allgemein verbreitet waren. In den meisten Gebieten in Fennoskandien sind diese Sandsteine im Laufe der Jahrmillionen wieder abgetragen worden. Sie sind nur in Senken erhalten geblieben, *in erster Linie in der Ostsee-Senke*. Die Zeichnung auf S. 47 verdeutlicht, daß die Sandsteine im Kalmarsund ans Tageslicht treten. Weiter im Osten sind sie von jüngeren Sedimenten bedeckt.

Die untersten Lagen sind kiesartig, mit Körnern von 1 cm Durchmesser und mehr. Sowohl diese groben Lagen als auch die feineren Schichten darüber können rote Feldspatkörner enthalten; ein solches Gestein wird als *Arkose* bezeichnet.

Die rote Farbe stammt von Eisenverbindungen. Sie kann Streifen bilden. Außer in der Ostsee finden wir rote Sandsteine noch in Dalarna; vgl. S. 162.

129. Grüngestreifter Kalmarsund-Sandstein. Die grünen Sandsteine sind *Meeresablagerungen* (sie enthalten Glaukonit; vgl. S. 95 und 177). Dieser *fein- und gleichkörnige Typ* mit *ganz regelmäßigen, schmalen Streifen* stammt aus den Ablagerungen des Kambriums am Kalmarsund. Er kann Versteinerungen des kleinen „Urweichtieres" *Mobergella holsti* enthalten, das älteste echte Fossil aus dem skandinavischen Raum. Das Tier hatte nur eine Schale, die kreisrund, gewölbt und 1–2 mm breit war. Auf der Außenseite zeigt die Schale ein konzentrisches Muster, auf der Innenseite dagegen radial angeordnete Vertiefungen. Strandgeröll von Odsherred, Dänemark.

³/₄ nat. Gr.
(außer 126)

126

¹/₃ nat. Gr.

127

128

129

Dala-Sandsteine. Die meisten roten Sandsteine, die wir finden, kommen aus der Ostsee; siehe z.B. Nr. 128 und 130. Einige stammen jedoch auch aus Dalarna (siehe S. 160). Auch diese können sowohl Kieslagen als auch Lagen mit Feldspatkörnern (Arkose-Lagen) enthalten. Sie sind gleichfalls rot oder rotviolett und können Streifung oder Wellenrippeln zeigen. Einige davon haben *kreisrunde, scharf abgegrenzte, gelbliche oder weißliche Flecken.* Man nennt sie „Entfärbungsflecken" oder „Reduktionskreise". Die genaue Ursache ihrer Entstehung ist unbekannt. Sie sind für die Bestimmung der Geschiebe nützlich, denn die *Kombination rotviolette Farbe + Entfärbungsflecken findet man nur in Dalarna, nicht in der Ostsee.* Rote Sandsteine ohne diese Flecken kommen an beiden Orten vor. Die Dala-Sandsteine sind 1350 Millionen Jahre alt.

Grüne Schiefer kennt man von Bornholm und Öland. Alter: Kambrium. Es handelt sich um dunkle, tonhaltige Sandsteine, die sich von Nr. 129 durch ihre unregelmäßige Schichtung unterscheiden. Sie laufen rostfarben an. Schwarze Phosphatknollen und Schichtflächen mit Glimmer kommen vor.

130. Chiasma-Sandstein. *Nur* vom Kalmarsund bekannt. Eokambrium, vgl. Nr. 128. Fein- und sehr gleichkörniger Sandstein. *Die Streifen folgen nicht der Schichtung, sondern können diese schräg schneiden.* Bei näherem Hinsehen entdeckt man die Schichtung anhand von Rillen oder durch den Wechsel von feineren und gröberen Lagen. Auf dem abgebildeten Stück erkennt man z.B. rechts unten einen hellen Streifen. Die Bruchflächen folgen den Schichtflächen: *Die Ober- und Unterseite des Steins sind Schichtflächen.* Die Streifen sind Ausfällungen von Eisenoxid. Angeblich sollen sie einem früheren, schwankenden Grundwasserspiegel folgen, aber das ist schwer nachzuweisen. Strandgeröll von Odsherred, Dänemark.

131–135. Wurmröhren-Sandstein (= Scolithus-Sandstein). Zu Beginn des Kambrium, vor 570 Millionen Jahren, stieg das Meer und überschwemmte die Flußablagerungen, die wir oben beschrieben haben (Nr. 128 und 130). Die Meeressandsteine, die jetzt darüber abgelagert wurden, hatten verschiedene Farben (weiß, grau, schwarz, grün, rot). Einige von ihnen kann man bestimmen, weil am Boden lebende *Tiere Spuren ihrer Wohnröhren darin hinterlassen haben, die senkrecht zur Schichtung verlaufen.* Man kennt die Organismen selbst nicht; deshalb es ist eine bloße Annahme, wenn man von „Wurmröhren" spricht. **Sandsteine mit roten Wurmröhren, Nr. 131 und**

132, kommen am Kalmarsund vor. **Sandsteine mit weißen Wurmröhren, Nr. 133–135,** sind weit verbreitet und daher keine idealen Leitgeschiebe: Man findet sie besonders in Südost-Schonen, aber auch am Kinnekulle, am Kullen und Söderåsen in Nordwest-Schonen, sowie auf Bornholm. Die Röhren wurden von verschiedenen Tierarten gebaut, denen man Namen gegeben hat: *Monocraterion* (Nr. 131) hat den Sand trichterförmig von oben nach unten verschleppt. *Diplocraterion* (Nr. 133) tat dasselbe, aber er hatte U-förmige Röhren mit zwei Öffnungen, während *Monocraterion* nur eine einzige Röhre hatte. Der Verlauf der Trichter kann die ursprüngliche Oberseite des Steines zeigen: Nr. 131 liegt richtig, Nr. 133 steht auf dem Kopf! Beachten Sie bitte, daß man auf der Schichtfläche oben die Querschnitte der Röhren als kleine Kreise sieht. *Scolithus (Skolithos)* ist der häufigste Typ, ohne Trichter. Man findet ihn in zwei Formen, eine mit feinen, dicht stehenden Röhren (135) und eine mit gröberen Röhren in großem Abstand (134). Besonders letztere Form kommt oft in halbmetergroßen Blöcken vor. Alle abgebildeten Stücke sind Strandgerölle aus Dänemark.

Jüngere Sandsteine kann man oft an ihrem Fossilinhalt erkennen. Einige Typen sind dabei von besonderem Interesse:

Tessini-Sandstein ist braunfleckig, mit bräunlich angelaufenen Oberflächen. Wenn man ihn zerschlägt, kann man darin dunkle Reste des Trilobiten *Paradoxides paradoxissimus (= tessini)* finden. Mittelkambrium, Westküste von Öland.

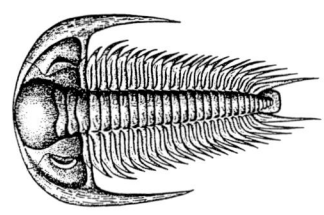

Abb. 75. Paradoxides paradoxissimus (tessini). Halbe natürliche Größe (nach WIENBERG RASMUSSEN).

Der **Burgsvik-Sandstein** aus dem oberen Silur von Gotlands Südspitze ist beigefarben und kann braune Reste von Brachiopoden enthalten (siehe Abb. 65d, S. 94).

130

131

²/₃ nat. Gr.

132

133

134

²/₃ nat. Gr.

135

³/₄ nat. Gr.
(außer 131 und 134)

136. Zementstein. Beachten Sie bitte, daß der abgebildete Stein knapp 30 cm lang ist. Der Zementstein besteht aus *Moler*, der durch Ausfällung von Kalk zwischen den Tonpartikeln verfestigt worden ist und dabei so widerstandsfähig wurde, daß er den Eistransport überstanden hat. Der Moler ist eine Meeresablagerung aus dem Älteren Tertiär, etwa 55 Millionen Jahre alt. Er ist gelblich oder hellgrau und aufgeteilt in *regelmäßige, millimeterdünne Schichten*. Diese bestehen aus Tonpartikeln und Schalen von Kieselalgen, die man jedoch nur unter dem Mikroskop erkennen kann. Im Abstand von einigen Zentimetern sieht man regelmäßige *schwarze Streifen von vulkanischer Asche*. Die Aschelagen sind feinkörnig und *weisen keine innere Schichtung auf*. Sie stammen vermutlich aus dem „Kristianssand-Vulkan" im Skagerrak (siehe S. 46). Wenn man den Stein aufschlägt, kann man mit etwas Glück Fossilien finden – z.B. Fische, Insekten oder Blätter palmenartiger Bäume. Block vom Herkunftsgebiet, Mors, Dänemark.

Kalksteine und Flint, Nr. 137–147

137. Weißfleckiger Flint aus dem Kristianstad-Gebiet in Nordost-Schonen. Alter: knapp 100 Millionen Jahre (Campan; eine Unterabteilung der Kreidezeit). Viele Flinte zeigen unregelmäßig geformte Flecken von weißem Opal (siehe S. 94). Völlig gleichmäßig verteilte, 1–2 mm große Punkte wie im Bild findet man jedoch nur bei Kristianstad. Die Blöcke sind klein; nur wenige erreichen Faustgröße. Strandgeröll von Odsherred, Dänemark.

138–143. Paläozoische Kalksteine aus dem Ostsee-Gebiet, d.h. Kalke aus dem Ordovizium und Silur, Alter 500–400 Millionen Jahre.

138a–e. Paläozoische Kalksteinbrocken aus einer Moränenprobe, aufgesammelt von MICHAEL HOUMARK-NIELSEN. Diese Kalksteine spielen eine große Rolle in der Eiszeitforschung und werden daher an mehreren Stellen in Kapitel 4 und 5 erwähnt. Auf S. 46–49 haben wir darauf hingewiesen, daß die Kalkschichten am Boden der Ostsee dominieren und dort eine Schichtstufenlandschaft ausgebildet haben (Abb. 30). Auf Seite 64 und 73 wird erklärt, wie man die Kalksteine als „statistische Leitgeschiebe" verwenden kann. Auf die Technik der Kalkbestimmung soll hier näher eingegangen werden.

139. Seelilienkalk: Beschreibung S. 166.

Anleitung zur Bestimmung paläozoischer Kalksteine

Man nimmt eine Probe von 10 kg aus einer Moräne (das ist etwa die Menge, die man in einer Einkaufstüte tragen kann) und spült mit einem Wasserschlauch die kleinen Steine heraus. Alle Steine werden mit einer Pinzette in verdünnte Salzsäure getunkt (das Brausen bei Verwendung von Essigsäure ist zu schwach). Die Steine, die nicht brausen (Nichtkalke), werden auf einen Haufen gelegt und gesondert gezählt (siehe S. 73). Die Kalksteine werden nach folgenden Merkmalen in zwei Gruppen eingeteilt:

A. Dunkelgraue oder rote Kalksteine. Diese Typen sind alle paläozoisch und müssen nicht näher untersucht werden.

B. Hellgraue, weiße oder gelbe Kalksteine. Diese Kalksteine können entweder paläozoisch sein, oder aus der Kreide oder dem Tertiär stammen. Die paläozoischen weisen *zumindest eines* der folgenden Merkmale auf:

a) An der Oberfläche des Steins können kleine Kreise, Bögen oder fünfeckige Formen auftreten – d.h. fossile Seelilienstengel, Brachiopoden usw. Siehe Farbbilder 138b, 139, 140. Beachten Sie bitte, daß die Gesteinsoberfläche die Fossilien gewöhnlich *quer schneidet*. Der Kreide- und Tertiär-Kalksteine brechen dagegen in der Regel entlang der Schalenoberflächen.

b) An der Gesteinsoberfläche können mehrere mm lange Risse auftreten; diese sind durch Schrumpfung im Laufe der Jahrmillionen entstanden (siehe Farbbilder 138 d und e).

c) Der Stein kann, selbst wenn er keines der genannten Merkmale aufweist, eine glatte Oberfläche haben, die man *nicht* mit dem Fingernagel ritzen kann. Kreide- und Tertiär-Kalke lassen sich oft, *aber nicht immer,* mit dem Fingernagel ritzen.

Steine, die hellgrau, weiß oder gelb sind und die man mit dem Fingernagel ritzen *kann,* sind Kreide- oder Tertiär-Kalke. Große Mengen von Bryozoen, wie sie in Farbbild 145 gezeigt sind, weisen ebenfalls darauf hin, daß es sich um einen Kreide- oder Tertiär-Kalk handelt.

Zum Schluß müssen die Steine gezählt werden. Die Anzahl Steine in jeder der beiden Kalkstein-Gruppen wird umgerechnet in den *Prozentanteil der Gesamtprobe,* also einschließlich der Nichtkalke. Das bedeutet, daß man *auch die Nichtkalke* zählen muß. Diese kann man noch weiter untergliedern; siehe S. 73 (Feinkiesanalyse).

136

¹/₂ nat. Gr.

137

a

b

c

d

e

137 und 139: 90% nat. Gr.

138 (a–e)
2 × vergr.

139

139 (Tafel 30). Seelilienkalk (Crinoidenkalk), Gotland ist auf Tafel 30 abgebildet. Silur. Die Seelilien gehören zu den Stachelhäutern, derselben Tiergruppe wie die Seeigel und Seesterne. Sie weisen eine fünfstrahlige Symmetrie auf und sind mit einem Stengel fest auf dem Meeresboden verankert (siehe Abb. 31). Sie haben ein Skelett aus vielen Kalkstücken. Wenn das Tier stirbt, fällt das Skelett auseinander, so daß man nur selten ganze Exemplare findet. Die meisten Fossilien in Farbbild 139 sind Glieder von Seelilien-Stengeln. Auf der polierten Fläche, die zum Betrachter gerichtet ist, sieht man Längsschnitte – das sind die länglichen Rechtecke, die in Glieder unterteilt sind – sowie fünfeckige oder runde Querschnitte, die ein fünfstrahliges Muster in der Mitte aufweisen können. Der Kalk kann rötlich, grau oder gelblich sein. Fundort: Revsvindinge, Fyn, Dänemark.

Korallenkalk von Gotland. Ein graues oder weißes Gestein, das große Riffe bildet. Alter: Silur. Abb. 76b-d zeigt typische Korallen von Gotland. Die gezeigten Beispiele sind „Einzelkorallen", d.h. sie bilden keine Kolonien. Knopfkorallen kann man auch als lose Exemplare finden.

Beyrichienkalk ist als Nr. 151, S. 170 abgebildet und dort beschrieben.

Lavendelblaue verkieselte Kalksteine (Lavendelblaue Hornsteine) stammen vom Boden der Ostsee bei Gotland. Auf Grund ihres Quarzgehaltes sind sie fester als andere Gesteine aus diesem Gebiet; sie können in Deutschland und den Niederlanden als Leitgeschiebe benutzt werden. Sie enthalten Silur-Fossilien, z.B. den Schwamm *Astylospongia* (Abb. 76g).

140–141. Orthocerenkalk (Öland-Kalk) aus dem Ordovizium ist der Kalksteintyp vom Boden der Ostsee, den man am häufigsten findet. Er ist rot oder grau gefärbt und baut den Hauptteil der westlichen Steilküste Ölands auf. Hier findet man viele Steinbrüche. Der Kalk wird in großem Umfang exportiert und unter anderem zu Fußbodenfliesen verarbeitet. Die berühmtesten Fossilien darin gehören zu einer heute ausgestorbenen Gruppe von Tintenfischen mit langen, geradlinigen, gekammerten Gehäusen, den sogenannten *Orthoceratiten* (siehe Abb. 31b-d und Text auf S. 48). Tintenfische mit Kalkschalen waren in allen Meeren bis zur Kreidezeit sehr stark verbreitet, aber die meisten von ihnen hatten gewundene Gehäuse. Nr. 140 und 141: Blöcke von Odsherred und Fyn, Dänemark.

142. Palaeoporellenkalk. Herkunft: Boden der Ostsee zwischen Öland und Gotland. Ordovizium.

Die Vorderseite des Steines ist poliert. Man erkennt eine große Zahl von Röhren, 2–3 mm im Durchmesser, die keine Querteilung oder andere Muster aufweisen. Es handelt sich um die Kalkschalen von röhrenbildenden Grünalgen. Der Kalk kann grünlich oder rosa gefärbt sein. Stein von Refsvindinge, Insel Fyn, Dänemark.

143. Ostseekalk (Wesenberger-Kalk). Dieses Gestein mit den roten Flecken ist am Boden der Ostsee sehr weit verbreitet, sowohl nördlich als auch südlich von Åland und zwischen Öland und Gotland. Ordovizium. Es enthält oft kleine Fossilien, die man herauspräparieren kann, wenn man den Stein in Salzsäure auflöst. Strandgeröll von Drøsselbjerg, West-Sjælland, Dänemark.

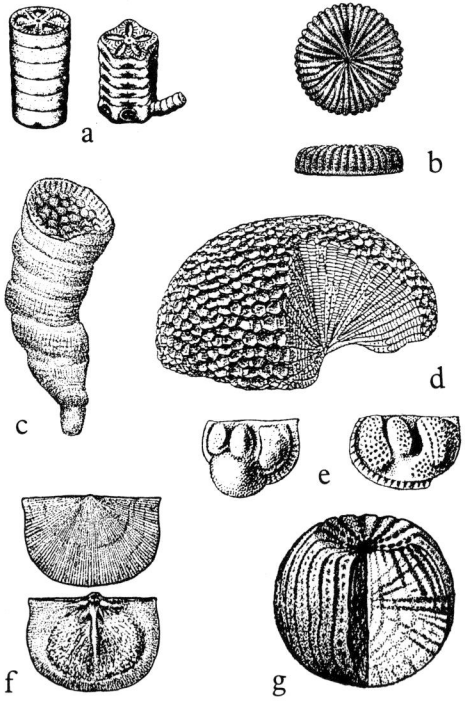

Abb. 76. a) Typische Seelilienglieder; b) – d) Korallen von Gotland: b = Knopfkoralle, *Porpites*; c = Becherkoralle, *Cystiphyllum*; d = Wabenkoralle, *Favosites*; e) – f) Fossilien aus dem Beyrichienkalk; e = Muschelkrebs *Beyrichia veronica*, natürliche Größe: 1,5 mm; f = Brachiopode *Chonetes*. – g) Schwamm aus lavendelblauem verkieselten Kalkstein, *Astylospongia*. a: 2x nat. Gr.; c, d: ½–⅓ nat. Gr.; b, f, g: natürliche Größe.

140

141

142

90 % nat. Gr.

143

144. Korallenkalk von Fakse. Alter: ca. 70 Millionen Jahre (Ältestes Tertiär, Dan). Außer bei Fakse findet man Korallenriffe aus dem Dan bei Spjellerup (südliches Sjælland) und bei Limhamn in Schonen. Fakse ist aber bei weitem das größte Vorkommen.

Man findet den Kalk in einer festeren und in einer etwas lockereren Variante. Das Bild zeigt den festeren Typ, bei dem die Zwischenräume zwischen den Korallenstöcken mit Kalkschlamm aufgefüllt worden sind, der sich im Laufe der Zeit verhärtet hat. Die Korallenstöcke selbst sind zum Teil aufgelöst. Blöcke dieser Art findet man in Norddeutschland; das beweist, daß sie einen ziemlich langen Transport überstehen können. *Sie sind nicht mit dem Fingernagel ritzbar* und bilden daher eine Ausnahme von der Regel, die wir zur Unterscheidung der Kalksteine aufgestellt haben (Tafel 30). Ein kompaktes Kalksteinkorn hat die Härte 3. Das Meer bei Fakse muß seinerzeit sauerstoff- und nährstoffreich gewesen sein. Über 500 verschiedene Arten von Fossilien sind von dort beschrieben worden. Nr. 144: Strandgeröll von Hundested, Dänemark.

145. Bryozoenkalk. Dieser Kalksteintyp stammt aus dem älteren Tertiär (Dan), besonders in Dänemark und Schonen, und ist knapp 70 Millionen Jahre alt. Stücke davon sowie losgerissene Skelette von Kleintieren findet man in zahlreichen Moränen und Schmelzwassersanden. Das Bild zeigt die Kalkskelette vieler Tierarten; Bryozoen (Moostierchen) sind dabei in der Mehrzahl. Abb. 77c-d zeigt zwei Typen in der Vergrößerung. Bryozoen sind koloniebildende Tiere. Jedes Tier bildet eine kleine Kalkschachtel, ca. 1 mm lang, mit einem Hohlraum, aus dem das Tier einen Kranz von Fangarmen (Tentakeln) herausstreckt. Einige Bryozoen bilden Überzüge auf Steinen, Pflanzen oder anderen Gegenständen; die Schachteln wachsen dann in einem bestimmten Muster in zwei Richtungen. Andere Arten von Bryozoen-Kolonien erheben sich wie Büsche über den Meeresgrund; die einzelnen Schachteln ähneln dann kleinen Zweigen oder Stäben.

Bryozoen finden sich auch in paläozoischen Kalksteinen, aber sie dominieren nicht. Nr. 145: Block vom Anstehenden, Stevns, Dänemark.

146. Rasselsteine. Kugelförmige Flintknollen, ca. 4–5 cm im Durchmesser, die in der Kreidezeit

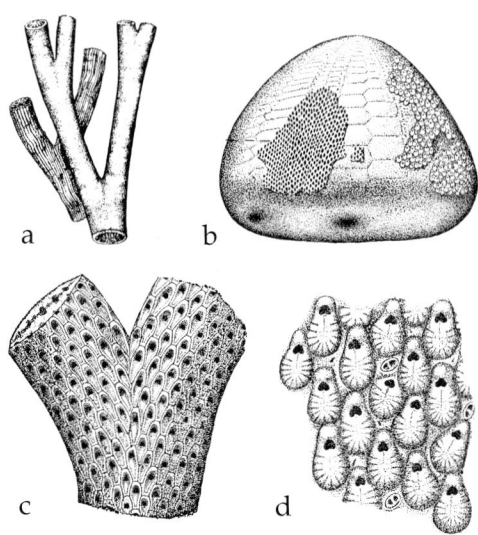

Abb. 77a–d. a) Die Koralle *Haplophyllia faxoensis* aus Faxe; eine andere Art, *Dendrophyllia candelabrum,* zeigt Farbbild 144; b) – d) Bryozoen aus Kreide- und Tertiär-Kalken, die auf einem Seeigel sitzen; c = *Membraniporella,* d = *Coscinopleura* (vergrößert) (nach WIENBERG RASMUSSEN).

um das Skelett des Kieselschwammes *Plinthosella resonans* gebildet worden sind. Das Skelett war hohl; infolgedessen hat sich auch in seinem Inneren Flint gebildet. Die Reste des Tieres selbst bestanden aus Opal und sind später aufgelöst worden. Das Resultat ist, daß eine innere Flintkugel lose in der äußeren Kugel liegt; man kann mit dem Stein rasseln. Das Loch auf der einen Seite, das im Bild zu sehen ist, fehlt normalerweise. Die Rasselsteine können als Leitgeschiebe genutzt werden, weil sie *nur in der Schreibkreide in der Umgebung von Møn und in der Ostsee östlich davon vorkommen,* nicht in Jütland. Alter: ca. 100 Millionen Jahre. Strandgeröll von Møn, Dänemark.

147. Kreide- und Tertiär-Kalke und Flint. Dieses Übersichtsbild soll als Vergleich zu den paläozoischen Kalken auf den Tafeln 30–31 dienen. Bezüglich der Flinttypen und ihrer Entstehung siehe S. 93–95. Der Flint liegt rechts von der Mitte, die Kalke links. Odsherred, Dänemark.

144

145 Natürliche Größe

146

147

In Wirklichkeit: 25 × 55 cm

Die beiden Tafeln 33 und 34 enthalten überwiegend Geschiebetypen aus der mittleren/östlichen Ostsee und dem finnischen Festland. Steine aus diesen Gegenden werden in Deutschland häufiger gefunden als in Dänemark. Darüber hinaus wird auf Tafel 33 die Bilderreihe von Värmland-Graniten ergänzt (Nr. 148–149), und es wird ein Doppelbild von Schonen-Granulit (Nr. 150) hinzugefügt. Das ist ein Gestein, das der Verfasser mit gutem Erfolg als Leitgeschiebe verwendet hat.

148–149. Südlicher Filipstad-Granit. Beschreibung S. 148, Verbreitung siehe S. 78. **Nr. 148** stammt aus dem Anstehenden vom Kortfors-Massiv; einen Gesteinstyp wie **Nr. 149** („Globen- und Sterne-Granit") findet man im Wasshammar-Massiv. Strandgeröll von Langeland, Dänemark.

150. Schonen-Granulit. Dieser hochmetamorphe Gesteinstyp stammt aus einem Gebiet beim Horst Söderåsen, Südschweden (Karte S. 70, Nr. 18). Das Gestein besteht überwiegend aus feinkörnigem, rotbräunlichem Feldspat. Unter der Lupe kann man kleine weiße oder rosa Plagioklaskörner erkennen. Die dunklen Streifen und die eckigen Flecken in Nr. 150 b sind *Platten von dunkelgrauem Quarz*. Die Platten haben die Form von Brettern in einer Abmessung von ca. 1 mm × 2–4 mm × 5–15 mm. Das Farbbild 150 a zeigt einen Schnitt in Längsrichtung der „Bretter", während sie in Nr. 150 b quer geschnitten sind. Geschiebe von Ristinge Klint, Dänemark.

Gesteine aus der Ostsee

Old Red Sandstein, Sandstein aus dem Devon, bildet den Boden der Ostsee südöstlich von Gotland (Karte S. 77). Er ist weniger fest verkittet als Nr. 128–135: *Man kann einzelne Körner mit dem Fingernagel lösen.* Die Farbe ist in der Regel ein helles Ziegelrot. Die Variante **Kugelsandstein** hat kugelförmige Partien, die durch Kalkausscheidungen verkittet sind und daher *mit Salzsäure brausen.* Die Kugeln sind rotbraun, graugrün oder gelblich und haben einen Durchmesser von 3 mm bis 5 cm.

151. Beyrichienkalk. Grauer oder leicht bläulich/grünlicher Kalkstein mit zwei Gruppen von Fossilien: 1) *bohnenförmigen, 1–3 mm große Schalen von Muschelkrebsen* (siehe auch Abb. 76, S. 166) und 2) *Brachiopoden,* wovon zwei Arten im Bild zu sehen

sind: *Chonetes* (oben) und *Camarotoechia nucula* (unten links). Der Kalk stammt aus dem Oberen Silur und bildet die Hoburgsbank in der Ostsee, südlich von Gotland. Strandgeröll von Arkona, Rügen.

152. Dolomit ist ein Kalkstein, der auch Magnesium enthält. Er entsteht wahrscheinlich dadurch, daß Kalk am Meeresboden mit dem umgebenden Salzwasser reagiert. Große Teile der paläozoischen Kalke am Boden der Ostsee sind im Laufe der Zeit „dolomitisiert" worden, vor allem im Osten, z.B. auf der estnischen Insel Saaremaa (Ösel). Hier kann man anstehende Dolomite trockenen Fußes studieren.

Die Dolomite ähneln Kalksteinen und sind nicht immer durch bloßes Ansehen zu erkennen. Ein Hinweis kann sein, daß die Geschiebe *blaßgelb bis gelbgrau gefärbt* sind und *eine löcherige Oberfläche mit Kristallen in den Löchern aufweisen.* Rote, grüne, blaue oder violette Farben können auftreten. Dolomit braust nicht oder nur ganz schwach mit Salzsäure. *Schabt man kräftig mit einem Messer über die Gesteinsoberfläche, kann das abgeriebene Pulver brausen.* Strandgeröll von Arkona, Rügen.

Gesteine vom finnischen Festland

Grauer Nystad-Granodiorit (nicht abgebildet) ist in der Gegend südlich und westlich des Laitila-Massivs verbreitet. *Schwarzweißer,* gleichmäßig mittelkörniger Gesteinstyp, etwa wie die Grundmasse in Nr. 62. Man unterscheidet ihn von anderen schwarzweißen, granitartigen Gesteinstypen dadurch, daß die *Quarzkörner in kleinen Haufen angeordnet und schwach bis deutlich rauchbraun* sind. Das Gestein kann leicht gestreift sein.

Rapakivi ist ein Granittyp, der auf S. 87 und 132–136 beschrieben ist. Rapakivi kommt in einer Reihe kleinerer Massive in Schweden vor (Rödö, S. 134; Ragunda, S. 134; Siljan, S. 136), tritt aber vor allem in Finnland auf. Das größte Vorkommen ist das Wiborg-Massiv an der russischen Grenze (Abb. 37). Die meisten Rapakivi-Geschiebe, die in Deutschland gefunden werden, stammen von den Åland-Inseln (Nr. 67). Steine aus den beiden Nystad-Massiven (Karte S. 77) sind vereinzelt zu finden, besonders in Ostdeutschland. Steine von Wiborg sind wahrscheinlich sehr selten. Das jedoch schwer nachzuweisen, da die Rapakivis aus allen Massiven des finnischen Festlandes sich sehr ähnlich sind. Bilder auf Tafel 34.

148

150 a

149

150 b

151

152

³⁄₄ nat. Gr.

151 1,8 × nat. Gr.

153–154. Nystad-Rapakivi. In allen Rapakivi-Massiven (siehe S. 170) findet man zwei Typen miteinander verzahnt: (1) der „echte Rapakivi" oder **Wiborgit, Nr. 153,** hat runde Kalifeldspataugen mit Ringen aus Plagioklas, und dazu eine Grundmasse mit Myrmekit (Erklärung S. 132–136). (2) **Pyterlit, Nr. 154** und S. 133, hat keinen Myrmekit und keine Augenringe, sondern Flocken oder Reihen runder oder sechskantiger Quarzkörner zwischen Augen von Kalifeldspat. *Wiborgit vom finnischen Festland* kann in der Regel durch folgende Merkmale vom Åland-Rapakivi (Nr. 67) unterschieden werden: 1) Die „Augen" sind größer als in Åland-R.; einige (nicht alle) sind sehr groß, bis zu 6–8 cm Durchmesser. 2) Die Augenringe sind gelblich oder hell gelbbraun, seltener blaßgrün (im Åland-Rapakivi dunkel, in der Regel grüngrau). 3) Die Hauptfarbe des Gesteins (das gilt sowohl für die „Augen" als auch für die Grundmasse) ist blaßrosa, beige oder braun, selten rot. 4) Myrmekit tritt in geringerem Umfang auf als im Åland-Rapakivi, und die „Quarzfische" sind rund oder kantig, selten länglich. Der Quarz ist in der Regel dunkel, sowohl im Åland- als auch im Nystad-Rapakivi, auf dem Festland dagegen oft rauchbraun; aber die Farbe des Quarzes ist kein gutes Merkmal. Im Laitila-Massiv kommen bläuliche Quarze vor. Rapakivis aus den Festlandsmassiven verwittern ziemlich schnell; die Kalifeldspäte fallen dabei heraus und können als lose „Eier" gefunden werden. *Nr. 153* zeigt zwei Farbvarianten, beide mit dunkelbraunen Quarzen und hellen Plagioklasringen voller Einschlüsse. Die verstreuten roten Farbflecken kommen nicht immer vor. Pyterlittypen von Åland (Nr. 65, 66) und vom Festland kann man in aller Regel nicht voneinander unterscheiden. Doch stammen Varianten mit *sandfarbenem bis blaßrosa Kalifeldspat und hellgrünem Plagioklas (Nr. 154),* Varianten mit *dunkelbraun/schwarzbraunem Feldspat* und Varianten mit *weißlichem Kalifeldspat* aus den Nystad-Massiven, nicht von Åland. Nr. 153 und 154 stammen aus dem Anstehenden von Laitila, Finnland.

155. Lellainen-Granit (Laitila-Massiv) ist ein Pyterlittyp mit *bläulichem bis blauviolettem Quarz.* Er tritt in mehreren Varianten auf, wovon eine rosa Kalifeldspäte und blaßgrünen Plagioklas aufweist. Korngröße und Textur erinnern an Nr. 154. Alle Untertypen haben *lackglänzende, blankschwarze, runde Biotitkörner.* Ein Typ sieht „rosinenbrotartig" aus, d.h. hat 3–6 mm große, runde Quarzkörner und 2–5 mm große Biotitkristalle in einer hellen, feinkörnigen Zwischenmasse. Die Kalifeldspataugen können dabei beige oder bräunlich sein. Anstehendes von Elijärvi, Finnland.

156. Ytö-Granit ist ein Granit ohne Rapakivi-Textur aus dem Laitila-Massiv. In einer *hellgrauen, feinkörnigen Grundmasse* sieht man in der Regel (aber nicht immer) auffällige, runde, schwarze, bis zu 5 mm große Kristalle von Biotit. *0,5–3 cm große, meistens scharf rechteckige, graue bis fast weiße „Augen" aus Kalifeldspat mit stark glänzenden Spaltflächen* liegen ungleichmäßig verteilt, oft mit einigen Zentimetern Zwischenraum. Quarzkörner 1–3 mm, können schwach bläulich sein. Anstehendes, Ytö östlich von Laitila, Finnland.

157. Perniö-Granit gehört nicht zu einem Rapakivi-Massiv, sondern ist ein „Kettengebirgsgranit" (Alter: 1800 Millionen Jahre). Verbreitungsgebiet 900 km². *0,5–3 cm große, gelegentlich tiefrote, aber öfter rosa bis rosaweiße Kalifeldspataugen, die fast immer „eingeregelt" sind (parallele Längsachsen aufweisen). Viele davon sind Karlsbader Zwillinge.* Die Grundmasse ist mittel- bis grobkörnig, mit hellgrauem oder glasklarem Quarz, schwarzem Biotit und zwei Arten von Feldspat: Kalifeldspat kann (wie in den „Augen") fast weiß, *aber auch rosa bis fast rot sein. Plagioklas ist immer tiefrot/ziegelrot und hat vielfach Zwillingslamellen, die man mit der Lupe erkennen kann. Die Farbverteilung zwischen den Feldspäten ist ungewöhnlich* und bewirkt, daß selbst kleine Bruchstücke des Gesteins bestimmt werden können. Bei der Verwitterung wird der Plagioklas weiß, wodurch sich das Aussehen der Blöcke ändert (Nr. 157a). *Granate* sind häufig. Das Herkunftsgebiet des Perniö-Granits setzt sich mit aller Wahrscheinlichkeit gegen Westen unter die Ostsee fort. Verwechslungsmöglichkeiten: Im *Siljan-Granit* (Nr. 84–86) fehlen eingeregelte Feldspäte; *Blekinge-Granite* haben keine roten Plagioklase. Anstehendes vom Strömma-Kanal, östlich von Kemiö, Finnland.

153

154

155

156

¾ nat. Gr.

157

157 a

Abb. 78

Abb. 79

Abb. 80

Abb. 81

Abb. 82

Makrofotos zum Studium der Granitminerale

Abb. 78. Vergrößerter Ausschnitt eines typischen Granits. Vergrößerung: siebenfach. Der große rote Kristall ist in Wirklichkeit ca. 1 cm lang. Er besteht aus Kalifeldspat und zeigt, wie eine Spaltfläche gleichzeitig im Licht reflektiert. Beachten Sie die „Treppenstufen"! Es kommt nur selten vor, daß ein Kristall durch einen Schlag genau an ein- und derselben Spaltfläche auseinanderbricht. Man sieht stattdessen Stücke von verschiedenen, parallel laufenden Flächen, die im Licht wie Spiegel glänzen. Die andere Spaltbarkeit des Kristalls läuft in den Stein hinein (rechtwinklig zur Bildoberfläche; senkrecht, wenn das Bild waagerecht liegt).

Der Kristall besteht aus zwei Hälften, von denen die eine hell glänzt, die andere nicht. Es handelt sich hierbei um eine *Zwillingsbildung* – zwei Kristalle, die in einer Symmetrie-Ebene aneinandergrenzen (Zwillingsbildung ist auf S. 26 beschrieben). Die Grenze zwischen dem Teil, der aufleuchtet und dem, der nicht reflektiert, ist recht unregelmäßig, aber verläuft doch im großen und ganzen in Längsrichtung durch den Kristall. Ein Feldspat-Kristallpaar, das so aussieht, wird als *Karlsbader Zwillinge* bezeichnet. Das Phänomen tritt in vielen Graniten auf.

Die *Plagioklase* sind gelb und wirken „formlos". Nur an einigen Stellen kann man ein viereckiges Korn erahnen; den Rest kann man als „Füllmasse" bezeichnen. Der Fachausdruck für Kristalle, die eine erkennbare Kristallform haben, ist *idiomorph*. Die Plagioklase sind hier *xenomorph*, d.h. sie haben keine sichtbare Kristallform.

Das Verhältnis der beiden Feldspäte zueinander ist typisch. Das Gegenteil, daß der Plagioklas große „Augen" bildet und der Kalifeldspat die „Füllmasse", ist selten. Auch die Farben der beiden Feldspäte sind typisch.

Das nächsthäufigste Mineral nach den beiden Feldspäten ist im Farbbild 78 der *Quarz*. Er bildet rundliche Klumpen, die wie Glasscherben in verschiedenen Grautönen aussehen. Die Ähnlichkeit mit Glas besteht darin, daß sowohl Quarz als auch Glas einen „muscheligen Bruch" aufweisen, und daß auch die Quarzkörner ein wenig durchsichtig sind.

Das letzte Hauptbestandteil in diesem Bild sind „dunkle Minerale". Der große Klumpen rechts unten sieht „zerhackt" aus, weil das Mineral weich ist und in kleinen Stücken abbricht. Das ist *Biotit* (dunkler Glimmer).

Biotitklumpen können stellenweise mit rostartigen oder grünlichen Farben „angelaufen" sein. Das Grüne ist *Chlorit*, ein Mineral, zu dem der Biotit in feuchter Umgebung umgewandelt werden kann.

Sowohl die Minerale im Bild als auch deren Verhältnis zueinander, d.h. der innere Bau des Gesteins (die Textur) ist typisch für einen Granit.

Abb. 79. Zonare Plagioklaskörner in einem Rätan-Granit. Vergrößerung: dreifach. Zonarität bedeutet, daß die Ränder der viereckigen Kristalle anders gefärbt sind als das Innere. Plagioklase sind oft zonar, weil sie in Wirklichkeit aus zwei Mineralen bestehen, Natrium- und Calcium-Plagioklas, die gemeinsame Kristalle bilden. Der Calcium-Plagioklas erstarrt zuerst; man findet ihn daher in der Regel in der Mitte der Körner. Wechselnde Verhältnisse können bewirken, daß mehrere konzentrische Hüllen ausgebildet werden; der Kristall ist *doppelt* oder *mehrfach zonar*, wie z.B. das große braune Korn oberhalb der Bildmitte.

Abb. 80. Stück eines Pegmatits. Vergrößerung: 1,5fach. Der graue Kristall ist Plagioklas. Die feinen, genau parallel verlaufenden Linien, die nach links oben laufen, sind *Zwillingsstreifen (Zwillingslamellen)*. Das Plagioklaskorn besteht nicht aus einem Kristall, sondern aus vielen, von denen jeder für sich wie eine papierdünne Scheibe aussieht. Die Scheiben verlaufen rechtwinklig zur Bildoberfläche. Diese *vielfache Zwillingsbildung* beim Plagioklas ist auf S. 26 beschrieben. Das hellrote Korn unten im Bild ist Kalifeldspat. Man sieht, daß die rote Farbe sich in unregelmäßigen Streifen konzentriert, besonders an Rissen. Diese Streifung sieht völlig anders aus als die Zwillingsstreifung beim Plagioklas.

Abb. 81. Heller Kalifeldspatkristall mit zwei Arten von Streifung. Vergrößerung: vierfach. Järna-Granit. Nach unten links laufen einige lange, helle Streifen. Diese sehen im Gegensatz zu den Zwillingsstreifen im Plagioklas aus, als wenn sie nicht mit dem Lineal, sondern freihändig gezeichnet wären. Derartige Streifen findet man oft in Kalifeldspat. Man kann sie als Lamellenstreifen bezeichnen. Rechtwinklig hierzu verläuft eine andere Gruppe von Linien. Bei näherem Hinsehen erkennt man, daß es sich hierbei um isolierte „Striche" handelt, nicht um durchgehende Streifen. Sie erinnern an Regentropfen am Fenster eines fahrenden Zuges. Dabei handelt es sich um *Perthit*: Als dieser Kristall erstarrte, konnten Kalifeldspat und Plagioklas auf Grund der hohen Temperaturen Gemeinschaftskristalle bilden. Bei niedrigeren Temperaturen können sich die beiden Feldspäte nicht mehr vermischen. Innerhalb des Mischkristalls haben die beiden Minerale die Tendenz sich zu trennen. Das geschieht durch die Verlagerung einzelner Atome – eines nach dem anderen – innerhalb der festen Gesteinsmasse. Der Plagioklas im Bild hat sich in Strichen gesammelt; der Rest des Kristalls besteht aus ziemlich reinem Kalifeldspat. Man bezeichnet dieses Phänomen als

„*Entmischungsstruktur*". Die Streifen und Flecken in den Kristallen des Larvikits (Nr. 113) sind gleichfalls Entmischungsstrukturen, die Streifen innerhalb des violetten Kristalls in Nr. 99 vermutlich ebenfalls.

Abb. 82. Deformierter Småland-Granit (Nr. 64). Vergrößerung: 4,5fach. Sowohl mit bloßem Auge als auch mit der Lupe kann man Anzeichen dafür entdecken, daß dieses Gestein durch Druck beeinflußt worden ist. Das Foto zeigt, daß *die Quarze in kleine Körner zerdrückt worden sind, die an Zucker erinnern.* Aus dem Abstand sieht ein derartiges Quarzkorn weiß aus. Dieses Phänomen kann man mit der Lupe in vielen der Gesteine beobachten, die in diesem Buch beschrieben sind. Die Körner waren ursprünglich ganz, aber der Quarz neigt dazu, unter Druck oder Schlageinwirkung zu Pulver zerdrückt zu werden.

Der Kalifeldspat im Bild ist hell rötlich gefärbt, der Plagioklas gelblich. Die Körner dieser beiden Minerale sind im Gegensatz zum Quarz nicht zerdrückt. Die schwarzen bis grünlichen Partien in dem Gestein sind Biotit und Chlorit; vgl. Farbbild 64.

Abb. 83. Dammestein bei Hesselager (Dänemark), gezeichnet am 12. Juli 1871.

Mineralliste

Aegirin $NaFeSi_2O_6$. Nadelförmige, schwarze Kristalle mit viereckigem Querschnitt. Grüne Pulverfarbe; verwittert mit kräftig rostbrauner Farbe. Findet sich in alkalischen oder halbwegs alkalischen Magmatiten, vor allem Gesteinen mit reichlich Na, aber mäßigen Mengen von Silizium (Si). Abb. Farbbild 37, 37a. Beschreibung bei Tafel 9.

Albit = Natriumfeldspat $NaAlSi_3O_8$, kann in beliebigem Mischungsverhältnis mit Anorthit (= Calciumfeldspat) auftreten und bildet daher Mischkristalle mit diesem; siehe Plagioklas. Beschreibung S. 25.

Almandin ist das verbreitetste Mitglied der Granatfamilie, $Fe_3Al_2(SiO_4)_3$. Härte 7, keine oder schwache Spaltbarkeiten, violettrote-braunrote Kristalle, die rund wirken, weil sie die Form regelmäßiger Polyeder haben. Dichte 4,2. Verwitterungsresistent. Kommt in Gneis, Glimmerschiefer, Amphibolit vor. Siehe Nr. 119–120. Beschreibung S. 88.

Amphibole sind eine Mineralfamilie, deren wichtigstes Mitglied die Hornblende ist; siehe dort.

Anorthit = Calciumfeldspat $CaAl_2Si_2O_8$, kann in beliebigem Mischungsverhältnis mit Albit (= Natriumfeldspat) auftreten und bildet daher Mischkristalle mit diesem; siehe Plagioklas. Beschreibung S. 25.

Apatit $Ca_5(PO_4)_3(OH,F)$. Kristalle sechskantige Prismen. Härte 5. Bräunlich, grünlich. Siehe Härteskala auf S. 23.

Augit ist das häufigste Mitglied der Mineralfamilie der Pyroxene; $Ca(Mg,Fe,Al,Ti)(Si,Al)_2O_6$. Schwarze, breite und kurze Kristalle. Zwei Spaltbarkeiten, die rechtwinklig aufeinander stehen. Härte 5–6. Findet sich in Basalt und Gabbro, gelegentlich in anderen Laven, sowie im Syenit. Hoher Schmelzpunkt. Verwittert leicht. In Nr. 46 und 115 zu sehen. Beschrieben S. 27 und 37.

Biotit, $K(Mg,Fe)_3AlSi_3O_{10}(OH)_2$, = dunkler Glimmer. Schwarz, eventuell mit einem bronzefarbenen Schimmer. Kristalle sind sechsseitige Prismen (etwa wie ein Bleistift, nur ohne die Spitze). Härte 2, eine Spaltrichtung, spaltet sich in dünne, biegsame Blättchen auf. Allgegenwärtig in Magmatiten; außerdem in Gneis, Amphibolit, Glimmerschiefer. Biotit in sechskantigen Kristallen ist in Nr. 37 zu sehen; mit Bronzeschimmer in Nr. 57. Beschreibung S. 27, 37.

Calciumfeldspat siehe Anorthit

Cancrinit seltenes, natriumhaltiges Mineral, findet sich in Nr. 37. $Na_6Ca_2(AlSiO_4)_6CO_3(OH)_2$. Gelbgraue oder rotbraune Flecken, in der Regel ohne Kristallform, in alkalischen Gesteinen. Beschreibung bei Tafel 9.

Celadonit siehe Seladonit.

Chlorit ist ein Glimmermineral mit der Summenformel $(Mg,Fe,Al)_6(Si,Al)_4O_{10}(OH)_8$. Härte 2, hellgrüne oder graugrüne Schuppen. Wird bei der Verwitterung oder beim „Kochen" (S. 85) von Biotit gebildet. Findet sich in allen Gesteinen, die diese Art der Metamorphose durchlaufen haben. Beschreibung S. 85. Siehe auch Abb. 82.

Diamant C. Härtestes Mineral der Welt, Härte 10, 140mal härter als Korund, der die Härte 9 hat. Kristalle in Oktaederform, glasklar, mit hoher Lichtbrechung. Entstehung erfordert so hohen Druck, wie nur im Erdmantel, in etwa 120 km Tiefe vorhanden ist. Siehe Härteskala auf S. 23.

Dolomit $CaMg(CO_3)_2$, magnesiumhaltiges Kalkmineral. Entsteht wahrscheinlich dadurch, daß Kalkablagerungen am Meeresboden mit dem Mg des umgebenden Salzwassers reagieren. Weiße oder gelbliche Kristalle mit Glasglanz. Härte 3,5–4. Braust nicht mit kalter, aber mit warmer Salzsäure. Beschreibung S. 170.

Epidot $Ca_2(Al,Fe)_3Si_3O_{12}OH$. Kristalle selten, Härte 7. Die typische Farbe ist grasgrün, kann aber auch dunkler (flaschengrün) oder gelbgrün ausfallen. Entsteht vor allem durch Metamorphose bei geringer Temperatur (200–400°C) und in Gegenwart von überhitztem Wasser, d.h. bei dem in Kapitel 6 beschriebenen „Kochvorgang". Epidot bildet grüne Adern in allen Gesteinen, die diesen Zustand durchlaufen haben. Kann auch mikroskopisch kleine Körner innerhalb von Plagioklaskristallen bilden, die dadurch grün werden. Epidotadern kann man in Nr. 26 a und 92 sehen, epidothaltige Plagioklas-Kristalle in Nr. 92, 93, 28, 29, 85, 87 und anderen. Beschreibung S. 85.

Feldspat Die verbreitetste Mineralfamilie der Welt. Wird in zwei Unterfamilien aufgeteilt, Kalifeldspat und Plagioklas; siehe dort. Das Verhältnis zwischen den verschiedenen Feldspattypen und die innere Struktur der Kristalle sind in Nr. 26 a und in Farbbild 78a beschrieben. Beschreibung S. 25. Andere wichtige Erläuterungen finden Sie auf S. 37 (Verwitterung), 86 (Augen und Augenringe), 154 (Perthit und Schillern) und S. 175 (Text zu den Bildern der Feldspatkristalle).

Flußspat CaF_2. Würfelförmige Kristalle. Härte 4. Halbdurchsichtig; schwache, helle Farben (violett, grünlich, bläulich, gelblich). Siehe Härteskala S. 23.

Gips $CaSO_4, 2H_2O$. Wird abgesetzt, wenn Wasser in trockenem Klima verdampft. Härte 2; siehe Härteskala auf S. 23.

Glaukonit $(K,Na,Ca)(Fe,Mg)_2(Al,Si)_4O_{10}(OH)_2$. Wird in kleinen, runden, blanken, grünen oder blaugrünen Körnern bei der Reaktion zwischen Stoffen im Meerwasser und kieselhaltigen Mineralen am Meeresboden ausgefällt. Das Vorkommen dieses Minerals beweist, daß das Sediment im Meer abgelagert wurde. Sowohl Kalke, als auch Ton- und Sandsteine können Glaukonit enthalten. Verursacht die Grünfärbung in Nr. 129. Beschreibung S. 95.

Glimmer. Mineralfamilie, bestehend u.a. aus Muskovit (heller Glimmer), Serizit (gelblich), Biotit (dunkler Glimmer), Glaukonit/Seladonit und Chlorit (grüne Glimmer). Siehe dort. Gemeinsame Merkmale: Die Kristalle sind weich (Härte 1 oder 2) und spalten sich in Blättchen auf. Beschreibung S. 27.

Granat. Familie harter, chemisch widerstandsfähiger, Schwerminerale, deren Kristalle regelmäßige Polyeder bilden oder rundlich aussehen. Zwei Granatminerale werden in diesem Buch genannt, nämlich Almandin $Fe_3Al_2(SiO_4)_3$ und Pyrop $Mg_3Al_2(SiO_4)_3$; siehe dort. Gemeinsamkeiten: Härte 7, rote Farbe, schwache Spaltbarkeiten, Vorkommen in metamorphen Gesteinen. Pyrop benötigt höheren Druck und höhere Temperatur für seine Entstehung. Grüne und schwarze Granat-Typen kommen vor, sind aber weniger häufig. Beschreibung S. 88.

Hornblende ist das verbreitetste Mitglied der Mineralfamilie der Amphibole. $(Ca,Na,K)_{2^1/_2}(Mg,Fe,Al)_5(Si,Al)_8O_{22}(OH)_2$. Härte 5–6, oft länglich oder rechteckig. Zwei Spaltrichtungen, die nicht rechtwinklig aufeinander stehen. Findet sich in Graniten, Dioriten, Syeniten und vielen Laven, aber nicht im Basalt; außerdem in metamorphen Gesteinen (Gneis, Amphibolit). Hornblende ist das Hauptmineral im Amphibolit. Die rechteckigen Kristalle treten meist nicht deutlich hervor; sie sind aber in Nr. 93, 102 und 104 zu erkennen. Beschreibung S. 27 und 37.

Hypersthen $(Mg,Fe)_2Si_2O_6$. Mitglied der Mineralfamilie der Pyroxene, Härte 5,5. Bräunlich. Farbe desto dunkler, je mehr Eisen er enthält. Zwei rechtwinklig aufeinander stehende Spaltbarkeiten. Spaltflächen bronzefarben, fast metallischer Glanz. Kommt in Basalt/Gabbro vor, sowie in metamorphen Gesteinen, die unter hohem Druck und hoher Temperatur gebildet worden sind. Beschreibung S. 156.

Ilmenit (Titaneisen) $FeTiO_3$. Schwarz. Metallartiger Glanz. Nicht magnetisch. Härte 5,5. Bildet sechseckige Kristalle. Kommt in basischen Magmatiten vor (Diabasen etc.). Beschreibung bei Tafel 12.

Kalifeldspat $KAlSi_3O_8$. Das häufigste Mineral der Welt. Härte 6. Kristalle kurz, viereckig (kastenförmig), mit zwei Spaltbarkeiten, die rechtwinklig aufeinander stehen. Völlig reiner Kalifeldspat ist farblos. Meist hat das Mineral helle, „geliehene" Farben, z.B. rötlich, bräunlich oder violett. Weißgrauer Kalifeldspat ist nicht selten, siehe

Nr. 95, 80, 82, 83. Häufig sieht man eine rote Streifung (Farbbild 26a). Plagioklas kann Streifen oder kurze Striche durch die Kristalle bilden (Nr. 99), oder Ringe um sie herum (Nr. 67, 87, 10, 94–100). Findet sich in allen Graniten und Syeniten, in Laven mit Ausnahme der allerbasischsten Arten, und in metamorphen Gesteinen (besonders Gneis). Beschreibung S. 25; außerdem: Verwitterung (S. 37), Erstarrungsprozeß (S. 87), Streifung und Zwillingsbildung (S. 26 und 175). Sehen Sie auch Nr. 26a und Farbbilder 78–81.

Kalkspat $CaCO_3$. Kristallform vgl. Skizze in Abb. 64b-c. Härte 3. Drei Spaltbarkeiten, die schräg zueinander verlaufen. Löst sich in CO_2-haltigem Wasser auf. Wird ausgefällt, wenn das CO_2 entweicht. Biologisch wichtiges Mineral: Pflanzen nehmen das CO_2 aus dem Wasser auf; dadurch können die Tiere leichter das $CaCO_3$ ausfällen, das sie zum Aufbau ihrer Kalkschalen benutzen. Kalksteine sind aus den Skeletten von Tieren (und gewissen Pflanzen) aufgebaut. Marmor ist ein metamorphosierter Kalkstein. Beschreibung S. 17; siehe Kalksteine Nr. 138–147.

Korund Al_2O_3. Härte 9. Seltenes Mineral; kann in Pegmatit vorkommen. Varianten Saphir (blau) und Rubin (rot) sind Edelsteine. Siehe Härteskala S. 23.

Magneteisenstein siehe Magnetit

Magnetit (Magneteisen) Fe_3O_4. Schwarz. Härte 6. Kristalle in Form von Oktaedern („Doppelpyramiden"). Metallglanz, etwa wie eine Bruchfläche in Gußeisen. Magnetisch. Findet sich in kleineren Mengen in vielen basischen Gesteinen (Diabase, Basalte), gelegentlich auch in Syeniten und Graniten. Beschreibung bei Tafel 12.

Muskovit (= heller Glimmer), $KAl_2SiO_3AlO_{10}(OH)_2$. Bildet sechseckige Kristalle. Eine Spaltrichtung; spaltet sich in dünne, biegsame Blättchen. Härte 2. Findet sich in kleinen Mengen in Granit, selten in anderen Magmatiten. Sehr widerstandsfähig gegen chemische Verwitterung; wird daher in Sanden und Tonen angereichert. Diese Lagen können durch Metamorphose zu Glimmerschiefer werden. Beschreibung S. 27 und 37.

Natriumfeldspat siehe Albit.

Nephelin $Na_3K(AlSiO_4)_4$. Kristalle sind sechseckige Prismen. Keine Spaltflächen. Unansehnliche Farben, oft gräulich oder bräunlich. Fettglanz. Härte 6. Findet sich in Magmatiten mit höherem Natriumgehalt, aber weniger Silizium (Si) als der Durchschnitt. Verwittert rasch. Siehe Nr. 37 und 115. Beschreibung bei Tafel 9.

Olivin ist eine Mischung aus Mg_2SiO_4 und Fe_2SiO_4. Härte 7, muscheliger Bruch. Olivgrüne Farbe ist typisch; gelegentlich auch gelblich. Verwittert rasch, unter Bildung einer rostfarbenen Masse. Findet sich in basischen Magmatiten (Basalt, Gabbro). Peridotit besteht aus Olivin und Pyroxen (Augit) und bildet (vermutlich) den oberen Teil des Erdmantels. Olivin findet man weder in Sedimentgesteinen noch in metamorphen Gesteinen. Siehe Nr. 51, 52a, b. Beschreibung S. 32.

Opal SiO_2, $2H_2O$. Die beiden Wassermoleküle sind an das Atomgerüst gebunden, können aber bei kräftiger Erwärmung freigesetzt werden. Dann wird der Opal zu Quarz. Löst sich bei normaler Temperatur in Wasser auf, das Basen enthält. Kieselschwämme bilden Skelette aus Opal. Weißer Flint besteht aus Opal. Beschreibung S. 94.

Plagioklas Mischkristalle aus Natriumfeldspat (Albit) $NaAlSi_3O_8$ und Calciumfeldspat (Anorthit) $CaAl_2Si_2O_8$. Härte 6. Kristalle rechteckig (kastenförmig), oft ausgeprägt länglich (leistenförmig). Zwei Spaltbarkeiten senkrecht aufeinander. Reiner Plagioklas ist farblos. Meist hat das Mineral helle, „geliehene" Farben, vor allem weiß, gelb, grau oder grün (letzteres geht auf den Einbau staubfeiner Epidotkörner zurück). Natrium-Plagioklas ist in der Regel am hellsten (weiß, gelblich, seltener orangefarben), Calcium-Plagioklas grau oder grünlich. Ca-Plagioklas hat den höchsten Schmelzpunkt und findet sich daher oft in der Mitte der Kristalle, mit einem (viereckigen) Ring aus Na-Plagioklas umgeben. Plagioklas kann man oft an seiner „Zwillingsstreifung" erkennen; siehe S. 26 und Farbbild 80. Findet sich in den meisten Magmatiten, in größter Menge in den basischen, weniger in den sauren Typen. Außerdem in metamorphen Gesteinen (Gneis, Amphibolit). Leistenförmige Kristalle siehe Nr. 44, 46, 115; kürzere in Nr. 59, 60, 71. Augenringe von Albit um Kalifeldspat siehe Nr. 87, 84a, 94–100; zonarer Plagioklas in Farbbild 78b. Beschreibung S. 25; außerdem: Verwitterung (S. 37), „Kochen" (S. 85), Entstehung der Augenringe (S. 86), Perthit (S. 154 und Tafel 25). Beachten Sie auch Nr. 26 a und Farbbilder 78 a-c auf S. 174.

Pyrit (Schwefelkies) FeS_2. Golden. Härte 6. Messingglanz. Kristalle als Würfel oder Polyeder. Findet sich in kleinen Mengen in basischen Magmatiten, darüber hinaus auch als Konkretionen in Kalkstein (schwer, rostige Oberfläche). Beschreibung bei Tafel 12.

Pyrop $Mg_3Al_2(SiO_4)_3$. Mitglied der Granat-Familie. Hochrot (erdbeerrot) gefärbt, Kristallflächen undeutlich. Härte 7. Kommt in hochmetamorphen Gesteinen wie Nr. 118 vor. Beschreibung S. 88.

Pyroxene. Mineralfamilie, deren wichtigstes Mitglied der Augit ist. Siehe dort.

Quarz SiO_2. Bildet Kristalle in Form sechsseitiger Prismen mit Pyramiden (Abb. 4 und 14).

Härte 7, keine Spaltbarkeit, muscheliger (glasartiger) Bruch. Durchsichtig, glasklar oder mit hellen, „geliehenen" Farben, z.b. bräunlich, gräulich, violett oder weiß. Blaue Farbe ist nicht „geliehen", sondern auf Deformationen innerhalb der Kristalle zurückzuführen. Wird durch Schläge oder Gebirgsdruck leicht zerdrückt, bildet dann eine streuzuckerartige Masse von Feinkorn. Findet sich in allen Magmatiten außer den am stärksten basischen, und in fast allen metamorphen Gesteinen. Besonders widerstandsfähig gegen Abrieb oder chemische Verwitterung. Bleibt am Ende der Gesteinsverwitterung zurück. Wird dann als Sand abgelagert, der zu Sandstein verkittet oder durch Metamorphose zu Quarzit umgewandelt werden kann. Beschreibung S. 24. Siehe außerdem: Kristalle (S. 11), Schmelzpunkt, Dichte (S. 37), blaue Farbe (S. 51), runde Körner (S. 86), Flint (S. 93) und Farbbild 78a,e.

Schwefelkies siehe Pyrit.

Seladonit $(K,Na,Ca)(Fe,Mg)_2(Al,Si)_4O_{10}(OH)_2$, dieselbe Formel wie Glaukonit. Weiche, grünliche Masse. Gehört zur Familie der Glimmer. Findet sich in der Füllung von Hohlräumen (Mandeln) in Basalten. Siehe Nr. 45. Beschreibung bei Tafel 10.

Serizit ist ein Glimmer-Mineral mit der Summenformel $KAl_3Si_3O_{10}(H_2O)_3$. Kleine, seidenglänzende, gelbliche Blättchen mit Härte 1. Entstehen durch Umwandlung (Verwitterung, „Kochen") von Kalifeldspat. Beschreibung S. 85.

Serpentin $Mg_3Si_2O_5(OH)_4$. Grünes Mineral, das formlose Massen bildet. Härte 4. Seifen- bis Fettglanz. Olivin und andere magnesiumhaltige Minerale werden durch Metamorphose zu Serpentin umgewandelt. Sieht man als grünliche Klumpen in Nr. 44. Beschreibung bei Tafel 10.

Sphen siehe Titanit.

Talk $Mg_3SiO_4(OH)_2$. Weiches Mineral, das bei der Metamorphose von magnesiumhaltigem Gestein gebildet wird. Härte 1. Siehe Härteskala auf S. 23.

Titaneisen siehe Ilmenit.

Titanit (Sphen) $CaTiSiO_5$ bildet braune, gelbe oder schwarze Kristalle, die die Form flacher Briefumschläge, Rhomben oder Kompaßnadeln haben, siehe Skizze bei Tafel 21. Härte 5,5. Kräftiger Glanz (kein Metallglanz). Findet sich in kleinen Mengen in vielen Graniten. Siehe Nr. 92a. Beschreibung bei Tafel 21.

Topas $Al_2SiO_4(OH,F)_2$. Goldfarbiges, durchsichtiges Mineral, das längliche Kristalle bildet. Härte 8; siehe Härteskala S. 23.

Photographen:

Textteil:

Verfasser: 2, 8, 11a-b, 12, 13, 18, 28, 32, 39, 40, 46, 57, 59, 60, 61
Johannes Krüger: 47
Poul Holmelund: 23
Hugo Wikman: 35
Annie Gustafsson: 43
Danmarks Geologiske Undersøgelse: 44
Ole Bang Berthelsen: 63
Jürgen Ehlers: 5a-b
Gerd Lüttig: 3b
Geologisches Landesamt Nordrhein-Westfalen: 3a

Tafelteil:

Ole Bang Berthelsen: 2, 3, 4, 5, 6, 7, 10, 12, 13, 14, 16, 18, 19, 20, 21, 23, 23a, 24, 26, 27, 28, 28a,
29, 31, 32, 33, 39, 40, 42, 43, 47, 48, 51, 52, 52a, 52b, 66, 67b, 69, 72, 78, 88, 105, 106, 107a, 108, 109, 110, 112, 113, 113a, 115, 116, 117, 118, 120, 122, 124a, 125, 126, 127, 128, 131, 132, 136, 137, 138a-e, 139, 141, 142, 143, 145. Kamera: Sinar P, 6 x 9 cm und 3 x 5 Zoll.
Per Smed: 1, 8, 9, 11, 15, 17, 22, 25, 30, 34, 35, 36, 37, 37a, 38, 41, 44, 45, 46, 48a, 49, 50, 53, 54, 55, 56, 57, 58, 59, 60, 61, 62, 63, 64, 65, 67, 67a, 68, 70, 71, 73, 74, 75, 76, 77a-f, 79, 80, 81, 82, 83, 84, 84a, 85, 86, 87, 89, 90, 91, 92, 92a, 93, 94, 95, 96, 97, 98, 99, 100, 101, 102, 103, 104, 107, 111, 114, 119, 121, 122, 123, 124b, 129, 130, 133, 134, 135, 140, 144, 146, 147, 148, 149, 150, 151, 152, 153, 154, 155, 156, 157. Kamera: Hasselblad 500 C/M.
Torben Bertelsen: 69a, Abb. 78. Kamera: Olympus OM4 mit Balgenzusatz.

Eigentümer der Steine:

Per Smed: 1, 8, 9, 10, 11, 22, 25, 26, 27, 29, 41, 43, 44, 45, 46, 47, 48, 56, 57, 61, 62, 63, 64, 67, 67a, 67b, 68, 69a, 70, 71, 72, 74, 75, 75a, 77a-f, 78, 79, 80, 81, 82, 83, 84a, 86, 89, 92a, 93, 94, 95, 97, 98, 99, 100, 105, 107, 114, 117, 119, 120, 121, 122, 123, 124b, 129, 130, 133, 134, 138a-e, 140, 144, 148, 149, 150, 151, 152, 153, 154, 155, 156, 157.
Johannes Krüger, Geografisk Institut, Københavns Universitet: 17, 19, 24, 36, 53, 55, 73, 76, 87, 135.
Geologisk Institut og Museum, Københavns Universitet: Folgende Wissenschaftler haben mir freundlicherweise Steine aus der Sammlung ausgeliehen: Steen Sjørring: 2, 4, 7, 16, 23, 31, 39, 52b, 108, 112, 113, 126, 136, 137. Niels Hald:
18, 28, 51, 72, 109, 118. Bjørn Hageskov: 88, 125. Arne Noe-Nygaard: 90. Erik Schou Jensen: 107a. Svend Pedersen: 110. Svend Funder: 115. Søren Floris: 145.
Hugo Wikman, Sveriges Geologiska Undersökning, Lund: 15, 34, 50, 71, 111.
Danmarks Lærerhøjskole, Geografisk Institut: 6, 12, 14, 20, 21, 23a, 32, 33, 52, 52a, 106, 124a, 128, 131, 132, 146.
Stenvennernes samling: 3, 13, 42.
Knud Skovgaard: 66, 113a, 139, 141, 142, 143.
Inger Bohn: 5, 40, 69.
Aase Mikkelsen: 37.
Margit Johansen: 85, 127.
Mogens Koch: 30, 35, 38.

Literaturverzeichnis

1. Einige leicht zugängliche Bücher über Steine (nicht speziell über Leitgeschiebe)

BEURLEN, K. & LICHTER, G. (1986): Steinbachs Naturführer Versteinerungen. – Mosaik-Verlag: München.

MARESCH, W. & MEDENBACH, O. (o.J.): Steinbachs Naturführer Gesteine. – Mosaik-Verlag: München.

MAYR, H. (1991): Versteinerungen. Häufige Fossilien von wirbellosen Tieren und Pflanzen, 2. Auflage. – BLV-Naturführer.

SCHUMANN, W. (1991): Mineralien, Gesteine, 6. Auflage. – BLV: München, Wien, Zürich.

WOOLLEY, R., BISHOP, A.G. & HAMILTON, W.R. (1990): Der Kosmos-Steinführer. Minerale, Gesteine, Fossilien, 7. Auflage. – Franckh-Kosmos: Stuttgart.

2. Fachliteratur zum Thema Leitgeschiebe

Abkürzungen: DGF = Meddelelser fra Dansk Geologisk Forening, Kopenhagen; DGU = Danmarks Geologiske Undersøgelse, Kopenhagen; SGU = Sveriges Geologiska Undersökning, Uppsala.

BARTH, siehe „Studies"

FROSTERUS, B. (1892): Beskrifning till Kartbladet nr. 21, Mariehamn. – Geologinen Tutkimuslaitos = Geol. Survey of Finland, Geol. Kt. 1:200 000. Helsinki.

– (1894): Beskrifning till Kartbladet nr. 25, Föglö. – Geologinen Tutkimuslaitos = Geol. Survey of Finland, Geol. Kt. 1:200 000. Helsinki.

FROSTERUS, B. & SEDERHOLM, J.J. (1890): Beskrifning till Kartbladet nr. 17, Finström. – Geologinen Tutkimuslaitos = Geol. Survey of Finland, Geol. Kt. 1:200 000. Helsinki.

GRY, H. (1973): Ledeblokkes kornstørrelsesforhold og transportmåde. – DGF Årsskrift for 1973: 140–151.

HESEMANN, J. (1931): Quantitative Geschiebebestimmungen im norddeutschen Diluvium. – Jb. preuß. geol. Landesanstalt N.F. 51: 714–758.

– (1935): Ergebnisse und Aussichten einiger Methoden zur Feststellung der Verteilung kristalliner Leitgeschiebe. – Jb. preuß. geol. Landesanstalt (f. 1934) N.F. 55: 1–27.

– (1975): Kristalline Geschiebe der nordischen Vereisungen. – Geol. Landesamt Nordrhein-Westfalen, Krefeld: 267 S.

HJELMQVIST, S. (1966): Beskrivning till berggrundskarta över Kopparbergs län. – SGU ser. Ca 40: 217 S.

– (1982): The porphyries of Dalarna. – SGU ser. C 782: 106 S.

HOLMQVIST, P.J. (1906): Studien über die Granite von Schweden. – Bulletin Geol. Inst. Univ. Uppsala 7: 77–269.

HOLTEDAHL, O. (1953): Norges geologi (2 Bde.). – Norges Geologiske Undersøkelse 164: 1118 S.

HUCKE, K. (1967): Einführung in die Geschiebeforschung, Sedimentärgeschiebe. – Nederlandse Geologische Vereniging, Oldenzaal: 132 S.

HÖGBOM, A.G. (1920): Geologisk beskrifning över Jämtlands län. – SGU ser. Aa 168: 181 S.

KAERLEIN, F. (1969 u. 1985): Bibliographie der Geschiebe des pleistozänen Vereisungsgebietes Nordeuropas. – Mitt. Geol.-Paläont. Inst. Univ. Hamburg 38: 7–117, 59: 164 S.

KORN, J. (1927): Die wichtigsten Leitgeschiebe der nordischen kristallinen Gesteine im norddeutschen Flachlande. – Preußische Geol. Landesanstalt, Berlin: 64 S.

LUDWIG, A.O. (1970): Bibliographie der Geschiebeliteratur der neueren Geschiebeforschung in den nordeuropäischen pleistozänen Vereisungsgebieten, 1926–1969. – Deutsche Gesellschaft für Geologische Wissenschaften, Berlin: 371 S.

LUNDEGÅRDH, P.H. (1957): Petrology of the Uppsala region, Eastern Sweden. – SGU ser. C 544: 75 S.

LUNDEGÅRDH, P.H. & LAUFELD, S. (1984): Norstedts stora stenbok. Mineral, bergarter, fossil. – Norstedt: Stockholm. 376 S.

LUNDEGÅRDH, P.H., WIKSTRÖM, A. & BRUUN, Å. (1985): Beskrivning till provisoriska översiktliga berggrundskartan Oskarshamn. – SGU ser. Ba 34: 26 S.

LUNDQVIST, Th. (1979): The Precambrian of Sweden. – SGU ser. C 768: 87 S.

LÜTTIG, G. (1958): Methodische Fragen der Geschiebeforschung. – Geol. Jb. 75: 361–418.

MAGNUSSON, N.H., THORSLUND, P., BROTZEN, F., ASKLUND, B. & KULLING, O. (1962): Beskrivning till karta över Sveriges berggrund. – SGU ser. Ba 16: 290 S.

MENDE, F. (1925): Typengesteine kristalliner Diluvialgeschiebe aus Südfinnland und Åland. – Zeitschrift f. Geschiebeforschung 1: 117–139.

MEYER, K.-D. (1971): Flintkonglomerat-Geschiebe in Ostfriesland und Oldenburg. – Oldenburger Jb. 70 (II): 113–118.

– (1983): Indicator pebbles and stone count methods. – In: EHLERS, J. (Hrsg.): Glacial Deposits in North-West Europe: 275–287. – Balkema: Rotterdam.

MILTHERS, V. (1909): Scandinavian Indicator Boulders in the Quaternary Deposits. – DGU II. række 23: 153 S.

– (1933): Leitgeschiebe auf Gotland und Gotska

Sandön sowie die Heimat der Ostseeporphyre. – Geologiska Föreningens i Stockholm Forhandlingar **55**: 19–28.

– (1934): Die Verteilung skandinavischer Leitgeschiebe im Quartär von Westdeutschland. – Abh. preuß. geol. Landesanstalt N.F. **156**: 74 S.

MOBERG, K. (1890): Beskrifning till Kartbladet nr. 16, Kumlinge. – Geologinen Tutkimuslaitos = Geol. Survey of Finland, Geol. Kt. 1:200 000. Helsinki.

NOE-NYGAARD, A. (1971): Hornfelserne fra Oslofeltet, en overset gruppe ledeblokke i Danmark. – DGU Årsskrift for 1970: 1–3.

ØDUM, H. (1968): Feuersteinkonglomerat in Jutland. -- Der Geschiebesammler **3** (3): 1–5.

OFTEDAHL, Ch. (1981): Norges geologi. – Tapir, Trondheim: 169 S.

– siehe ferner unter „Studies"

PEDERSEN, S. (1975): Intrusive rocks of the northern Iveland-Evje area, Aust-Agder. – Norges geologiske Undersøkelse **322**: 1–11.

PERSSON, L. & WIKMAN, H. (1986): Beskrivning till provisoriska översiktliga berggrundskartan Jönköping. – SGU ser. **Ba 39**: 25 S.

PETERSEN, J. (1899/1900): Geschiebestudien. Beiträge zur Kenntniss der Bewegungsrichtungen des diluvialen Inlandeises. – Mitth. Geogr. Ges. Hamburg **XV**: 45–65, **XVI**: 139–230.

QUENSEL, P. (1951): The Charnockite Series of the Varberg district on the south-western coast of Sweden. – Ark. mineral. och geol. **1**: S. 10.

– (1960): Vaggerydssyeniten. – SGU ser. **C 576**: 38 S.

RICHTER, E., BAUDENBACHER, R. & EISSMANN, L. (1986): Die Eiszeitgeschichte in der Umgebung von Leipzig. Bestand, Herkunft, Nutzung und quartärgeologische Bedeutung. – Altenburger naturwiss. Forschungen **3**: 136 S.

SÆTHER, E. siehe „Studies"

SAVOLAHTI, A. (1962): The Rapakiwi problem and the rules of idiomorphism in minerals. – Bull. Comm. Géol. Finl. **204**: 33–112.

SCHLÜTER, G. (1978): Geschiebezählungen im Altmoränengebiet Schleswig-Holsteins. – Der Geschiebesammler **12** (2/3): 3–12.

SCHUDDEBEURS, A.P. (1980/81): Die Geschiebe im Pleistozän der Niederlande. Der Geschiebesammler **13**: 163–178, **14**: 33–40, 91–118, 147–198, **15**: 73–90, 137–157.

SCHULZ, W. (1973): Rhombenporphyr-Geschiebe und deren östliche Verbreitungsgrenze im nordeuropäischen Vereisungsgebiet. – Zeitschrift f. geol. Wiss. **9**: 1141–1154.

SOLDERS, A.V.S. (1981): Gamla porfyrverken, Älvdalens sockens historia del II. – Dalarnas Fornminnes och Hembygds-Förbunds skrifter **8**.

Studies on the Igneous Rock Complex of the Oslo Region. Det norske Videnskabs Akad. Skrifter, I. Mat.-naturv. kl. Universitetsforlaget: Oslo.

– II: BARTH, T.F.W. (1945): Systematic Petrography of the Plutonic Rocks. – 104 S.

– VI: OFTEDAHL, C. (1946): On akerites, felsites and rhomb porphyries. – 51 S.

– XII: OFTEDAHL, C. (1952): The lavas. – 64 S.

– XVI: OFTEDAHL, C. (1957): On ignimbrites and related rocks. – 21 S.

– XVIII: SÆTHER, E. (1962): General investigation of the igneous rocks in the area north of Oslo. – 184 S.

TÖRNEBOHM, A.E. (1877): Om Sveriges viktigare diabas- och gabbroarter. – Kongliga Svenska Vetenskabs-Akad. handlingar N.F. **14**: 55 S.

WENNBERG, G. (1949): Differentialrörelser i inlandsisen. Sista istiden i Danmark, Skåne och Österjön. – Medd. fra Lunds geol.-mineralog. Institution **114**: 210 S.

WIMAN, E. (1930): Studies of some Archaean Rocks in the neighbourhood of Uppsala, Sweden, and of their geological position. – Bulletin of the Geol. Institutions of Uppsala **23**: 170 S.

ZANDSTRA, J.G. (1988): Noordelijke Kristallijne Gidsgesteenten. – E.J. Brill, Leiden: 469 S.

Register

Härteskala mit praktischen Hinweisen

Härte	Mineral	Hinweis
1	Talk	etwa so hart wie eine kalte Stearinkerze
2	Gips	wenig weicher als ein Fingernagel
3	Kalkspat	härter als ein Fingernagel, aber (Marmor) *viel* weicher als ein Messer
4	Flußspat	
5	Apatit	wie Zahnschmelz (Zahnschmelz *ist* Apatit)
6	Feldspat	so hart wie eine Fensterscheibe oder ein gewöhnliches Messer
7	Quarz	kann Glas und Messer ritzen
8	Topas	
9	Korund	wie Schmirgel; Korund ist dasselbe wie Saphir oder Rubin
10	Diamant	härtester Stoff der Welt

Einige Fachausdrücke

In dieser Liste finden Sie die wichtigsten Fachausdrücke, um die Gesteine anhand der Tafeln und Übersichten bestimmen zu können. Namen von Gesteinstypen und Mineralen sind in der Regel nicht mit aufgeführt. Die Minerale finden Sie in der Mineralliste. Die Erklärung anderer Fachausdrücke können Sie mit Hilfe des Registers nachschlagen.

Aggregate Klumpen oder Anhäufungen kleiner Kristalle (S. 84).

alkalisch enthält viel Kalium und vor allem Natrium (S. 81 u. 122).

Aplitgranit feinkörniger Granit, Korngröße 1–2 mm.

Augen sehr große, eigenständige Kristalle in einem Granit (verzahnen sich nicht mit anderen Körnern desselben Minerals) (S. 86 u. 100).

Augenringe andersfarbige Ringe um *Augen* im Granit; siehe *Augen*. (S. 86 u. 100).

basisch mit geringem Anteil an Kieselsäure (Silizium). Zeigt sich an der Mineralzusammensetzung: Plagioklas, Hornblende und Augit weisen auf *„basisch"*, Kalifeldspat, Muskovit und Quarz auf *„sauer"* hin (S. 22).

dicht so feinkörnig, daß man die Körner nicht mehr mit der Lupe erkennen kann.

doppelt zonar Kristall, der von mehreren Ringen umgeben ist (S. 175).

Einsprengling großer Kristall in einem Porphyr; siehe *Porphyr* (S. 15).

feinkörnig Granite mit Körnern von 1–2 mm. Lavagesteine sind feinkörnig (d.h. nicht *dicht*) wenn man die einzelnen Körner mit der Lupe erkennen kann.

Foliation Streifung, die dadurch zustande kommt daß blattförmige Mineralkörner (z.B. Glimmer) „eingeregelt" sind. Geht auf die Einwirkung von Druck zurück *(Metamorphose)* (S. 17 u. 89).

Gang (Magmagang, Mineralgang) Ausfüllung einer Spalte. Durch die Ausfüllung entsteht eine scheibenförmige Lage eines Gesteins innerhalb einer umgebenden Masse eines anderen Gesteins (S. 79 u. 81).

geliehene Farben gehen auf fein verteilte Körner eines fremden Stoffes innerhalb eines Kristalls zurück (Gegenteil: Eigenfärbung) (S. 24).

Gesteine natürlich vorkommende Ansammlungen von Mineralkörnern (oder von toter organischer Substanz). Zu den Gesteinen gehören sowohl feste Steine als auch lose Anhäufungen von Körnern (S. 11).

Granodiorit Tiefengestein (Plutonit), dessen Zusammensetzung zwischen der von Granit und Diorit liegt, d.h. das Gestein enthält unter anderem Quarz und zwei Arten Feldspat; Plagioklas in größerer Menge als Kalifeldspat (S. 100).

grobkörnig Granite mit Korngrößen über 1 cm.

Grundmasse in *Porphyr* oder *porphyrischem Granit* (siehe dort) die kleineren Körner, die zwischen den größeren *Einsprenglingen* oder *„Augen"* liegen (S. 15 u. 99).

idiomorph Kristall mit eigenständiger geometrischer Form; nicht Teil einer „formlosen Masse" (S. 88 u. 175).

intermediär Zusammensetzung zwischen *sauer* und *basisch* (siehe dort) (S. 29).

intrusiv Magmagestein, das in Spalten oder zwischen andere Schichten eingedrungen ist und nicht als Lava an die Erdoberfläche gelangte.

Magma geschmolzene Gesteinsmasse.

Mandel ausgefüllter Hohlraum innerhalb einer Lava, dessen Inhalt aus dem Sickerwasser ausgefällt worden ist. Mandeln haben einen rundlichen Umriß (S. 124).

metamorphe Gesteine sind in der Regel gestreift *(oder geschiefert)* (S. 16 u. 88).

Mineral Element oder chemische Verbindung, die in der freien Natur vorkommt, aber nicht von Lebewesen stammt (S. 11).

muscheliger Bruch glasscherbenartiger Bruch ohne Spaltflächen (S. 24).

Myrmekit kleine Quarzkristalle, die in größere Feldspatkörner eingewachsen sind (= Schriftgranit) (S. 87).

ophitische Textur gitterartig angeordnete Leisten von Feldspat, zwischen die größere Körner schwarzer Minerale eingewachsen sind (S. 126).

Porphyr ein Lavagestein mit einigen großen Kristallen *(Einsprenglingen)* und einer im übrigen feinkörnigen Masse *(Grundmasse)* (S. 15).

porphyrischer Granit einige große Kristalle („Augen") in einer eher feinkörnigen *Grundmasse* (S. 100).

Pyterlit-Textur große, kastenförmige Kalifeldspäte, die ringartig von runden oder sechseckigen Quarzkörnern umgeben sind; nur wenige Körner anderer Minerale vorhanden (S. 132).

Rapakivi Granit mit Kalifeldspat*augen* mit *Augenringen* von Plagioklas, sowie *Myrmekit* in der Grundmasse; siehe diese Fachausdrücke (S. 87).

Reaktionsrand (in der Regel) heller Rand um den Rest eines fremden Gesteins innerhalb einer Magma (das Fremdgestein war im Begriff zu schmelzen) (S. 87).

sauer mit hohem Gehalt an Kieselsäure (Silizium). Kann man an der Mineralzusammensetzung erkennen – siehe unter *„basisch"* (S. 22).

Sediment ein Ablagerungsgestein; z.B. Ton, Sand, Kies, Kalk (S. 12).

Textur räumliche Anordnung und Verteilung der Minerale innerhalb eines Gesteins (Muster) (S. 15).

Xenolith Rest eines fremden Gesteins in einer Lava oder einem Granit (S. 87).

xenomorph Mineralkorn ohne eigene Form („formlose Masse") (S. 24, 88 u. 175).

zonar Mineralkorn, dessen Rand anders gefärbt ist als das Innere (S. 88 u. 175).

Zwillingsstreifung dicht liegende, streng parallele Gefügestreifen (ohne Farbe) innerhalb von Plagioklaskörnern (S. 26 u. 175).

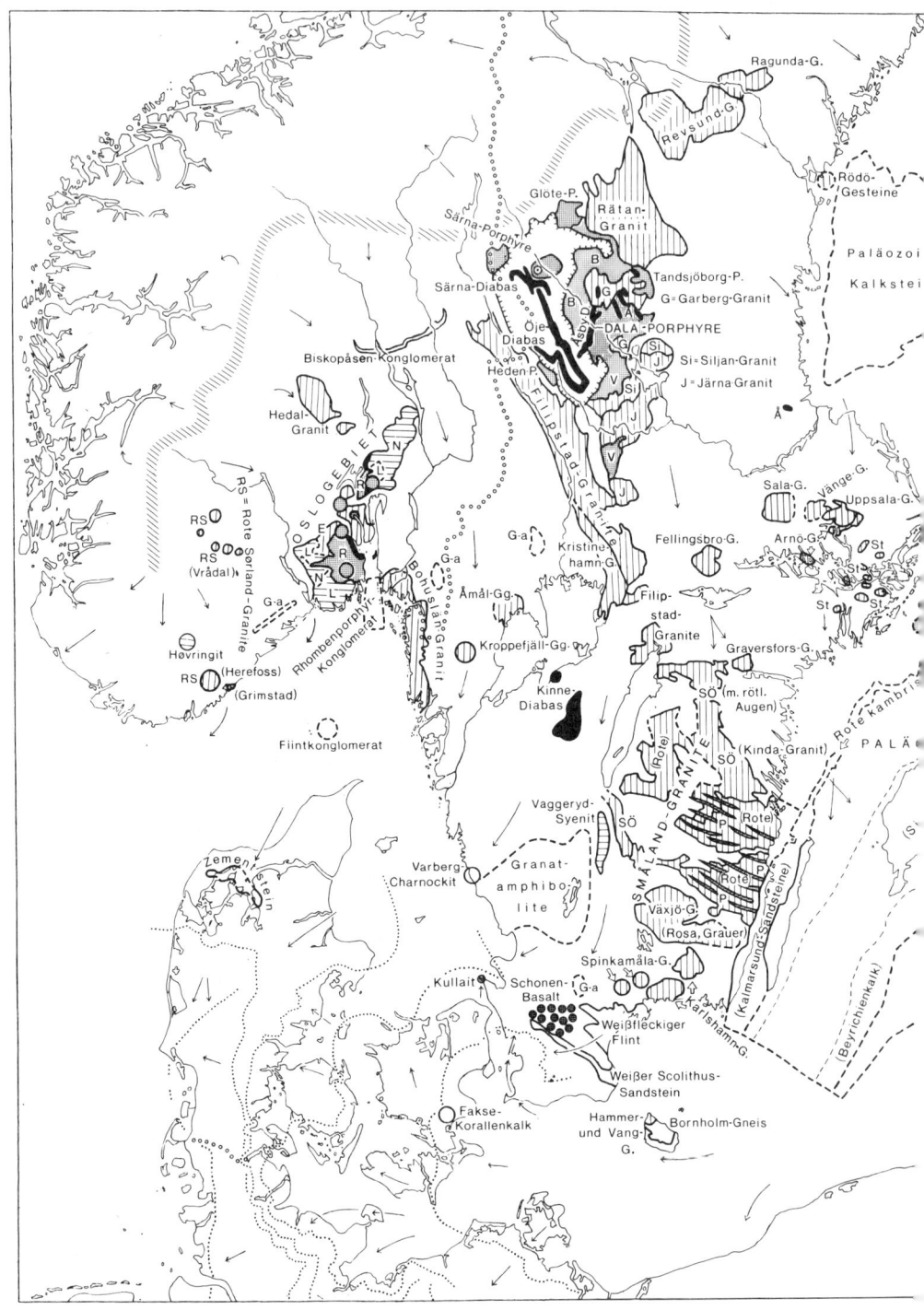

Ragunda-G.

Revsund-G.

Rödö-Gesteine

Paläozoi Kalkstei

Glöte-P.

Rätan-Granit

Särna-Porphyre

Tandsjöborg-P.

Särna-Diabas

G = Garberg-Granit

B

G

DALA-PORPHYRE

Öje-Diabas

Si = Siljan-Granit

J = Järna-Granit

Filipstad-Granit

Heden-P.

Si

V

J

Biskopåsen-Konglomerat

Hedal-Granit

N

Sala-G.

Vänge-G.

Uppsala-G.

Fellingsbro-G.

Arnö-G.

St

RS = Rote Sörland-Granite

RS

RS (Vrådal)

OSLOGEBIET

R

E

L

N

M

G-a

G-a

Kristine-hamn-G.

Filip-stad-Granite

Graversfors-G.

St

St

St

St

Bohuslän-Granit

Åmål-Gg.

SÖ (m. rötl. Augen)

Rote kambri

Hövringit

RS (Herefoss)

(Grimstad)

Rhombenporphyr-Konglomerat

Kroppefjäll-Gg.

Kinne-Diabas

(Rote)

SÖ

(Kinda-Granit)

PALÄ

Fiintkonglomerat

Vaggeryd-Syenit

SÖ

SMÅLAND-GRANITE

P

(Rote)

(S

Zementstein

Varberg-Charnockit

Granat-amphibo-lite

P

(Rote)

(Kalmarsund-Sandsteine)

Kullait

Schonen-Basalt

Växjö-G. (Rosa, Grauer)

Spinkamåla-G.

G-a

(Beyrichienkalk)

Weißfleckiger Flint

Karlshamn-G.

Weißer Scolithus-Sandstein

Fakse-Korallenkalk

Hammer- und Vang-G.

Bornholm-Gneis